AF811234

Der Prophet Muhammed 1
DAS UNENDLICHE LICHT

محمد

DER PROPHET MUHAMMED

DAS UNENDLICHE LICHT

Eine kontextuelle Analyse der universellen Botschaft

1

M. Fethullah Gülen

Copyright © Define Verlag, Berlin, 2022

2. Auflage

Es ist nicht gestattet, Teile dieses Buches zu scannen, in PCs oder auf CDs zu speichern oder in PCs/Computern zu verändern oder einzeln oder zusammen mit anderen Vorlagen zu manipulieren oder in irgendeiner Art und Weise zu veröffentlichen, es sei denn mit schriftlicher Genehmigung des Verlags.

Erschienen im Main-Donau Verlag

Übersetzung
Lenius Hirschberger

Herausgeber und Redaktion
Arhan Kardas

Lektorat
Frank Giesenberg
Lenius Hirschberger

Vorwort
Arhan Kardas

Coverdesign & Layout
Yavuz Aydemir

Korrespondenz:
Wilhelmstr. 29 A/2 – 13593 Berlin
Tel: +49 69 / 83-83-8000
www.deinbuchshop.de

ISBN: 978-3-946871-11-8

Inhaltsverzeichnis

VORWORT 12

EINLEITUNG 20

A. DIE ERSEHNTE MORGENSONNE 20

B. EINE FINSTERE ZEIT 25

1. Götzendienst im Zeitalter der Unwissenheit *(djāhilīye)* 26

2. Das Drama um die Töchter 27

3. Veränderte Werte 31

C. ER LEBTE SCHON VOR SEINER BERUFUNG WIE EIN PROPHET 33

1. Ein vertrauenswürdiger Mensch 33

2. Er wuchs als Waise auf 35

a. Bei Abdulmuttalib 37

b. Bei Ebū Talib 38

D. SEINE REISEN 39

1. Die Reise nach Damaskus und der Mönch Bahīra 39

2. Die zweite Reise nach Damaskus 40

3. Jeder erwartete ihn 41

4. Warum glaubten sie nicht? 44

a. Eifersucht und Missgunst 45

b. Rivalität 49

c. Sonstige Gründe 51
E. DER ERWARTETE UND VORAUSGESAGTE PROPHET 52
1. Das Gebet Abrahams und die frohe Botschaft Jesu 52
2. Die Voraussagen in der Thora 54
a. Die Berge von Paran 54
b. Aus der Nachkommenschaft des ehrwürdigen Ismael 56
c. Weitere Besonderheiten 57
3. Die frohe Kunde des Evangeliums 60
a. Der Paraklet 60
b. Der Herr der Welten 62

F. ER IST EIN MENSCH EINER ANDEREN DIMENSION 64

DIE PROPHETEN UND DIE BESONDERHEITEN MUHAMMEDS 71

KAPITEL 1

WARUM PROPHETEN GESANDT WURDEN 71
1. Die Dienerschaft 73
Das Besondere an Muhammed – Friede sei mit ihm 74
2. Die Verkündigung 75
Die Rolle der Verkündigung im Leben des Gesandten Gottes 77
3. Ein vortreffliches Beispiel 83
4. Das Gleichgewicht zwischen Diesseits und Jenseits 87
5. Einwänden die Grundlage entziehen 89

KAPITEL 2

DIE EIGENSCHAFTEN DER PROPHETEN 92

1. Göttlichkeit 92
2. Uneigennützigkeit 93
3. Aufrichtigkeit 97
4. Schöne Ermahnung *(mev'iza hasene)* 100
5. Aufruf zur Einheit Gottes 105

KAPITEL 3

DIE ATTRIBUTE DER PROPHETEN 107
1. *SIDQ* – WAHRHAFTIGKEIT 107
A. Die Wahrhaftigen sind des Lobes würdig 108
B. Die *Djāhilīye* kannte ihn als vertrauenswürdige Person 112
C. Er hat stets zur Wahrhaftigkeit geraten 115
D. Ein Mann, ein Wort 123
E. Seine Worte bestätigen ihn 123
DAS VERBORGENE *(GHAYB)* AUS DEM BLICKWINKEL DER WAHRHAFTIGKEIT 127
Botschaften aus dem Verborgenen 131
A. Seine eigene Zeit betreffende Botschaften 131
B. Die Zukunft betreffende Botschaften 135
I. Die nahe Zukunft 135
1. Zwietracht 136
2. Der Sieg 138
3. „Du wirst ihn als Erste wiedersehen“ 139
4. Frieden 140
5. Er wird ein Jahrhundert lang leben 142
II. Die nahe Zukunft 142
1. Botschaften, die im Grabenkampf *(Chandaq)* verkündet wurden 143

2. Die gute Botschaft über Sicherheit und Wohlstand... 145

3. Das Zeugnis des Ammār... 146

4. Im Namen der Religion ein gottloses Volk... 147

5. Eine Schiffsreise und Ummu Harām... 150

6. Benū Kantūrā ... 151

7. Die Eroberung Konstantinopels ... 152

III. Ferne Zukunft... 154

1. Liebe zur Welt und Angst vor dem Tod *(„wehen“)*..... 154

2. Der Schatz im Euphrat... 156

3. Das Christentum entledigt sich fremder Elemente und verbindet sich mit dem Geist Muhammeds.. 157

4. Reformen in der Landwirtschaft... 157

5. Heutige Instabilität ... 158

6. Die Verbreitung der Wissenschaft... 160

7. Flucht vor dem Koran ... 161

8. Der Zeitbegriff... 162

9. Ausbreitung des Zinssystems ... 164

10. Eine Zeit, in der sich die Gläubigen verstecken........ 166

11. Öl in Tāleqan... 167

12. Den Schriftbesitzern folgen... 167

C. Diverse Wissenschaftszweige betreffende Botschaften aus dem Verborgenen... 168

1. Ein Heilmittel für alle Krankheiten... 169

2. Lepra und Quarantäne ... 176

3. Vor und nach dem Essen die Hände waschen ... 177

4. Mund- und Zahnhygiene *(Miswak)*... 178

5. Ausgeglichenheit beim Essen und Trinken... 180

6. Schminke ... 181

7. Schwarzkümmel 181

8. Die Fliege 182

9. Nichtmenstruale Blutungen *(istichāda)* 183

10. Kein Heilmittel im Alkohol 184

11. Die Beschneidung 185

2. *EMĀNE* – VERTRAUENSWÜRDIGKEIT 186

DIE VERTRAUENSWÜRDIGKEIT DES PROPHETEN MUHAMMED 189

A. Vertrauenswürdigkeit gegenüber seinem Auftrag als Gesandter 190

B. Vertrauenswürdigkeit gegenüber allem Existierenden .. 194

C. Er rief seine Umma zur Vertrauenswürdigkeit auf 199

D. Vertrauen während der *Hidjra* 203

E. Vertrauen auf dem Schlachtfeld 205

F. Schwindelerregende Ergebenheit 205

G. O ihr Knospen der Hoffnung! 212

3. *TEBLİGH* – ÜBERMITTLUNG DER BOTSCHAFT GOTTES .. 213

A. DREI GRUNDPRINZIPIEN BEI DER ÜBERMITTLUNG DER BOTSCHAFT GOTTES 216

I. Das Ganzheitsprinzip 216

II. Keine Gegenleistung erwarten 218

III. Den Ausgang Gott überlassen 219

B. DIE METHODE DER ÜBERMITTLUNG DER BOTSCHAFT GOTTES 219

I. Das Überbringen der Botschaft Gottes lag in seiner Natur. 226

II. Leidenschaft bei der Übermittlung der Botschaft Gottes... 227

Seine Einladung an Ebū Talib 227

Seine Einladung an Wahschī 229
Seine Einladung an ʿIkrime 234
III. Die Sorge um die Übermittlung der Botschaft Gottes raubte ihm den Schlaf 237
IV. Die Liebe der Gefährten zur Übermittlung der Botschaft Gottes 240
C. BRIEFE AN DIE STAATSOBERHÄUPTER 243
I. Nedjaschī 243
II. Herakleios 245
III. Weitere Beispiele 248
D. HUDEYBIYYE AUS DEM BLICKWINKEL DER ÜBERMITTLUNG 249
E. ÜBERMITTLUNG DER BOTSCHAFT GOTTES AUF PERSÖNLICHER EBENE 250
F. GÖTTLICHE ANERKENNUNG ERLANGEN 251
G. EINIGE WICHTIGE ASPEKTE BEI DER ÜBERMITTLUNG DER BOTSCHAFT GOTTES 255
I. Die Personen gut kennenlernen 256
II. Selbst das leben, was man verkündet 261
III. Keine Gegenleistung erwarten 266

QUELLEN- UND LITERATURVERZEICHNIS 272
INDEX 283

Vorwort

Über den Stolz der Menschheit, den Propheten Muhammed (Friede sei mit ihm), wurden in den vergangenen Jahrhunderten Hunderttausende Bücher verfasst, die sein Leben, Wirken und seine Botschaft aus ganz verschiedenen Blickwinkeln betrachteten. Von Verehrern und Kritikern gleichermaßen verfasst, sind diese Bücher in verschiedenen Sprachen und Ländern veröffentlicht worden. In der islamischen Literatur werden die Bücher, die die Person und das Wirken des Propheten zum Fokus haben, als „Sīra-Literatur“ bezeichnet. Es wird allgemein anerkannt, dass sowohl die vorangegangenen Bücher als auch der Koran vom verheißenen Propheten handeln. Die Hadith-Literatur stellt in ihrer Gesamtheit die solide Sprache seiner Worte und Handlungen dar. Die bekanntesten sieben anerkannten Hadith-Sammlungen von El-Bukhari, Muslim, Et-Tirmidhi, Ebu Dāwūd, En-Nese'ī, Ibn Madje und das *El-Muwatta'* von Imam Malik decken die wichtigsten Themengebiete ab, was diesen Bereich angeht. Die bekanntesten Werke der *Sira*-Literatur, wie die von Ibn Ishāq, Ibn Hischām, El-Mes'ūdī und El-Wāqidī, beinhalten weitere Details über das Phänomen Muhammed (Friede sei mit ihm).[1] Im Gegensatz zu den Hadithen und dem Koran versucht die *Sira*-Literatur die diamantengleichen Szenen seines segensreichen Lebens in einem zeit- und raumgebundenen Kontext wiederzugeben. Außerdem gibt es die *Tabaqāt*-Literatur, die sich überwiegend mit dem Leben der Gefährten und Gelehrten der ersten, zweiten und dritten Generation nach dem Propheten Muhammed (Friede sei mit ihm) beschäftigt und seine erhabene Persönlichkeit weiter ausleuchtet. Des Weiteren gibt es die allseits bekannte *Ensāb*-Literatur, die sich überwiegend mit der Genealogie der arabischen Sippen und Stämme beschäftigt. Die Genealogie des Propheten sowie Zehntausender Menschen um ihn herum wurde schriftlich festgehalten. Außerdem gibt es eine inhaltsreiche Literatur von *Salawāt* (Segenswünschen), *Mewlid* (Geburtstagsgedichten) und *Na't* (Lobgedichten), in denen überwiegend seine spirituelle Persönlichkeit besungen wird. Dazu kommt noch jene Literatur, die sich mit den Beweisführungen und Besonderheiten seiner Wundertaten bzw. mit Argumenten für seine Gesandtschaft beschäftigt: „Delā'il en-Nubuwwa". Die Bibel, der Koran, das Hadith, die Sīra, die Tabaqāt, die Ensāb, die Salawat, die Mewlid, Na't und Delā'il bilden eine gewaltige Symphonie der Person Muhammeds, deren Töne nicht nur in den Ohren klingen, sondern auch die Herzen der Menschheit erobern. Wir können ohne Weiteres sagen, dass es keine andere Persönlichkeit von der Spätantike bis

---

1 Segenswünsche für den Propheten im Anschluss an die Erwähnung seines gesegneten Namens auszusprechen ist laut der islamischen Normenlehre eine Sunna. Wer diese Segenwünsche auslässt, begeht keine Sünde, folgt allerdings dabei der Sunna des Propheten nicht. Es gibt Bücher, die diese Segenswünsche mit arabischen oder deutschen Abkürzungen wiedergeben. Wir bevorzugen in diesem Buch, die Segenswünsche in Deutsch auszuschreiben. Es gibt allerdings Stellen, an denen wir die Segenswünsche ausgelassen haben, um den Fluss des Textes nicht zu beeinträchtigen. Ideal wäre es, bei jeder Erwähnung seines Namens einen Segenswünsch zu äußern. Wir konnten diesem Ideal leider nicht gerecht werden und entschuldigen uns dafür.

zum 19. Jahrhundert gibt, deren Sprüche, Leben, Wirken und Persönlichkeit detaillierter schriftlich festgehalten wurde als die der Person Muhammeds. Man kann die Phase der Offenbarung über 23 Jahre fast Tag für Tag zurückverfolgen.

In unserem Lichterland Europa ist es allseits bekannt, dass die Bücher, die sich um die Person und das Leben des Propheten Muhammed drehen, auf chronologische Darstellungen seines Wirkens fokussiert sind. Einer der Gründe dafür ist wahrscheinlich die Bibel, in der Leben und Wirken der Propheten meist in chronologischer Einreihung erfolgt. Auch die Evangelien geben im Gegensatz zum Koran das Leben des Messias überwiegend in einem chronologischen Kontext weiter. Die ersten Schriften über Muhammed im Mittelalter sind ausschließlich kritischer Natur. Von Dantes *Divina Commedia* bis hin zu Voltaires Stück *Mahomet der Prophet* wird der Stolz der Menschheit als Erzlügner, Antichrist oder Kameltreiber diffamiert. Die Darstellung des Propheten Muhammed (Friede sei mit ihm) nach der Aufklärung hingegen ist nicht mehr so einseitig. Persönlichkeiten wie Goethe, Herder, Rückert, Lessing, Carlyle, Shaw, Watt, Dostojewski und Wambery erheben ihre Stimme, die negativ eingestellten Menschen wie Nöldeke, Goldziher und ihren Nachkommen gegenüberstehen, die teils in der politisch motivierten Orientalistik, teils in der Religionswissenschaft beheimatet sind. Die wissenschaftliche Leistung der deutschen Orientalistik in Bezug auf die Person des Propheten ist jedoch keinesfalls geringzuschätzen.

Das vorliegende Buch thematisiert ebenfalls die Person Muhammed, bedient sich allerdings einer – zwar bekannten, aber nicht angewandten – Methodik, nämlich der Perspektive der Religionsgrundlagen *(usūl-ed-dīn/kelām)*. Welche Charaktereigenschaften und Bedingungen machen einen Propheten aus? Sind diese Merkmale und Bedingungen bei der Person Muhammeds vorhanden? Sind die in der *Kelām*-Literatur festgestellten fünf Bedingungen des Prophetenamtes – Wahrhaftigkeit, Vertrauenswürdigkeit, Verkündung, prophetische Weisheit und Sündenlosigkeit – am Beispiel Muhammeds (Friede sei mit ihm) wiederzufinden? Ist Muhammed (Friede sei mit ihm) als beispielloses Verhaltensmuster und idealer Mensch *(el-insān el-kāmil)* Fiktion oder Tatsache? Die vorhandene *Sira*-Literatur beschäftigt sich in erster Linie mit den Expeditionen des Propheten, die nicht einmal 1/40 seiner Berufung bzw. Gesandtschaft ausmachen. Weil die Araber durch die Offenbarung des Korans und das Streben des Propheten zu einer Nation wurden, fokussierten sich die Nacherzählungen der *Sira*-Literaten lediglich auf die Verteidigungskämpfe und militärischen Einsätze gegen die Götzendiener des ehrwürdigen Propheten. Dieses lückenhafte Bild in Bezug auf die Gesandtschaft Muhammeds prägte und prägt immer noch die Muslime und Andersgläubige auf der ganzen Welt.

Das vorliegende Buch wiederum setzt die Gesandtschaft auf ihre ursprüngliche Achse, nämlich als Berufung zu gutem Verhaltensmuster und Barmherzigkeit für alle Welten. Kein Prophet kommt auf die Erde, um einen Staat oder ein Reich zu gründen, sondern als Lehrer, um ideale Menschen großzuziehen und das im Menschen versteckte gewaltige Potenzial freizusetzen, die Wesenheit[2] des Menschen zu einem gewaltigen Spiegel zu verwandeln, in dem der Schöpfergott sich widerspiegeln kann. Gerade in diesem Sinne ist auch der dritte Band dieser Reihe von großer Bedeutung, in dem es um die facettenreiche Persönlichkeit des Propheten Muhammed als Erzieher, Lehrer, Leiter, Ehemann, Fa-

---

2 Zu Wesenheit bzw. Washeit (arab. *māhiye*, lat. *quidditas*) siehe S. 24, Fußnote 7.

milienvater, Freund, Richter und Versöhner geht. Somit stellt sich dieses Buch als eine Art *Sira-Philosophie* dar, das anhand von Ziel und Zweck der Auserwählung der Propheten sowie der Praxis, wie dieses Ideal erfüllt wird, die ganze *Sira*-Literatur neu kontextualisiert.

Dieses Buch korrigiert anhand der Grundlagen des Amtes der Gottesgesandtschaft die Fehleinschätzungen in der islamischen und sonstigen nichtislamischen Literatur – sowohl was die Person Muhammeds als auch was alle anderen Propheten betrifft. Es spricht die Vernunft, das Herz und das Gewissen der Menschen an und überzeugt sie. Es erfüllt sie mit einem Gefühl der Verehrung. Wenn man sich zudem noch vor Augen führt, dass der Verfasser dieses Buches seine Ausführungen zuallererst von der Kanzel verschiedener Moscheen (zwischen 1990 und 1991) als prominentester Prediger seiner Zeit mündlich vorgetragen hat, wird man bestimmt staunen. Welch eine gnadenreiche Fügung, dass dem Verfasser dieses mangelbehafteten Vorwortes die Ehre zuteilwurde, persönlich bei einigen Predigten dieser Reihe (über die Prophetenliebe) anwesend gewesen zu sein. Später wurde diese vorgetragene „Propheten-Symphonie“ schwarz auf weiß verschriftlicht und transkribiert – im Gegensatz zu Symphonien, die zuerst komponiert und dann gespielt werden. Der Lehrmeister las den ganzen Text Korrektur und segnete ihn ab. Möge Gott es dem Lehrmeister Gülen mit bestem Lohn vergelten und ihm noch ein langes, gesundes Leben bescheren.

Es kann sein, dass einige Leserinnen und Leser die Ausführungen des Lehrmeisters über die spirituelle Persönlichkeit des Propheten als übertrieben, ja sogar als Entmenschlichung empfinden. Jedoch sehen diejenigen, die sich mit der Person des Propheten und seiner Bedeutung für die Schöpfung und den Schöpfer befassen, darin keine Übertreibung, sondern eine Fortsetzung der Tradition des *tenzīh* (Heiligung und Freispruch der Propheten von Makel). Da das vorliegende Buch auf eine neue Dimension der Prophetenerkenntnis und infolgedessen auf die Prophetenliebe ausgerichtet ist, wurde im Text der brennende Enthusiasmus der Predigten des Lehrmeisters bewahrt.

Eine kurze Anmerkung zum Titel: „Das unendliche Licht" bezeichnet den Propheten Muhammed, ein Ausdruck, der auf seinen Ursprung als Kern des Baums der Schöpfung und dessen beste Früchte zurückgeht. In einem Hadith beschreibt der Prophet Muhammed (Friede sei mit ihm) seinen Ursprung als Lichtessenz folgendermaßen: „Das Erste, was Gott erschuf, war mein Licht." Dieses Licht (gemäß der prophetischen Bezeichnung) oder die erste Vernunft (gemäß der philosophischen Bezeichnung) macht das ursprüngliche Wesen des Propheten Muhammeds aus. Die Sufis bezeichnen den Geist des Propheten, der zuallererst erschaffen wurde, noch vor der Erschaffung der Engel und der Welt, als „die ahmedische Essenz" *(el-haqīqa Ahmedīye)*; seine Person, die eine körperliche, materielle Existenz annahm, hingegen als „muhammedische Essenz" *(el-haqīqa Muhammedīye)*. Sinngemäß geht der Geist Ahmeds der ganzen Schöpfung voraus und sein Wesen als Licht steht mit allem in Verbindung.

Zuletzt noch einige Anmerkungen zu Übersetzung, Umschrift und Herausgabe dieses Buches. Die Übersetzung erfolgte aus dem türkischen Original. Unser Übersetzer und Lektor Lenius Hirschberger meisterte die schwierigsten Kombinationen mit hervorragender Tüchtigkeit. Meine Wenigkeit las den ganzen Text Korrektur und steuerte – wo nötig – einige Fußnoten bei. Die Transkription aus dem Arabischen und Türkischen erfolgte nicht gemäß der Umschrift der Deutschen Morgenländischen

Gesellschaft (DMG), sondern folgte der *Fontäne*-Umschrift, die überwiegend die Transvokalisation berücksichtigt. Im Gegensatz zur alten Umschrift wird im vorliegenden Buch das Arabische „dsch" (ج) vereinfacht mit „dj" wiedergegeben. Der Text wurde bis auf wenige Stellen, die aufgrund von sinn- und zweckerfüllenden zahlreichen weiteren Beispielen ausgelassen wurden, aus dem türkischen Original vollständig übertragen. Das alte Buch mit dem Titel „Der Prophet Muhammad" enthielt lediglich eine Auswahl des Gesamtwerkes. Es war eine Zusammenstellung der drei Bände in einem einzigen Band. Das vorliegende Buch hingegen ist eine vollständige Übersetzung des ersten Bandes dieser Reihe.

Der Prophet bringt es auf den Punkt: „Menschen sind fehlerbehaftet, die besten Fehlerhaften wiederum sind die, die Reue zeigen und wiedergutmachen." Es kann wohl sein, dass sich bei der Übertragung des Buchinhaltes sowie bei der Umschrift und den Fußnoten Fehler eingeschlichen haben. Für alles, was sich als zutreffend erweist, danke ich dem Barmherzigen, Allmächtigen Einen, denn ohne Seinen Beistand wäre ein solches Unterfangen unmöglich zu realisieren. Was die Fehler und Mängel angeht, suche ich Zuflucht bei Ihm und bitte um Rechtleitung. Aufgrund der möglichen Fehler entschuldige ich mich schon jetzt beim Geist des Gesandten Muhammed (Friede sei mit ihm) sowie dem Verfasser dieses Buches und den verehrten Leserinnen und Lesern. Ich schätze mich glücklich, wenn die Leserschaft mit ihren Korrekturvorschlägen zum Verbesserungsprozess beitragen könnte.

Für Frieden mit Frieden

Arhan Kardas

Berlin, 14. Juni 2018 / 29 Ramadan 1439

Einleitung

DER PROPHET, DER DEN WELTEN ALS BARMHERZIGKEIT GESANDT WURDE

A. DIE ERSEHNTE MORGENSONNE

Eine finstere Welt trägt das Licht bereits in sich. Die Anzeichen der frohen Kunde und der Freudensnachricht waren schon kurz vor der Ankunft des Propheten am Horizont zu erkennen. Die Herzen der Menschen in Mekka waren so sehr berührt, dass viele von ihnen das bevorstehende Offenbarwerden des letzten Propheten verkündeten: Sobald er offenbar wird, eilt zu ihm! Und vereinigt euch mit seiner Seele![1]

Die ganze Schöpfung war voll froher Erwartung und Hoffnung ob des letzten Befreiers. Die Eltern hofften darauf, dass dieser Erlöser aus den Reihen ihrer Nachkommen hervorkäme, und nicht wenige gaben ihren Neugeborenen den Namen „Muhammed".[2]

---

1 Siehe folgende Beispiele: Ibn Sa'd, *Ṭabaqātu'l-Kubrā* 1/161–162; Ṭaberī, *Tārīhu'l-Umem we'l-Mulūk* 1/529.

2 Ibn Sa'd, *Ṭabaqātu'l-Kubrā* 1/169.

Sein edler Stammbaum jedoch führt ihn als Erbe des ehrenwerten Abraham über Ismael und des 'Abdulmuttalib[3] über 'Abdullah auf – die ihm zugeneigten Herzen erwarteten das Licht aus ebendieser Linie. Die Geschehnisse künden von seinem Kommen; die immer finster werdende Dunkelheit kündigt die bevorstehende Morgensonne an. Der Menschheit mangelte es seinerzeit an Zielen und Idealen, die das Leben lebenswert machen. Ihr ganzes Tun war *„wie eine Luftspiegelung in der Wüste, von der der Durstige annimmt, dass es sich um Wasser handelt, bis er schließlich hinkommt und findet, dass es nichts ist."*[4]

Über die Empfindungen, Gedanken und Handlungen damals kann man Ähnliches sagen. Sie waren *„wie Schleier aus Finsternis, die ein riesiges, abgrundtiefes Meer bedecken, über dem eine Woge ist, worüber sich noch eine Woge befindet, und darüber ist eine Wolke: Schleier aus Finsternis, übereinander gehäuft, sodass jemand, wenn er seine Hand ausstreckt, sie kaum sehen kann."*[5]

Dieses Zeitalter nannte man *el-Djāhilīye* – die Unwissenheit. Es handelte sich hierbei nicht um Unwissenheit auf wissenschaftlichem Gebiet. Nein, jene Unwissenheit war gleichbedeutend mit Verkennung im Gegensatz zum Glauben und der Überzeugung.

Auch wenn die Widerwärtigkeiten jenes Zeitalters ein vorübergehendes Bild der Finsternis entwarfen, möchte ich meine Leser nicht mit düsteren Ausführungen belasten. Abergläubische Vorstellungen auf diese oder jene Weise aufzuzeigen, lässt den Verstand irregehen, und dies zu verursachen, ist in meinen Au-

---

3 Der Großvater des Propheten, der sich nach dem Tod seines Vaters Abdullah um ihn gekümmert hat. Abdulmuttalib hatte zehn Söhne, u. a. Abdullah, den Vater des Propheten Muhammed (Anm. d. Hrsg.).

4 Sure An-Nūr, 24:39.

5 Sure An-Nūr, 24:40.

gen ein Verbrechen. Um jenes Zeitalter zu schildern, ist es dennoch nützlich, ein wenig auf die Gepflogenheiten und Bräuche jener Tage einzugehen, denn auf diese Weise kann man besser erfassen, welch großes Erbarmen für die gesamte Schöpfung darin lag, dass Gott Seinen Propheten sandte und wie sich die göttliche Güte darin offenbarte!

Sein Kommen ist in der Tat für jeden Einzelnen die größte Gunstbezeugung Gottes und ein Ausdruck Seiner umfassenden Güte. Unser Herr beschreibt dies Selbst wie folgt:

„Gott hat den Gläubigen wahrlich große Gnade erwiesen, indem Er ihnen einen Gesandten aus ihrer Mitte geschickt hat, der ihnen Seine Offenbarungen vorträgt und sie läutert und sie das Buch und die Weisheit lehrt, während sie sich davor gewiss in offenkundigem Irrtum befanden."[6]

Man beachte Gottes Güte, seine Gunstbezeugungen und seine Großherzigkeit! Er sandte den Menschen einen Propheten aus ihrer Mitte, der ein Teil ihrer selbst war, der ihre Gefühle und Gedanken teilte, einen Gesandten, der ihnen als Vorreiter den Weg zu Gott wies. Bedurften sie eines Imams, so ging er vor ihnen her; bedurften sie eines Predigers, so erklomm er die Kanzel; bedurften sie klarer Anweisungen, so gab er ihnen Brief und Siegel; bedurften sie eines Kommandanten, so leitete der Gesandte Gottes sie vortrefflicher an, als dies die besten Heeresführer je hätten tun können.

Im Christentum gibt es eine Fehldeutung: Christen glauben, dass Jesus Christus von Gott hingegeben wurde, um so für die Menschheit die Vergebung der Erbsünde zu erwirken. Diese Auf-

---

6 Sure Āl ʻImrān, 3:164.

fassung ist aus Sicht der islamischen Theologie willkürlich und nicht vertretbar. Jedoch beinhaltet diese falsch aufgefasste Lehre einen Hinweis, der richtig ist:

Gott sandte seinen geliebten Diener, den Propheten Muhammed – Friede sei mit ihm –, obgleich Er wusste, was auf ihn zukommen würde, um die Sünden der Menschen zu vergeben, und ließ sie nicht in Widernatürlichkeiten, Irrlehren, Auflehnung und Zügellosigkeiten allein, damit sie nicht auf dem Weg verloren gehen, sondern in die ewige Seligkeit eingehen. Möge jeder Einzelne von ihnen zum idealen, universellen bzw. vollkommenen Menschen werden. Mögen sie in ihren Seelen zu jeder Zeit die Stimme Gottes hören und an innerer Tiefe gewinnen. Und mögen sie mit den Worten des Ibrahim Hakki die verbogenen Schätze ihres Herrn in ihren Herzen und Gewissen verspüren:

> *„Gott sprach:*
> *Himmel und Erde können mich nicht (er-)fassen*
> *Verborgene Schätze werden offenbar in der Goldmine des Herzens.“*

Das Herz ist solch ein Quell von Schätzen, dass sich selbst Gott, der größer ist als Zeit und Raum, in den Herzen wie der wertvollste Edelstein verspüren lässt. Bücher, Vernunft, Gedanken, Philosophien, Aussprüche, Himmel, Erde, ja das gesamte Universum kann Gott den Erhabenen nicht (er-)fassen und keiner von ihnen besitzt die Macht, Ihn zum Ausdruck zu bringen. Nur das Herz kann Ihn – wenn auch nur begrenzt – in Worte übertragen. Ja, das Herz ist solch eine Zunge; die Ohren haben bis heute keine derart glänzenden Worte vernommen. Daher sollte der Mensch sich auf den Weg des Herzens machen, dort suchen und fündig werden und sich bemühen, zu seinem Herrn zu gelangen und sich in Ihm zu entwerden. Genau aus diesem Grund hat Gott den Propheten Muhammed – Friede sei mit ihm – zu uns gesandt.

Ja, er ist gekommen, um der Menschheit die Zeichen Gottes zu verkündigen, Seine Wunder vor Augen zu führen und den Menschen Seine Washeit *(Quidditas)*[7] zu lehren. Dank ihm wird die Schöpfung in der Tat von ihren Befleckungen geläutert und in einen makellosen Zustand gebracht, von physischem Elend befreit und auf die Lebensstufe des Herzens und des Geistes erhoben. Er wird die Menschen das Buch und die Weisheit lehren; und was die Menschheit betrifft: Sie wird in der lichten Welt des Buches und der Weisheit zu sich selbst finden, dem Jenseits erwachen und auf den Weg zur Ewigkeit treten – und so kam es schließlich auch.

Wir haben äußerst wichtige und gesegnete Tage voll göttlicher Gnade. Einige von ihnen zählen zu den Festtagen der Gläubigen. Diese Freude der Festtage erleben wir jede Woche freitags und in noch größerem Ausmaß während des Kurbanfestes und des Ramadans. Das Kurbanfest ist ein Tag, an dem der ehrwürdige Abraham ein Opfer einer bestimmten Dimension darbrachte und an dem die Muslime in aller Aufrichtigkeit Wege zur Sündenvergebung suchen. In dieser Absicht berühren sie mit ihrer Wange die Kaaba, verweilen am ʿArafat *(wuqūf)* und wenden sich flehentlich im Geist Muhammeds an Gott. Der Ramadan hinge-

---

7 In der islamischen Philosophie bezeichnet der Begriff *māhiye* alle Eigenschaften eines Dinges, die auf die Frage „Was ist es?“ als Antwort gegeben werden können. Daher wird er auch mit „Washeit“ oder „Wesenheit“ übersetzt. Das lateinische Pendant zu *māhiye* ist *quidditas*. Dieser Begriff wurde in Europa unmittelbar aus der islamischen Philosophie übernommen. Der Begriff *hūwiye* wiederum bezeichnet die Identitätsmerkmale eines Dinges und die Merkmale, die ihn von anderen Dingen abgrenzen (Anm. d. Hrsg.).

gen ist ein reiches, volles und gesegnetes Fest, bei dem man sich einen Monat lang fastend der Freude der Annäherung an den Herrn hingibt und die Freude am Leben teilt. Es gibt jedoch noch ein weiteres Fest, das man als Fest der ganzen Menschheit, ja als Fest aller Geschöpfe bezeichnen kann – der Tag, an dem wir mit dem Herabkommen des Gesandten Gottes auf die Erde geehrt wurden: die Geburt Muhammeds *(wilādet-i Ahmediye)*. Der Tag, an dem Gott dieses Licht gleich der Sonne schuf und wie eine Kerze in das Firmament der Menschheit stellte. Ja, mithilfe dieses Lichtes wurde der Vorhang der Finsternis der Unwissenheit zerrissen und die Welt in Licht getaucht. Auch dies ist eine Gunstbezeugung und ein Ausdruck der Güte Gottes für Menschen und Djinnen (Dschinnen).

B. EINE FINSTERE ZEIT

Wenn an der Einheit Gottes *(tewhid)* gerüttelt wird, handelt es sich stets um eine finstere Zeit. Beherrscht der Glaube an Gott, der das Licht von Himmel und Erde ist, nicht mehr alle Herzen, verdunkeln sich Geist und Gewissen vollständig. Der Blick auf die physische Schöpfung und die Geschehnisse des Lebens werden dadurch getrübt, gleich Kurzsichtigkeit, und jener Mensch wird in tiefer spiritueller Dunkelheit leben.

In einer Zeit, in der die Säulen der Religion und ihr Fundament erschüttert waren und die eigenen Anhänger den Ruf der gottgegebenen Religionen beschädigten, glaubten vielleicht einige Monotheisten an einen Gott, den sie aber nicht benennen konnten, den sie nicht näher kannten und ihm daher auch nicht dienen konnten – ihre Stimmen waren jedoch so dünn, niemand nahm von ihnen Notiz.[8]

1. Götzendienst im Zeitalter der Unwissenheit *(djāhilīye)*

Die Polytheisten jener Tage rühmten sich ihrer Götzen, mit denen sie die Kaaba vollstopften, und fanden Trost in ihnen; die weniger Gebildeten unter ihnen sagten, sie betrachteten diese Götzen lediglich als Wege, die sie zu Gott führen. In einem Vers des Korans wird dieser Umstand wie folgt beschrieben: *„(Sie sagen:) Wir beten sie aus keinem anderen Grund an als dem, dass sie uns Gott näherbringen mögen.“*[9]

Auf diese Art und Weise wurde das Gefühl der Ergebenheit Gott gegenüber ein weiteres Mal missbraucht und verraten, ein Gefühl, das dem Menschen als anvertrautes Gut in die Wiege gelegt wurde. Man betete Bäume, Steine, die Erde, die Sonne, den Mond und die Sterne an; sogar Dinge, die sie mit ihren eigenen Händen zubereiteten, wie Helwa und Käse, beteten sie vorübergehend an, um sie dann aufzuessen, sobald sie hungrig wurden.

Der Koran sagt über diese überholten Gedanken und überkommenen Anschauungen:

„Sie beten anstelle von Gott Dinge oder Geschöpfe an, die ihnen weder schaden noch nützen können, und sie sagen: ‚Diese sind unsere Fürsprecher bei Gott.‘ Sprich: ‚Wollt ihr Gott Kunde von etwas in den Himmeln oder auf Erden geben, wovon Er nichts weiß?‘ Gepriesen ist Er und hoch erhaben über alles, was sie Ihm als Teilhaber zur Seite stellen.“[10]

„Hütet euch! Es ist Gott allein, dem aller aufrichtiger Glaube, alle Anbetung und jeglicher Gehorsam gebührt. Doch diejenigen, die sich anstelle von Ihm andere zu Beschützern und Vertrauten

---

8 Siehe Ibn Keṯīr, *El-Bidāye we'n-Nihāye* 2/238.

9 Sure Az-Zumar, 39:3.

10 Sure Yūnus, 10:18.

nehmen, sagen: ‚Wir beten sie aus keinem anderen Grund an als dem, dass sie uns Gott näherbringen mögen.' Gott wird zwischen ihnen entscheiden über all das, worüber sie uneinig sind. Gott leitet niemanden recht, der ein unverbesserlicher Lügner und undankbar ist."[11]

Sie suchten gar nach Ausreden für ihre irrsinnigen Ansichten. Ihre größte Rechtfertigung bestand darin, dass auch ihre Vorväter ebendiese Dinge so taten: „*Und wenn ihnen gesagt wird: ‚Folgt dem, was Gott herabgesandt hat', so antworten sie: ‚Nein! Wir folgen dem, wobei wir unsere Väter gefunden haben.' Was denn, auch wenn ihre Väter nichts begriffen haben und nicht rechtgeleitet waren?*"[12]

2. Das Drama um die Töchter

Ein weiterer Gräuel aus der Zeit der Unwissenheit wird im Koran wie folgt beschrieben:

„*Wenn einem von ihnen die Kunde von der Geburt eines Mädchens überbracht wird, verfinstert sich sein Gesicht, und es ist (als würde er innerlich überwältigt) von unterdrücktem Ärger. Er verbirgt sich vor den Menschen wegen des Schlechten, von dem er Kunde erhalten hat. (So spricht er denn mit sich selbst:) Soll er es trotz der Erniedrigung behalten oder es in der Erde vergraben? Seht nur! Wie übel ist die Entscheidung, die sie treffen!*"[13]

Wurde einem von ihnen die Nachricht überbracht, eine Tochter zu bekommen, so konnte er sich vor Wut kaum halten. Sein Gesicht wurde schwarz vor Zorn, und er traute sich ob die-

11 Sure Az-Zumar, 39:3.

12 Sure El-Baqara 2:170.

13 Sure An-Nahl, 16:58–59.

ser bitteren Nachricht nicht mehr unter Menschen. Er fand diese Nachricht derart unangenehm, dass er wünschte zu verschwinden, sich zu verstecken, in einem Loch zu verschwinden und war zwischen zwei Alternativen hin- und hergerissen: entweder die gesellschaftliche Schmach zu ertragen und dieses Kind am Leben zu lassen oder, um seine Ehre zu retten (!), den Körper des Mädchens verschwinden zu lassen.

So groß war die Verachtung gegenüber Frauen in der Zeit der Unwissenheit! Diese Verachtung, Geringschätzung und Entehrung beschränkte sich nicht nur auf die arabischen Völker der Zeit der Unwissenheit – sie war auch im Römischen Reich und dem sassanidischen Reich der Perser anzutreffen. Daher kann man sagen, dass die Benennung der Missstände unter den Arabern der Zeit der Unwissenheit und ihre Beseitigung einer außergewöhnlichen Revolution gleichkam, die nicht nur den Frauen seinerzeit zugutekam, sondern eine Operation zugunsten der Frauen weltweit darstellt, die seinesgleichen sucht.

Es war der Koran, der als Erster einer solchen Bestialität Einhalt gebot und ohne Ausnahme das Töten von Kindern verbot: *„Tötet nicht eure Kinder aus Angst vor Armut. Wir bereiten ja Versorgung sowohl für euch als auch für sie.“*[14]

Es ist so, als ob Gott zu ihnen sagte: Warum tötet ihr eure Kinder? Bin nicht Ich der Versorger von euch und ihnen? Seht ihr nicht: die Erde wurde euch wie tausend gedeckte Tische dargereicht und steht euch zu Diensten? Auch der Himmel eilt euch zu Hilfe. Bin nicht Ich es, der die Wolken zu euch lenkt und sie Regen und Schnee regnen und auf der Erde millionenfach Pflanzen nach ihrer Art sprießen lässt? Obwohl ihr all dies seht: welches

---

14 Sure El-Anʿām, 6:151.

Gewissen, welche Einsicht und welches Verständnis bringt euch dazu, euch Sorgen um euer materielles Auskommen zu machen und eure Kinder zu töten? Vergesst nie: Wer diese Dinge tut, wird niemals die Gunst erlangen, von Gott angesprochen zu sein; diese Unschuldigen jedoch werden eines Tages als Angesprochene angenommen, und sie werden gefragt, welches Verbrechen sie begangen haben, aufgrund dessen sie getötet wurden. Die Barbaren, die ihre eigenen Kinder töteten, werden ganz gewiss für diese Grausamkeiten bestraft.

„Und wenn das lebendig begrabene Mädchen befragt wird, um welcher Schuld willen es getötet wurde.“[15] In der Tat lässt uns dieser Vers erschaudern und gibt uns Einblick in die moralische Verrohung dieser Ära.

Einer der Gefährten wandte sich eines Tages an den Propheten und berichtete über die Bestialität während der Zeit der Unwissenheit: „O Gesandter Gottes! In der Zeit der Unwissenheit haben wir unsere Töchter bei lebendigem Leib vergraben. Auch ich hatte eine Tochter. Ich sagte zu ihrer Mutter: ‚Zieh ihr etwas an, ich bringe sie zu ihrem Onkel, deinem Bruder,‘ [Die Frau wusste, was das bedeutet. Ihr liebstes Töchterchen würde wenig später in einen Brunnen geworfen und dort unter letzten Zuckungen seinen Odem aushauchen. Allerdings hatte die Frau kein Recht und keine Befugnis, um dieser Bestialität Einhalt zu gebieten. Das einzige, was sie tun konnte, war still vor sich hin weinend zu trauern.] Meine Frau tat, was ich von ihr verlangte. Das Kind dachte tatsächlich, es würde zu seinem Onkel gehen, und hüpfte fröhlich umher. Ich fasste es bei der Hand und führte es an den Rand eines Brunnens, den ich zuvor ausgehoben hatte.

15 Sure Et-Tekwīr, 81:8–9.

Ich sagte ihr, sie solle in den Brunnen schauen. Genau in dem Moment, in dem sie in den Brunnen schaute, gab ich ihr von hinten einen Stoß und sie fiel hinein. Aber sie schaffte es irgendwie, sich am Rand des Brunnens festzuhalten. Um ihr Leben zappelnd versuchte sie noch mein Gewand zu säubern, indem sie sagte: ‚Mein geliebter Vater, du bist ja voller Staub.' Trotzdem versetzte ich ihr einen weiteren Stoß und vergrub sie bei lebendigem Leib in der Erde."

Der Gesandte Gottes und die, die bei ihm saßen, brachen bei der Erzählung des Mannes in Tränen aus. Einer derjenigen, die dabei waren, sagte zu ihm: „Du hast den Gesandten Gottes ganz traurig gemacht." Daraufhin erwiderte der Prophet: *„Erzähl es noch einmal!"* Der Mann berichtete noch einmal von diesem Geschehnis, und die Tränen des Propheten, des Hauptes der beiden Welten, rannen seinen gesegneten Bart hinab.[16]

Als ob der Gesandte Gottes mit der erneuten Erzählung des Geschehnisses Folgendes sagen wollte: „Genau so wart ihr vor dem Islam. Ich habe dies wieder und wieder erzählen lassen, um euch erneut an die Menschlichkeit zu erinnern, um die der Islam euch bereichert hat!"

Dieses äußerst schmerzliche Beispiel zeigt, dass die Menschen jener Zeit zutiefst betrübt waren; jeden Tag wurden in der Finsternis und der Unendlichkeit der Wüste tiefe Brunnen ausgehoben, in denen so viele unschuldige Kinder ihr Leben ließen. Die Menschheit hat in ihrer Brutalität die Hyänen schon längst hinter sich gelassen. Jemand, der sich nicht wehren kann, besaß kein Recht zu leben und war dazu verurteilt, von den scharfen Zähnen der Wehrhaften zerrissen zu werden. Die menschliche

16 Dārimī, El-Muqaddime 1.

Gesellschaft befand sich in einer Krise und es fand sich niemand, der dem Einhalt gebot.

Genau in jenen Tagen entfernte sich die *Raison d'Être* der Schöpfung – Friede sei mit Ihm – aus der Mitte der Menschen; er zog sich in die Höhle von Hira zurück, welche später von seiner Gemeinschaft als „Berg des Lichts" bezeichnet wurde, und blickte am Horizont der Morgensonne der Befreiung entgegen. Wahrscheinlich war er gerade dabei, seinen Kopf zum Gebet zu neigen, flehte seit Stunden und bat seinen Herrn um einen Retter für die Menschheit. Bukhārī und Muslim verwenden bei der Überlieferung dieser Begebenheit den Ausdruck *fe yetehannathu fīh*, der „sich der Anbetung hingeben, sich zurückziehen" bedeutet. In der Tat kehrte der Gesandte Gottes manchmal tagelang nicht nach Mekka zurück. Nur wenn sein Proviant zur Neige ging, kam er kurz, um seine Vorräte aufzufüllen.[17]

Sicher dachte er an die Existenz, an das, was sich hinter dem Vorhang der Existenz abspielt, an die Schöpfung und den Zweck der Schöpfung; andererseits dachte er auch an die Menschheit, deren Ordnung aus dem Gleichgewicht geraten war, an ihren schaudererregenden Zustand und ihre herzzerreißende, gedrückte Stimmung.

3. Veränderte Werte

Ja, die menschliche Gesellschaft hatte sich in einen Zustand verstrickt, in dem alle menschlichen Werte ins Gegenteil verkehrt, Tugenden als unschicklich und stattdessen Unschickliches und Fehlerhaftes als tugendhaft betrachtet wurden. Bestialität wurde beklatscht, während Menschlichkeit mit Verachtung gestraft

17 El-Buḫārī, *Bed'u'l-Waḥy* 3; Muslim, *Īmān* 252.

wurde. Wölfe wurden zu Hirten, arrogant in ihrer Art; die Schafe litten arg unter den Händen dieser unbarmherzigen Hirten. Prostitution, Ehebruch und Unmoral nahmen derart überhand, dass kaum jemand seinen eigenen Vater kannte. Dem Ansehen aufgrund von Abstammung oder persönlicher Fähigkeiten wurde kein Wert mehr beigemessen. Alkohol und Glücksspiel galten überhaupt nicht mehr als unschicklich. Wucher wurde schon als normal betrachtet und mittels Finanzspekulationen das Blut der Menschen auszusaugen galt als Meisterleistung und ein Zeichen von Klugheit.

In der Tat bedurfte es eines, der „Stopp!" rief, eines Elixiers des Wortes. Der Bedarf war so groß, dass der Erbarmer unvermittelt eingriff und veranlasste, dass der Herr der Herren als Gesandter beauftragt wurde; mit seinem Kommen änderte sich alles von Grund auf. Der großartige ägyptische Dichter Ahmed Shawqi (gest. 1932) drückt dies wie folgt aus:

> *„Die göttliche Führung ward geboren;*
> *der Kosmos mit Licht erfüllt.*
>
> *Von nun an trägt die Zeit ein süßes Lächeln*
> *und den Lobpreis auf den Lippen."*

Die Finsternis in Zeit und Ort erhellte sich, als der Prophet Muhammed – Friede sei mit ihm – lächelnd gleich einem Strauß Rosen das Licht brachte, sodass das Volk von Medina ihn während der Hidjra wie folgt empfing:

> *„Ein Mond geht auf über den Hügeln von El-Wedāʿ.*
> *Ein jeder, der betet und ruft, ist zur Dankbarkeit*
> *verpflichtet, wenn er betet und ruft."*[18]

Mit diesen Versen brachten sie ihre Gefühle zum Ausdruck

---

18 Ibn Keṯīr, *El-Bidāye we'n-Nihāye* 3/197; 5/23; Ibn Ḥadjar, *Fetḥu'l-Bārī* 8/129.

und empfingen des Gesandten. Reine Herzen und reine Münder flossen über vor reinen Versen des Lobpreises.

C. ER LEBTE SCHON VOR SEINER BERUFUNG WIE EIN PROPHET

1. Ein vertrauenswürdiger Mensch

Die Phasen der Kindheit, der Jugend und des reiferen Alters trugen allesamt schon den Charakter des Prophetentums: Sie waren der Auftakt, die Stufen, die Stiege. Daher glaubten ihm recht viele derjenigen, die ihn kannten, sofort, als er sich zum Gesandten ausrief, und folgten ihm.

Dazu trug die Tatsache bei, dass er zeit seines Lebens kein einziges Mal die Unwahrheit sagte. Ebendieser Mensch spricht nun von Gott und sagt, er sei ein Prophet. Wie könnte ein Mensch, der schon bei der kleinsten Kleinigkeit nicht die Unwahrheit sagen konnte, bei so einer großen und erhabenen Angelegenheit lügen?[19] Das wäre unmöglich. Wenn auch nicht jeder so dachte, so glaubten doch die Menschen jener Tage, die ihren Starrsinn und ihre Missgunst hinter sich ließen, an ihn. Die Ära, in der er lebte, war in der Tat die Zeit der Unwissenheit. Diese Bezeichnung bezieht sich jedoch auf das Leben derjenigen, die nicht zu seiner besonderen Zeit lebten. Denn er selbst lebte niemals in Unwissenheit. Er war ein vertrauenswürdiger Mensch. Jeder wusste das und betrachtete ihn auch so. Er war so vertrauenswürdig, dass man ihm ohne zu zögern Frau und Familie überließ, wenn es Zeit war, beispielsweise in eine Schlacht zu ziehen. Niemand hatte nur im Geringsten die Befürchtung, er könnte während der Abwesen-

19 El-Buḫārī, *Bed'u'l-Waḥy* 3.

heit einen Blick auf sie werfen. Haben Sie schon einmal überlegt, jemandem Ihr Hab und Gut anzuvertrauen? Sie hätten es ohne zu zögern in die Obhut Muhammeds geben können – sein Name war ein Garant für Sicherheit, es würde Ihnen kein Schaden entstehen. Möchten Sie die Wahrheit in Verbindung mit einer Sache herausfinden? Sie würden sofort zur ruhmreichen Nachtigall *(andelīb-i zischān)* eilen, zum Inbegriff der Treue, und ihm zuhören, aufgrund des Gehörten urteilen und seine Worte bei all Ihrem Tun beachten, denn er sagte niemals die Unwahrheit.

Sie brauchen einen Beweis? Nachdem er den Hügel Safā hinaufgestiegen war, fragte er die Menschen, die ihn umringten: *„Würdet ihr mir glauben, wenn ich sagte, dass hinter dem Berg eine Armee heranzieht, um uns anzugreifen?"* Sie antworteten wie aus einem Mund: „Ja, wir würden dir glauben. Denn wir haben noch kein Wort der Unwahrheit von dir gehört."[20] Unter denen, die dies sagten, waren auch Menschen, die dem Islam gegenüber gegnerisch eingestellt waren, wie Ebū Leheb. Sie alle jedoch bestätigen die Wahrhaftigkeit und Glaubwürdigkeit des Propheten.

Noch als seine Mutter schwanger mit ihm war, verlor er seinen Vater; im Alter von fünf bis sechs Jahren verlor er auch noch seine Mutter. Daraufhin nahm sein Großvater Abdulmuttalib ihn in seine Obhut. Kaum war er acht Jahr alt, verstarb auch sein Großvater. Als ob das Schicksal ihn von allen trennte, um ihn darauf vorzubereiten, Gott völlig ergeben zu sein … Alle, die ihn schützten, verschwanden einer nach dem anderen aus seinem Leben, und er wurde im Geist und Offenbarwerden der Einheit Gottes unmittelbar und tatsächlich an die Obhut Gottes erinnert. Er musste die „Worte des Tewhid" und des „Hasbunallah" schon

20 El-Buḫārī, *Tefsīr* (111) 1–2; Muslim, *Īmān* 355–356.

von frühester Kindheit an verinnerlichen. Deshalb mussten alle offenkundigen und sichtbaren Mittel [des Schutzes und der Obhut] außen vor bleiben. Und so kam es schließlich auch.

Die Namen seiner Eltern sind ʿAbdullah – „Diener Gottes“ – und Āmine – „vertrauenswürdige und rechtschaffene Frau“. So kam er als Sohn einer Frau zur Welt, die das Vertrauen gebar und der das Vertrauen als anvertrautes Gut übergeben wurde. Der Name des Vaters dieses ehrenwerten Menschen, der sich schon vor seiner Berufung mit seiner Frömmigkeit einen Namen gemacht hatte, war „Diener Gottes“. All dies war kein Zufall, es war göttliche Vorsehung.

2. Er wuchs als Waise auf

Im Laufe der Zeit würde er eine sehr schwere Last, eine große Verantwortung schultern. Darauf musste er frühzeitig vorbereitet werden. Auf dem Höhepunkt der Ergebung in die göttliche Fügung *(tewekkul)* würde ein Mensch stehen, der vollkommen ausgerüstet ist, sich allen Herausforderungen zu stellen. Gott bewahrte ihn davor, ein Mensch zu werden, den der Reichtum verzärtelte oder den Elend und Armut hatten ängstlich und zaghaft werden lassen. Gott sorgte dafür, dass er in allen Phasen seines Lebens die Ausgeglichenheit und die Richtung seines Kurses bewahrte sowie als ein Mensch heranwuchs, dem Exzesse und Laxheit fernlagen.

Für einen Anführer ist es sehr wichtig, solche schweren Zeiten durchlebt zu haben. Er sollte wissen, was es heißt, ein Waise zu sein, um sich seinen Anhängern gegenüber wie ein liebevoller Vater zu verhalten. Er sollte wissen, was es heißt, mittellos zu sein, um sich in ihre Lage versetzen und ihnen entsprechend beistehen zu können. In der Tat trug der Gesandte Gottes diese hohe Moral wie einen Keim in sich, und seine angeborenen Eigenschaften kamen in dem Wasser, der Erde und der Luft dieses Lebens genährt voll zur Entfaltung – die helfende Hand gegenüber Waisen und Mittellosen; er sah sie in ihrer Not und nahm sich ihrer an. Später, auf dem Höhepunkt seiner Berufung, wich er nicht auch nur ein Jota von seiner ursprünglichen Haltung ab und lebte seine Art zu leben fortwährend konsequent aus – eine Persönlichkeit, die ihresgleichen sucht. Zeitlebens kam kein Tadel gegenüber Waisen über seine Lippen und er wies niemanden zurück, der sich mit einer Bitte an ihn wandte. Denn dies war ihm von Gott persönlich so bestimmt und aufgetragen worden:

„Hat Er dich nicht als Waisenkind vorgefunden und (dir) Obdach gewährt? Und fand Er dich nicht ohne Rechtleitung (durch Gottes Propheten) vor und leitete (dich) recht? Und fand Er dich nicht bedürftig und machte dich unabhängig? Was das Waisenkind angeht, unterdrücke es nicht; und was den Bittenden angeht, so schelte ihn nicht und weise ihn nicht ab. Und was die Gnade deines Herrn angeht, so verkünde sie!“[21]

Obgleich mein Vater schon vor Jahren verstorben ist, befehle ich ihn, wann immer ich diese Sure lese, dem Gesandten Gottes wie einem Fürsprecher an und spreche zu diesem großen Geist, damit er mich nicht zurückweist, die Worte: „Hier ist ein Waisenkind an Deiner Pforte! Bitte weise dieses elternlose Kind nicht zurück!“

a. Bei Abdulmuttalib

Abdulmuttalib bemerkte schon sehr früh den prophetischen

21 Sure Ad-Duhā, 93:6–11.

Geist in Muhammed. Die Tage mit ihm vergingen stets gesegnet und glücklich. Er sorgte dafür, dass er sich in der Gemeinschaft von Älteren und Erfahreneren aufhielt und ließ ihm Ehre und gastfreundliche Bewirtung zuteilwerden.[22] Er sah in ihm die Befreiung der Menschheit. In den Augen des Gesandten Gottes war eine Tiefe, die in den Augen anderer nicht zu erkennen war. Vielleicht hatte Lu'ey, dem von seinen Vorvätern überliefert wurde, er sei ein Prophet, verkündet, dass aus der eigenen Generation ein Prophet aufstehen würde, und Abdulmuttalib hat gestützt auf diese frohe Kunde bemerkt oder verspürt, dass der Gesandte Gottes dieser Prophet sein würde. Man kann sogar sagen, dass er seinen Enkel deshalb so überschwänglich liebte und eifersüchtig über ihn wachte. Als der Tag seines Todes gekommen war, weinte dieser große Mann bitterlich, da er doch von nun an Muhammed nicht mehr liebevoll an sein Herz werde schließen können. Man bedenke: Diesen großen Mann, der angesichts der Armee des Abraha nicht ins Wanken geriet und auch jahrelang während der Fidjār-Kriege (581–90)[23], ohne mit der Wimper zu zucken, gegen Heerscharen feindlicher Armeen kämpfte, rührte der Gedanke daran, von seinem geliebten Enkel getrennt zu werden, zu bitteren Tränen, und er weinte wie ein Kind. Hiermit war die Vormundschaft des Abdulmuttalib beendet, und er schloss für immer die Augen. Von nun an würde sich die „einzigartige Perle" *(dürr-i yektā)*[24] in der Obhut des Ebū Talib befinden.

b. Bei Ebū Talib

---

22 Ibn Hischām, *Sīratu'n-Nebewiyye* 1/127.

23 Brutale Kämpfe mekkanischen Araber untereinander, die ungefähr zehn Jahre andauerten. In dieser Zeit fanden vier Kriege statt. Sie waren dermaßen besessen, dass sie selbst in den für sie verbotenen heiligen Monaten Krieg führten (Anm. d. Hrsg.).

24 Eine Andeutung auf das Einzelkindsein des Propheten – die einzige Perle seiner Mutter, der Muschel (Anm. d. Hrsg.).

Ebū Talib hielt Wort. Er sorgte nahezu 40 Jahre für den Gesandten Gottes und unterstützte ihn. Seine Güte blieb nicht ohne Lohn. Gott der Wahre gab ihm ein besonderes Kind: den ehrenwerten Ali – möge Gott an ihm Gefallen finden. Jede Generation von Propheten wird in sich fortgeführt. Die Generation des Gesandten Gottes hingegen sollte über den ehrwürdigen Ali fortgeführt werden. Es heißt, dass dem Propheten sogar eine entsprechende Überlieferung zugeschrieben wird.[25]

Der ehrwürdige Ali – möge Gotte an ihm Gefallen finden – repräsentiert die Stellung und Würde der Gottesfreundschaft *(wilāyet)* des Hauptes der zwei Welten. Er ist gewissermaßen die Krone aller Gottesfreunde. Er ist der Sultan der Sultane, der heldenhafte Schah, der Löwe Gottes *(haydar-i kerrār)*, der Schwiegersohn des Propheten; Ali, der Gottes Wohlgefallen erlangte *('Aliyyul'l-murtaḍā)*, dem sich alle, die sich bis zum Jüngsten Tag auf dem Weg Gottes befinden, und alle herausragenden Persönlichkeiten voll Wertschätzung erinnernd unterwerfen – er war für Ebū Talib gleich einem Geschenk und einer Belohnung für dessen Großzügigkeit dem Gesandten Gottes gegenüber.

Ebū Talib war wie sein Vater Abdulmuttalib lediglich ein scheinbarer Grund. Der wahre Grund, der ihn eigentlich in seine Obhut nahm und heranzog, war Gott. Gott sorgte einerseits dafür, dass diese außergewöhnliche Persönlichkeit in den Rang eines Propheten aufstieg, um andererseits die Gesellschaft in einen Zustand zu versetzen, in dem sie den Propheten annehmen konnte. Jeden Tag mehrten sich die Hinweise auf seine Berufung, und Muhammed – Friede sei mit ihm – wahrte seine erhabene Stellung als jemand, der stets in aller Munde war und den jeder

25 Ṭaberānī, *El-Mu'djemu'l-Kebīr* 3/43.

gut kannte.

D. SEINE REISEN

1. Die Reise nach Damaskus und der Mönch Bahīra

Die Sira-Literatur[26] berichtet davon, dass der Gesandte Gottes seine erste Reise mit seinem Onkel Ebū Talib unternahm, als er gerade einmal 12 Jahre alt war. Diese Reise führte ihn nach Damaskus. Die Karawane legte eine Rast ein, und der Gesandte Gottes wird zurückgelassen, um auf die Karawane achtzugeben. Die anderen Reisenden ziehen sich in eine Herberge zurück, um sich auszuruhen. Eine Begebenheit erregte die Aufmerksamkeit des Mönchs Bahīra (auch fälschlicherweise als „Buhayra" bezeichnet), der die Ankunft der Karawane beobachtete. Über der Karawane stand eine Wolke, und diese Wolke folgte der Karawane auf Schritt und Tritt – stand die Karawane still, stand auch die Wolke still, setzte sich die Karawane in Bewegung, folgte ihr auch die Wolke.

Daraufhin lud Bahīra die Reisenden zu einem Mahl ein. Bahīra interessierte sich eigentlich nie für Karawanen, daher rief sein Vorgehen allseits Verwunderung hervor. Bis auf den Propheten folgten alle seiner Einladung. Der Mönch fand jedoch unter den Gästen nicht den, den er suchte. Er fragte daher, ob jemand bei der Karawane geblieben sei. Als er hörte, dass ein junger Mann bei der Karawane sei, ließ er auch ihn rufen. Sobald er ihn erblickte, fällte er sein Urteil und fragte Ebū Talib, wer dies sei. Der Antwort Ebū Talibs „mein Sohn" konnte er nicht recht Glauben schenken, denn nach seiner Einschätzung musste es sich um ihn handeln. Sein Vater muss bereits vor seiner Geburt verstorben

26 Die Literatur, die sich mit Leben, Vorgehen und historischer Biographie des Propheten beschäftigt (Anm. d. Hrsg.).

sein. Später nahm er Ebū Talib beiseite und riet ihm dringend, die Reise nicht fortzusetzen, denn die Juden seien – seiner Auffassung nach – missgünstige Menschen. Sie könnten aus dem Angesicht des Jungen ablesen, dass er der letzte Prophet sei, und da er nicht aus ihren Reihen kommt, könnten sie ihm Böses wollen. Daher sagte er zu Ebū Talib: „Setzte diese Reise nicht fort." Ebū Talib hört auf ihn. Er findet eine Ausrede, entfernt sich von der Karawane und kehrt nach Mekka zurück.[27]

Bahīra sprach die Wahrheit. Was er jedoch nicht wusste, war, dass Gott den Propheten beschützte und ihn bis zum Ende seines Lebens behüten würde. So drückt es auch der Vers aus: *„O du Gesandter! Gott wird dich gewiss vor den Menschen beschützen."*[28] Ja, das sagte der Herr zu ihm und Er würde sein Wort halten.

2. Die zweite Reise nach Damaskus

Das Haupt der zwei Welten unternahm seine zweite Reise im Alter von 25 Jahren. Diesmal steht er an der Spitze der Karawane, die sich im Auftrag Khadīdjes auf dem Weg machte und mit der er geschäftliche Beziehungen unterhielt. Auch während dieser Reise trifft er auf Bahīra, der inzwischen alt geworden war. Als er den Gesandten Gottes sieht, freut er sich ausgesprochen, denn diesen Tag sehnte er stets herbei. Er sagte zum Gesandten Gottes: „Du wirst ein Prophet sein. Wenn ich doch nur bis zum Tag deiner Berufung am Leben bleiben könnte, um deine Sandalen zu tragen und dir zu dienen."[29] Er erlebte diesen Tag nicht mehr, aber seine Annahme des Propheten wird ihm am Jüngsten Tag den verdienten Lohn einbringen, das ist sicher.

---

27 Ibn Hischām, *Sīratu'n-Nebewiyye* 1/319–322.

28 Sure El-Mā'ide, 5:67.

29 Ibn Ḥadjar, *Iṣābe* 1/353; 6/506.

3. Jeder erwartete ihn

Die Zahl derjenigen, die ihn erwarteten und verkündeten, beschränkte sich nicht auf einige wenige. Viele erwarteten ihn, darunter auch Zeyd bin ʻAmr. Zeyd, der Vater eines der berühmten zehn Paradiesgefährten *(el-ʻascharat el-mubeschschara)*, Saʻīd bin Zeyd, und Onkel des ehrwürdigen Umar, gehörte zu den Hanifen. Er lehnte den Götzendienst ab und verkündete mit lauter Stimme, dass sie weder in der Lage sind zu nutzen noch zu schaden. Fünf Minuten vor der Geburt des Propheten ging es mit ihm zu Ende. Auch dafür gab es Vorzeichen, das wichtigste waren seine Worte: „Ich kenne eine Religion, ihr Kommen steht kurz bevor; ihr Schatten liegt bereits über unseren Häuptern. Ich bin mir nicht sicher, ob ich diesen Tag erleben werde."

Eine Eingebung hatte ihn berührt und sein Herz öffnete sich Gott völlig; er glaubte an den Einen Gott und wünschte, Ihm ergeben zu sein. Jedoch war er weder in der Lage, Gott, an den er glaubte, als „mein Gott" zu bezeichnen, noch wusste er, wie er ihn anbeten sollte.

Āmir bin Rabīʻa, einer der führenden Gefährten *(sahabe-i kiram)* des Propheten, überliefert uns Folgendes: „Ich hörte Zeyd bin ʻAmr eines Tages dies sagen: ‚Ich erwarte einen Propheten aus der Nachkommenschaft des ehrwürdigen Ismael und des Abdulmuttalib. Ich vermute nicht, dass ich bis zu seinem Kommen noch am Leben bin. Aber ich glaube und bestätige, dass er ein wahrer Prophet ist, und nehme ihn an. Solltest du an jenem Tag am Leben sein, dann grüße ihn bitte. Und wundere dich nicht, wenn ich dir jetzt von seinem Aussehen berichte!' Ich sagte: ‚Bitte erzähl mir davon.' Er fuhr fort: ‚Er ist von mittelgroßer Statur, weder außergewöhnlich groß noch besonders klein. Seine Haare sind nicht ganz glatt, aber auch nicht lockig. Sein Name ist Ahmed.

Sein Geburtsort Mekka. Dies wird auch der Ort sein, an den er als Prophet entsandt wird. Später wird ihn sein Volk jedoch von dort vertreiben, denn ihnen wird es nicht gefallen, was er bringt. Er wird nach Yethrib (Medina) auswandern, und die Religion, die er bringt, wird von dort aus verbreitet werden. Pass auf, dass du nicht unaufmerksam bist! Ich bin durchs Land gezogen und habe die Religion des ehrwürdigen Abraham gesucht. Alle Gelehrten der Juden und der Christen sagten mir, der, den du suchst, wird erst noch kommen, und sie alle erzählten mir von den Dingen, die ich dir eben berichtete. Sie sagten zum Schluss: Er ist der letzte Prophet und nach ihm wird kein weiterer Prophet kommen.'"

Āmir bin Rabīʿa fährt fort: „Eines Tages wurde auch ich Muslim. Ich berichtete dem Gesandten Gottes in Einzelheiten von den Worten Zeyds. Als ich ihm den Gruß Zeyds überbrachte, richtete er sich auf und nahm den Gruß entgegen. Anschließend verfügte er Folgendes: ‚*Ich sah Zeyd, wie er im Paradies heiter umherlief.*'"[30]

Waraqa bin Newfel war ein christlicher Gelehrter und Verwandter der ehrwürdigen Khadīdje. Als dem Gesandten Gottes die ersten Offenbarungen geoffenbart wurden, ging Khadīdje zu ihm, um zu erfahren, was dies bedeute. Waraqa antwortete ihr: „Oh Khadīdje! Er ist ein Mann wahrer Worte. Das, was er sieht, sind die Dinge, die er zu Beginn seiner Berufung sehen muss. Der Engel Gabriel kam zu ihm. Auch zu den ehrwürdigen Moses und Jesus – Friede sei mit ihnen – kam er. In Kürze wird er ein Prophet sein. Wenn ich bis dahin noch am Leben sein sollte, werde auch ich an ihn glauben und ihn gewiss unterstützen."[31]

ʿAbdullah bin Selām hingegen war ein jüdischer Gelehrter. Hören wir von ihm selbst, wie er den Islam annahm: „Nachdem

30 Ibn Keṯīr, *El-Bidāye we'n-Nihāye* 2/298; Ibn Ḥadjar, *Iṣābe* 2/615.

31 El-Buḫārī, *Bed'u'l-Waḥy* 3.

der Gesandte Gottes nach Medina auswanderte, besuchte auch ich ihn zusammen mit allen anderen. Viele Menschen waren um ihn herum. Als ich den Raum betrat, hörte ich die gesegneten Lippen folgende Worte sagen: ‚Grüßt den Eintretenden und gebt ihm zu essen.' Ich war ganz gebannt ob des Zaubers seiner Worte und der Tiefe seines Antlitzes. Sofort legte ich das Glaubensbekenntnis ab und wurde Muslim. Sein Aussehen konnte nur das Aussehen eines Propheten sein."[32]

'Abdullah bin Selām – möge Gott an ihm Gefallen finden – war eine wichtige Persönlichkeit. Gemäß den Aufzeichnungen Ibn Hadjers in seiner *Isābe* stammte er aus der Nachkommenschaft des ehrwürdigen Josef.[33] Er war ein angesehener Mann. Seinem Zeugnis wird sogar im Koran Ehre zuerkannt und als Beweis angeführt: „*Sprich: ‚Habt ihr je darüber nachgedacht, dass dieser Koran von Gott stammt, und doch glaubt ihr nicht an ihn, während (manch einer) unter den Zeugen aus den Reihen der Söhne Israels (die Wissen besaßen über die Offenbarungen) bereits Zeugnis darüber abgelegt hat, dass er das Gleiche ist, und (auch) geglaubt hat, während ihr zu hochmütig seid, um zu glauben: Wahrlich Gott leitet nicht die Menschen, die Unrecht tun.*'"[34]

Der Zeuge von den Kindern Israels, auf den sich der Vers bezieht, ist 'Abdullah bin Selām. Auch wenn einige Kommentatoren davon ausgehen, dass dies ein mekkanischer Vers und die erwähnte Person somit der ehrwürdige Moses – Friede sei mit ihm – sei,[35] ist es viel wahrscheinlicher anzunehmen, dass es sich hier um einen medinischen Vers handelt. Obgleich die Sure Ah-

---

32 Aḥmed bin Ḥanbel, *Musned* 5/451.

33 Ibn Ḥadjar, *Iṣābe* 4/118.

34 Sure Al-Ahqāf, 46:10.

35 Ṭaberī, *Djāmiu 'l-Beyān* 26/9.

qaf mekkanisch ist, ist dieser Vers, der von ʿAbdullah bin Selām handelt, medinisch.[36]

4. Warum glaubten sie nicht?

Eigentlich kannten einige Juden und Christen den Gesandten Gottes recht gut. Aber Ressentiments und Missgunst verhinderten, dass sie an ihn glaubten. Es hätte schon gereicht, den Gesandten Gottes ein einziges Mal anzusehen, so klar und offenkundig war es, an ihn zu glauben und ihn zu erkennen. Schließlich kannten sie sowohl sein Aussehen als auch seinen Charakter. Der Koran bezieht sich auf diese Tatsache mit den Worten:

„Diejenigen, denen Wir das Buch (vordem) gegeben haben, kennen ihn, wie sie ihre eigenen Söhne kennen. Und doch verbirgt ein Teil von ihnen die Wahrheit und sie tun es wissentlich.“[37]

Dieser Vers nennt den Gesandten Gottes nicht mit Namen, er weist lediglich mit „ihn“ auf ihn hin und die Schriftbesitzer verstanden allesamt, dass die Bezugnahme auf „ihn“ als dem letzten Propheten sich stets auf die in der Thora und den Evangelien erwähnte Person bezieht. Das war zweifellos der Prophet Muhammed – Friede sei mit ihm – und ihn kannten sie besser als ihre eigenen Kinder.

Der ehrwürdige Umar – möge Gott an ihm Gefallen finden – fragte ʿAbdullah bin Selām: „Kennst du den Gesandten Gottes so gut wie dein eigenes Kind?“ Er antwortete: „Ich kenne ihn besser als mein eigenes Kind.“ Als Umar ihn ein zweites Mal danach fragt, wie das sein kann, gab er zur Antwort: „An meinem eigenen Kind kann ich zweifeln. Vielleicht hat mich meine Frau be-

---

36 Ṭaberī, *Djāmiu 'l-Beyān* 26/12.

37 Sure El-Baqara 2:146.

trogen. Aber es gibt nicht den geringsten Zweifel daran, dass der Gesandte Gottes der letzte Prophet ist." Diese Antwort machte den ehrwürdigen Umar so glücklich, dass er sich erhob und 'Abdullah bin Selām das Haupt küsste.[38]

a. Eifersucht und Missgunst

Sie kannten den Gesandten Gottes sehr gut. Aber jemanden zu kennen und an jemanden zu glauben sind zwei grundverschiedene Dinge. Sie kannten ihn, glaubten jedoch nicht an ihn. Ihre Eifersucht und ihre Missgunst hinderten sie daran.

„Und als zu ihnen (nun) ein Buch von Gott kam, bestätigend das, was bereits bei ihnen war – und obwohl sie schon vordem um Sieg gebeten hatten, die (damals) ungläubig waren, – als (also) zu ihnen kam, was sie (schon so gut) kannten, (da) leugneten sie es. Darum Gottes Fluch über die Ungläubigen!"[39]

In diesem Vers verweist Gott auf den wahren Grund, weshalb sie den Gesandten Gottes nicht annahmen. Es ging einzig und allein darum, dass der letzte Prophet kein Jude war. Wäre der Gesandte Gottes aus der Mitte der Juden gekommen, wäre ihre Reaktion zweifellos anders ausgefallen.

Schließlich kam 'Abdullah bin Selām – möge Gott an ihm Gefallen finden – zum Gesandten Gottes und unterbreitete folgenden Vorschlag: „Oh Gesandter Gottes, versteckt mich an einem Ort und ruft alle jüdischen Gelehrten Medinas zusammen! Dann fragt sie, wie sie mich und meinen Vater kennen. Sicherlich werden ihre Antworten positiv ausfallen. Anschließend werde ich aus meinem Versteck herauskommen und bekanntgeben, dass ich

---

38 Ibn Keṯīr, *Tefsīru'l-Qur'āni'l-'Aẓīm* 1/195; Suyūṭī, *Durru'l-Menṯūr* 1/357; Ebu's-Su'ūd Efendi, *Irschādu'l-Aqli's-Selīm* 1/176.

39 Sure El-Baqara, 2:89.

Muslim geworden bin." Der Gesandte Gottes nahm dieses Angebot an und ʿAbdullah bin Selām versteckte sich in einer Ecke des Hauses. Die jüdischen Gelehrten nahmen einer nach dem anderen Platz. Der Prophet fragte: *„Wie kennt ihr ʿAbdullah bin Selām und seinen Vater?"* Sie sagten: „Sein Vater und er sind die Ehrenwertesten und Gelehrtesten unter uns." Der Gesandte Gottes fragte sie: *„Würde er mich bestätigen, was würdet ihr sagen?"* Daraufhin erwiderten sie: „Das ist unmöglich, nein, so etwas ist undenkbar." Genau in diesem Moment kam ʿAbdullah bin Selām – möge Gott an ihm Gefallen finden – aus seinem Versteck heraus. Er legte das Glaubensbekenntnis ab und bestätigte das Prophetentum Muhammeds. Sie wunderten sich und nahmen die noch eben geäußerten lobenden Worte zurück: „Er ist der Schlimmste und der Sohn des Schlimmsten unter uns." Daraufhin konnte es Muhammed – Friede sei mit ihm – nicht länger ertragen, diese Heuchler um sich zu haben, und bat sie zu gehen.[40]

Diese Begebenheit beweist eindeutig, dass die Juden den Gesandten Gottes kannten. Ihre Vorurteile und ihre Voreingenommenheit jedoch verhinderten es, an ihn zu glauben.

Selmān-i Fārisī – möge Gott an ihm Gefallen finden – ist hier für sich schon Beweis genug. Er war zunächst ein Feueranbeter, aber angetrieben vom innigen Wunsch, die wahre Religion zu finden. Er fand das Christentum und zog sich in die Kirche zurück. Er fragte den Mönch, dem er sich angeschlossen hatte, als der auf dem Sterbebett lag, ob er ihm einen anderen Mönch empfehlen könne. Er empfahl ihm einen Mönch, dem er vertraute und den er kannte. So kam er vom einen zu anderen. Als er schließlich am Sterbebett eines weiteren seligen Mönchs die gleiche Frage stellte,

---

40 El-Buḫārī, *Enbiyāʾ* 1; *Menāqibu'l-Enṣār* 45.

empfahl ihm der christliche Gelehrte Folgendes:

„Mein Sohn, es ist keiner mehr da, den ich dir empfehlen könnte. Allerdings nähert sich der Tag des Offenbarwerdens des letzten Propheten. Er wird die fromme Religion Abrahams fortführen und an der Stelle offenbar werden, an der Abraham emporstieg. Er wird jedoch auswandern und sich an einem anderen Ort niederlassen. Es gibt offenkundige Beweise seines Prophetentums. Geh zu ihm, wenn es dir möglich ist. Er wird deine Essensgaben nicht anrühren, aber Geschenke entgegennehmen. Zwischen seinen Schultern wirst du als Beweis das Siegel seiner Berufung erblicken."

Den weiteren Fortgang soll er selbst erzählen:

„Ich suchte eine Karawane, der ich mich zu dem vom Mönch beschriebenen Ort anschließen könnte. Als ich schließlich eine solche Karawane fand, sagte ich ihnen, dass sie mich auch mitnehmen sollten, ich würde dafür bezahlen. Sie willigten ein. Als wir jedoch ins Wādi'l-Qurā kamen, schlugen sie mich und verkauften mich als Sklaven an einen Juden. Von dem Ort, an dem ich mich befand, konnte ich Gärten voller Dattelbäume erkennen, und so ging ich davon aus, an dem Ort zu sein, den mir der Mönch beschrieben hatte und blieb. Eines Tages kam ein Jude von den Banu Quraiza, kaufte mich dem Mann ab und brachte mich nach Medina. Dort arbeitete ich in den Dattelhainen. Ich hörte nichts über den Gesandten Gottes. Eines Tages – ich war gerade dabei, Datteln von einem Baum zu sammeln, während mein jüdischer Herr unter dem Baum saß – kam unerwartet einer der Cousins meines Herrn und rief ganz aufgebracht: ‚Verflucht! Alle Welt geht nach Quba. Ein Mann aus Mekka gibt sich als Prophet aus, und sie denken, er sei tatsächlich einer!' Er zitterte vor Aufregung. Fast wäre ich vom Baum auf meinen Herrn gefallen. Ich kletterte schnell herunter und fragte den Mann: ‚Was sagst du? Was sagst du? Was ist das für eine Botschaft?' Mein Herr schlug mich heftig mit der Hand, als er meine Aufregung sah: ‚Was geht dich das an? Kümmere dich um deine Arbeit!' Ich erwiderte: ‚Nichts … Ich wollte nur hören, um was es geht.' Ich kletterte wieder auf den Baum. Abends sammelte ich meine sieben Sachen und machte mich auf den Weg nach Quba. Der Gesandte Gottes saß inmitten seiner Gefährten. Ich sagte zu ihnen: ‚Ihr seid mittellose Menschen und ich suchte einen Ort, an dem ich Almosen geben könnte. Dies hier habe ich euch mitgebracht, bitte esst es.' Der Gesandte Gottes wandte sich an die bei ihm Sitzenden und sagte: ‚Esst ihr.' Er selbst rührte das Essen nicht an. Ich dachte bei mir: ‚Das ist das erste Zeichen, das mir der Mönch gab.' Am nächsten Tag ging ich erneut hin und sagte: ‚Das ist kein Almosen, das ist ein Geschenk. Bitte esst.' Der Gesandte Gottes forderte seine Gefährten auf zu essen und aß ebenfalls. ‚Auch das zweite Zeichen hat sich bewahrheitet', dachte ich bei mir.

Einer der Gefährten verstarb. Auch der Gesandte Gottes begleitete den Trauerzug zu den Grabstätten von Medina. Ich näherte mich ihm und grüßte ihn. Dann stellte ich mich hinter hin und versuchte das Siegel der Berufung[41] auf seinem Rücken zu entdecken. Er ahnte, was ich suchte. Seine Schultern lagen ohnehin frei und so erblickte ich das Siegel seiner Berufung. Auch das dritte Zeichen bewahrheitete sich genau so, wie der Mönch es mir vor Jahren weissagte. Ich konnte nicht an mich halten, ich umschlang ihn und küsste das Mal zwischen seinen Schultern. Der

---

41 Auf der hinteren Seite seines linken Schulterblatts befand sich ein Zeichen, das wahrscheinlich aufgrund der Zusammenstellung der Haare wie ein Siegel aussah. Der Siegel war so groß wie ein Wachtelei (Anm. d. Hrsg.).

Gesandte Gottes – Friede sei mit ihm – forderte mich auf, damit aufzuhören. Ich zog mich zurück, setzte mich zu ihm und erzählte ihm haargenau, was ich erlebt hatte. Er freute sich sehr und wollte, dass auch seine Gefährten meiner Erzählung lauschten.“[42]

Ja, alle diejenigen, die frei von Starrsinn und Missgunst auf den Gesandten Gottes blickten, fanden ihn und fühlten sich von ihm angezogen. Heute ist es nicht anders. Auch heute gibt es Tausende, ja Hunderttausende, die sein Prophetentum erkennen, bestätigen und in aller Welt mit lauter Stimme verkünden, dass er der letzte Prophet ist. Ein weiterer Umstand, der sich nicht geändert hat, ist die Tatsache, dass diejenigen, die sich von Starr- und Eigensinn nicht freimachen, seine Gesandtschaft trotz besseren Wissens nicht annehmen können.

b. Rivalität

Mughīra bin Schu'be erzählt: „Wir saßen mit Ebū Djehil zusammen. Der Gesandte Gottes kam und fing an zu verkündigen. Ebū Djehil sagte anmaßend: ‚Oh Muhammed! Wenn du dies tust, weil du Zeugen suchst, die im Jenseits bestätigen können, dass du verkündigtest, dann müh dich nicht weiter ab, ich bezeuge es und jetzt lass mich in Frieden!‘ Der Gesandte Gottes verließ uns. Ich fragte Ebū Djehil: ‚Glaubst du das wirklich?‘ Er antwortete: ‚Eigentlich weiß ich, dass er ein Prophet ist. Aber es herrscht seit jeher Rivalität zwischen den Haschimiten und uns. Sie rühmen sich damit, dass die erhabenen Ämter *(rifāde)*[43] und die Aufgabe, den Pilgern Wasser zu geben *(siqāye)*, ihre seien. Wenn sie jetzt auch noch sagen, der Prophet stamme aus unseren Reihen – das

---

42 Ibn Hischām, *Sīratu'n-Nebewiyye* 2/41–47.

43 Ehrenamtliche, öffentliche Aufgabe während der Wallfahrtperiode in Mekka, wo man die Pilger mit Essen und Trinken versorgte, und sich um ihren Unterhalt kümmerte (Anm. d. Hrsg.).

könnte ich nicht ertragen.‘“[44]

Die Quraisch steckten die Köpfe zusammen und kamen überein, ʿUtbe bin Rabīʿa zum Gesandten Gottes zu schicken. ʿUtbe sollte hingehen und ihn überzeugen, von seiner Sache abzulassen. Dieser ʿUtbe war ein Intellektueller seiner Zeit, vertraut mit der arabischen Literatur und ein wohlhabender Mann. Er kam zum Haupt der zwei Welten und begann, ihn mit „Logikspielen“ herauszufordern; er fragte: „O Muhammed! Bist du gesegnet oder ist es dein Vater ʿAbdullah?“ Der Prophet gab darauf keine Antwort. Sein Schweigen war ohnehin die beste Antwort, die er diesem Narren geben konnte. ʿUtbe ließ nicht locker: „Nehmen wir an, er ist gesegneter als du – er betete gewiss die Götzen an, die du beleidigst. Wenn jedoch du dich als gesegneter betrachtest, dann rede, und ich will deinen Erzählungen mein Ohr leihen.“

Der Gesandte Gottes fragte: „Hast du ausgeredet?“ ʿUtbe bejahte und schwieg. Das Haupt der zwei Welten kniete nieder und begann die Sure Fussilat vom Anfang bis zum Ende zu rezitieren. Als er zum 13. Vers kam, konnte ʿUtbe nicht mehr an sich halten, er zitterte wie von Fieber geschlagen: *„Wenn sie sich in Widerwillen abwenden, dann sage (zu ihnen): ‚Ich habe euch vor einer Strafe gewarnt, die niedergeht wie ein Blitz, der über die (Stämme der) ʿĀd und Thamūd (hereingebrochen ist).‘“* Er führte seine Hände zu den gesegneten Lippen des Gesandten Gottes und sagte mit letzter Kraft: „Sei still Muhammed! Um Gottes Willen, sei still!“ Daraufhin stand er auf und ging seines Weges.

Die Häupter von Mekka warteten auf seinen Bericht. Ebū Djehil gefiel die Rückkehr ʿUtbes ganz und gar nicht. Er sagte zu den bei ihm Stehenden: „Der ʿUtbe, der heimkehrt, ist ein anderer

44 Ibn Ebī Scheybe, *Muṣannef* 7/255–256.

als der, der ging.“ ʿUtbe ging direkt in sein Heim. Die Verse, die er hörte, hatten wie ihn wie einen Blitz getroffen. Wenig später kam der Mann, der selbst den Satan verführen konnte, zu Ebū Djehil. Dieser befürchtete, dass ʿUtbe gläubig geworden sein könnte, und war entschlossen, sofort etwas dagegen zu unternehmen. Schließlich kannte er ʿUtbes Schwächen nur zu gut. Er wollte ihn an seiner Ehre packen. Gesagt, getan: „ʿUtbe, wie mir zu Ohren kam, hat Muhammed dich überaus zuvorkommend empfangen. Er hat ein reiches Festmahl an Speis und Trank aufgetischt. Dieser Liebenswürdigkeiten konntest du dich nicht erwehren und hast begonnen, an ihn zu glauben. Das ist, was das Volk über dich redet.“ ʿUtbe wurde wütend, sein schwacher Punkt war getroffen. „Ihr alle wisst, dass ich seiner Speisen nicht bedarf. Ich bin wohlhabender als ihr alle. Es waren vielmehr die Worte Muhammeds, die mich erschütterten. Denn das, was er rezitierte, war kein Gedicht, es glich auch nicht den Worten der Priester. Ich weiß nicht, was ich sagen soll. Das, was er sagt, ist die Wahrheit. Während ich ihm lauschte, fürchtete ich, dass das, was Ad und Thamud widerfuhr, auch uns treffen könnte.“[45]

c. Sonstige Gründe

Diese Bekenntnisse beschränkten sich nicht nur auf ein oder zwei Personen. Die Überzeugung der breiten Öffentlichkeit war stets die gleiche. Allerdings hinderten sie negative Einflüsse wie Angst, Habgier, Ehrgeiz und Starrsinn daran, an ihn zu glauben – wider besseren Wissens.

Der Koran verfügt im Hinblick auf die Haltung dieser Menschen und um den Propheten zu trösten:

---

45 Ibn Keṯīr, *El-Bidāye we'n-Nihāye* 3/61–64; Ibn Hischām, *Sīratu'n-Nebewiyye* 2/130–132.

„Wir wissen schon, dass dich das, was sie da aussprechen, traurig macht: Denn nicht du bist es, den sie der Lüge bezichtigen; es sind die Zeichen und Offenbarungen Gottes, die diese Ungerechten eigensinnig verleugnen.“[46]

Sie unterstellen dir eine Menge, und diese Unterstellungen betrüben dich. Mögen dich die Worte dieser Unglücklichen, die ihr fleischliches Selbst nicht bezwingen und von ihren Gewohnheiten nicht ablassen können, da sie ihren körperlichen Gelüsten unterworfen sind, nicht betrüben. Zudem bist nicht du es, den sie der Lüge bezichtigen. In der Tat gibt es keinen, der dir eine Lüge zuschreibt, denn sie alle wissen, dass du über solchen Dingen stehst und niemals die Unwahrheit sagen würdest. Sie gaben dir den Namen „Vertrauenswürdiger“ *(Emīn)*. Sieh ihre Unvernünftigkeit: Obwohl sie ihren eigenen Unterstellungen nicht glauben, maßen sie sich entgegen ihrer eigenen Vernunft und Überlegungen solche Dinge an. Daher brauchst du nicht betrübt zu sein!

In der Tat sind es andere, die traurig sein müssten: diejenigen, denen sich eine Gelegenheit eröffnete, sie aber keinen Nutzen daraus zogen, als sie sich im Umfeld des Lichts und desjenigen befanden, der die Zügel des Dies- und Jenseits in den Händen hält.

E. DER ERWARTETE UND VORAUSGESAGTE PROPHET

1. Das Gebet Abrahams und die frohe Botschaft Jesu

Eines Tages wandte sich einer der Gefährten an Muhammed und fragte: „O Gesandter Gottes, kannst du uns etwas von dir erzählen?“ In seiner Antwort verfügte der Prophet u. a. Folgendes: „Ich bin das Gebet Abrahams und die frohe Botschaft des ehr-

46 Sure El-En‘ām, 6:33.

würdigen Jesus.“[47]

Der Koran bezieht sich in zwei verschiedenen Versen auf diesen Umstand:

1. Der ehrwürdige Abraham – Friede sei mit ihm – betete folgendermaßen:

„Unser Herr! Und erwecke unter ihnen einen Gesandten aus ihrer Mitte, der ihnen Deine Offenbarungen vorträgt und sie das Buch und die Weisheit lehrt und sie läutert. Denn wahrhaftig, Du bist der Mächtige, der Weise.“[48]

2. Die frohe Botschaft des ehrwürdigen Jesus – Friede sei mit ihm:

„Und Jesus, der Sohn der Maria, sagte: ‚O ihr Kinder Israels! Ich bin der Gesandte, den Gott zu euch geschickt hat und der die Thora bestätigt, die vor mir offenbart wurde, und der euch die frohe Botschaft von einem Gesandten überbringt, der nach mir kommen wird, dessen Name Ahmed ist.‘ Doch als er zu ihnen kam mit den deutlichen Zeichen, da sagten sie: ‚Dies ist eindeutig (nichts anderes als) Zauberei.‘“[49]

Ja, der Gesandte Gottes – Friede sei mit ihm – betrat die Weltbühne nicht unvermittelt und überraschend. Bereits Jahrhunderte vor seinem Kommen wurde auf ihn hingewiesen; er war der Prophet, auf den die ganze Welt wartete.

Der größte Beweis seiner Berufung ist der Koran – ein ewigwährendes Wunder. Der Koran bestätigt in Hunderten von Versen in außergewöhnlichen Worten, dass das Haupt der zwei Welten der wahre Prophet ist. Jemand, der ihn nicht rundweg ablehnt

---

47 Aḥmed bin Ḥanbel, *Musned* 5/262; Ṭaberānī, *Mu'djemu'l -Kebīr* 8/175; Ḥakīm, *Mustedrak* 2/656.

48 Sure El-Baqara, 2:129.

49 Sure As-Saff, 61:6.

und verleugnet, wird auch die Gesandtschaft Muhammeds niemals verleugnen können. Auch wenn wir uns diesem besonderen Aspekt im Augenblick nicht widmen werden, so erhellen doch die Verse, die wir nach und nach als Beweise heranziehen werden, zumindest teilweise auch diese Thematik.

2. Die Voraussagen in der Thora

Obwohl in der Thora *(Tewrat)*, den Psalmen *(Zebur)* und dem Evangelium *(Indjil)* mehrfach redaktionelle Veränderungen unternommen wurden, möchten wir in diesem Abschnitt dennoch auf einige Passagen hinweisen, die Zeichen und die frohe Botschaft in Bezug auf die Gesandtschaft Muhammeds beinhalten. Was die Einzelheiten dieser Thematik betrifft, so sei auf Werke wie das *Er-Risālet-ul-Hamīdīye* von Huseyn el-Djisr (gest. 1909) verwiesen, die sich ausschließlich dieser Fragestellung widmen; wir werden hier nur einige wenige anführen, die uns bedeutsam erschienen.

a. Die Berge von Paran

Ein Vers aus der arabischen Thora, die 1944 in London gedruckt wurde: „*Gott ist vom Sinai gekommen und ist ihnen aufgeleuchtet von Seïr her. Er ist erschienen vom Berge Paran her.*“[50]

Das Erbarmen Gottes, seine Barmherzigkeit und Gunstbezeugung der Menschheit gegenüber erschien am Berg Sinai, als Gott mit dem ehrwürdige Moses – Friede sei mit ihm – Zwiesprache hielt. Dieses Erbarmen kam seinerzeit in der Berufung des ehrwürdigen Moses zum Ausdruck. Seïr ist Palästina. Hier überkam die Barmherzigkeit Gottes Jesus und seine ihm Nahestehenden durch die göttliche Offenbarung. Zudem ist der Christus

50 Deuteronomium 33:2.

ein großer Prophet, dem die Manifestationen des Herrn zuteilwurden. Viele verwechseln die Manifestation und das Offenbarwerden, und daher verwirrt sie auch dieser Umstand. Das, was sich in ihm manifestierte, war der göttliche Hauch *(nefha-i ilāhī).* Auf dem Berg Paran hingegen erschien Gott mit seiner Einzigartigkeit *(sirr-i ahadiyet)* und auf dem Gipfel der Exklusivität *(makam-i ferdiyet).* Paran ist Mekka, denn an anderer Stelle berichtet die Thora davon, dass der ehrwürdige Abraham seinen Sohn Ismael in Paran zurückließ. Der Vers spricht der Reihe nach von drei Propheten: Moses, Jesus und der letzte Prophet, das Haupt der zwei Welten, der ehrwürdige, auserwählte Muhammed – Friede sei mit ihnen.

Der Vers der Thora fährt wie folgt fort:

„*An seiner Seite sind Tausende heilige Gefährten und in seiner Rechten ist eine zweischneidige feurige Axt.*" Daraus geht hervor, dass er ermächtigt ist, militärisch vorzugehen.

Wie allgemein bekannt, zog sich der Gesandte Gottes zu Beginn der Offenbarung in eine Höhle in den Bergen von Hira zurück und widmete sich dort dem Nachsinnen und der Anbetung. Seine erste Offenbarung empfing er auf diesem Berg.[51] Wenn Paran nicht Mekka ist, welcher Ort sollte es sonst sein, von dem aus sich eine Religion wie der Islam nach Ost und West hin ausgebreitet hätte? Da es keinen solchen Ort auf der Erde gibt, weist das Paran der Thora auf Mekka hin. Des Weiteren – wir hatten es schon angesprochen – stellt der Hinweis der Thora im 21. Vers [des 21. Kapitels] der Genesis in Bezug auf den ehrwürdigen Ismael, „er nahm Wohnsitz in Paran", den größten und offenkundigsten Beweis unserer Aussage dar. Niemand wird in der Lage sein, das

---

51 El-Buḫārī, *Bed'u'l-Waḥy* 3.

Gegenteil zu behaupten. Einwände dagegen entbehren jeglicher wissenschaftlichen Grundlage und sind willkürliche Gedankenspiele. Zudem weisen die abschließenden Worte des Verses mit dem Hinweis auf die Gefährten und die Ermächtigung, militärisch vorzugehen, eindeutig und zweifelsfrei auf Muhammed – Friede sei mit ihm – hin.

b. Aus der Nachkommenschaft des ehrwürdigen Ismael

Ein zweiter Vers aus der Thora. Gott sagt hier zum ehrwürdigen Moses: *„Ich will ihnen einen Propheten, wie du bist, erwecken aus ihren Brüdern und meine Worte in seinen Mund geben; der soll zu ihnen reden alles, was ich ihm gebieten werde."*[52]

Der 19. Vers vervollständigt den Gedanken:

„Und wer meine Worte nicht hören wird, die er in meinem Namen reden wird, von dem will ich's fordern."

Mit dem Ausdruck „aus ihren (der Söhne Israels) Brüdern" wird auf einen Propheten hingewiesen, der aus der Nachkommenschaft des ehrwürdigen Ismael hervorkommen würde. Und der einzige Prophet, von dem man weiß, dass er ein Nachkomme Ismaels ist, ist der Prophet Muhammed – Friede sei mit ihm. Außerdem würde er wie der ehrwürdige Moses – Friede sei mit ihm – mit einem göttlichen Gesetz kommen. Des Weiteren wird in diesem Vers erläutert, dass der kommende Prophet des Lesens und Schreiben unkundig sein würde.

Was das Ahnden des Ungehorsams betrifft: die Autorität der Religion, Sanktionen zu verhängen und strafrechtliche Bestimmungen gibt es [nach der Thora] nur im Islam.

Dass es sich bei der in der Thora erwähnten Person um den

52 Deuteronomium 18:18.

ehrwürdigen Jesus und den ehrwürdigen Josua handeln könnte, ist gänzlich unmöglich, denn diese Propheten waren Söhne Israels. Zudem hat der ehrwürdige Jesus – Friede sei mit ihm – zu vielen Angelegenheiten keine neuen Weisungen erteilt, sondern folgte lediglich dem ehrwürdigen Moses – Friede sei mit ihm. Dass der ehrwürdige Josua dem ehrwürdigen Moses in keiner Weise ähnlich war, ist ganz offenkundig. Der Koran hingegen weist auf die Ähnlichkeiten zwischen Muhammed und dem ehrwürdigen Moses hin: „*Wahrlich, Wir haben zu euch einen Gesandten geschickt, der Zeugnis gegen euch ablegen wird, geradeso wie Wir zu dem Pharao einen Gesandten geschickt haben.*"[53] Eigentlich bedarf es keiner weiteren Beweise.

c. Weitere Besonderheiten

Ein dritter Vers aus der Thora. ʿAbdullah bin ʿAmr bin ʿĀs, ʿAbdullah bin Selām und Kaʿbu'l-Ahbār – möge Gott an ihnen Gefallen finden – waren bekannt für ihre herausragende Kenntnis der alten Schriften. Zu jener Zeit, als die Thora noch keiner Veränderung unterworfen war, gab es ihrer Überlieferung nach folgenden Vers:

„*O Prophet! Wir haben dich als Zeuge, als Überbringer froher Botschaft, als Warner und Zufluchtsort für die des Lesens und Schreibens Unkundigen gesandt. Du bist mein Diener und Gesandter. Ich habe dir den Namen „Auf Gott vertraut er" (Mutewekkil) gegeben. Er ist weder barsch noch grob. Auf den Märkten ruft er nicht mit lauter Stimme. Er zahlt Böses nicht mit Bösem zurück. Er verzeiht und vergibt. Gott wird seine Seele nicht hinwegnehmen, bevor er nicht eine vom Weg abgekommene Nation zurechtbringt, indem er ‚Lā ilāhe illāllah' sagt.*"[54]

---

53 Sure Al-Muzzammil, 73:15.

54 El-Buḫārī, *Buyūʿ* 50; *Tefsīr* (48) 3; Aḥmed bin Ḥanbel, *Musned* 2/174.

Auf wen bezieht sich die Thora hier? Auch ohne tiefgreifende Analyse kann man erkennen, dass offensichtlich auf einen zukünftigen Propheten, nämlich den ehrwürdigen Muhammed – Friede sei mit ihm –, hingewiesen wird. Er ist ein Prophet, der der ganzen Menschheit gesandt wurde. In diesem Zusammenhang scheint der Vers ihm Folgendes sagen zu wollen:

Ich habe dich der gesamten Menschheit als Boten einer guten Nachricht und ein Geschenk gesandt, das den richtigen Weg verkündet und sie vor dem bösen Ende krummer Pfade bewahrt. Du wirst dich mutig der Schlechtigkeit entgegenstellen und die Menschen davor bewahren, in die Tiefen der Hölle zu stürzen. Gleichzeitig wirst du all jenen ein Licht sein, die in der Finsternis der schiefen, krummen und verschlungenen Pfade keinen Ausweg sehen; du nimmst sie an die Hand und führst sie dem Paradies und Gott dem Vollkommenen entgegen.

Ich habe dich der des Lesens und Schreibens unkundigen Gemeinde in der Zeit der Unwissenheit als Zufluchtsort und Refugium gesandt. Wenden sie sich hilfesuchend an dich, werden sie beschützt und behütet. Solange sie sich auf dich stützen, werden sie weiter existieren.

Du bist mein Diener und mein Gesandter – ja, auch wir bekunden offen in unserem *Tahiyyāt*-Gebet[55] stets seine Dienerschaft und seine Gesandtschaft. Ich habe dir den Namen „Auf Gott vertraut er" *(Mutewekkil)* gegeben – selbst wenn die ganze Welt sich gegen dich erheben sollte und du dich mit ihnen auseinandersetzen müsstest, würde dich das nicht im Geringsten erschüttern. In der Tat hatte jeder Prophet einen ihm eigenen Horizont des Gottvertrauens. Aber du bist an diesem Punkt etwas

55 Während der Hauptgebete beim Niedersetzen wird das *Tahiyyāt*-Bittgebet gesprochen, in dem Gott und sein Gesandter gegrüßt werden (Anm. d. Hrsg.).

Besonderes, daher gebe ich dir den Namen „Auf Gott vertraut er" *(Mutewekkil).*

Nun wendet sich die Ansprache den verborgenen Aspekten zu, wir nennen es „Beachtung schenken":

„Er ist kein wütender Mensch, der im Zorn sein Umfeld verletzt. Ganz im Gegenteil: Er ist ein sittsamer, würdevoller, ernsthafter und besonnener Mensch. Er schreit auf den Straßen nicht herum. Denn ein solches Bemühen, Aufmerksamkeit zu erregen, ist ein Zeichen von Schwäche und Stolz – verwerfliche Eigenschaften, die ihm fernliegen und von denen er frei ist."

Er zahlt Schlechtes nicht mit Schlechtem zurück. Einmal kam ein Beduine, zerrte an seinem Gewand und sagte herausfordernd: „Ich fordere meinen rechtmäßigen Anteil!" Die Gefährten waren aufgebracht ob dieses Benehmens; er hingegen, der Inbegriff der Herzensgüte, lächelte und verfügte: *„Gebt dem Mann, was er erbittet!"*[56] Ja, er verzieh selbst unverzeihliche Taten, solange es sich nicht um Dinge handelte, die im Widerspruch zu den Geboten des Islams standen. Denken wir nur an sein Verhalten den Bewohnern von Mekka gegenüber, die ihm ständig Leid zufügten. An ebenjenem Tag, als er bis zum Äußersten hätte gehen können, sagte er zu ihnen: *„Geht, ihr alle seid frei!"*[57]

Gott würde seinen geliebten Diener nicht zu sich rufen, bis nicht die Menschen, die auf krummen Pfaden gingen und ein Leben der Unwissenheit führten, in seinem Licht ihre Richtung im Leben gefunden hätten. Sein Emporsteigen zum Erhabenen

---

56 El-Buḫārī, *Farḍ-u'l-Ḫumus* 19; Edeb 68; Muslim, *Zekāt* 44.

57 Ibn Hischām, *Sīratu'n-Nebewiyye* 5/74; Ṭaberī, *Tārīhu'l-Umem we'l-Mulūk* 2/161; Beyhaqī, *Sunenu'l-Kubrā* 9/118. [Bei der Einnahme Mekkas hatte der Prophet die Möglichkeit, alle Mekkaner gefangen zu nehmen oder die Erzfeinde, die seit über 23 Jahren so viel Unrecht gegen die Muslime verübten, mit dem Tode zu bestrafen. Stattdessen erklärte er eine Generalamnestie für alle Mekkaner (Anm. d. Hrsg.).]

Freund würde stattfinden, wenn sein Auftrag beendet und die Religion vervollständigt worden wäre. Wenn die Menschen, die er heranzog, das Niveau erreichten, auf dem sie Ihn rechtmäßig repräsentierten, würde er von ihnen weggehen und zum Wahren Freund auffahren, denn nur dann wäre sein Auftrag auf der Erde erfüllt.

Das waren die Erzählungen der Thora, die ihn betreffen, und er erfüllte sie zu seiner Zeit mit seinem erhabenen Leben. Um genau zu sein: Die Erzählungen der Thora beschrieben exakt die Lebensführung des Gesandten Gottes. Wer war also dieser ehrenwerte Prophet, von dem die Thora berichtet? Gibt es in der Geschichte der Menschheit jemand anders, auf den die Beschreibung zutrifft? Natürlich nicht! Daher war der, den die Thora erwähnte, niemand anders als Muhammed – Friede sei mit ihm!

3. Die frohe Kunde des Evangeliums

a. Der Paraklet

Im Johannes-Evangelium heißt es: *„Der Christus sagte: ‚Ich gehe hin zu meinem Herrn und zu eurem Herrn, damit er euch den Paraklet sende, der euch [alle Dinge] darlegen wird.'"* [58]

Paraklet bedeutet Geist der Wahrheit, der zwischen Wahrheit und Aberglaube trennt. In der Tat, der Gesandte Gottes ist der Geist der Wahrheit, denn spirituell tote Herzen kamen nur durch die Wahrheit, die er brachte, zum Leben. Er hat sich verausgabt in dem Bemühen, die Menschen auf den richtigen Weg zu führen. Die Trennung von Wahrheit und Aberglaube war das Ergebnis dieser Bemühungen, ja dieses Kampfes. Der vom Christus vorausgesagte *Paraklet* kam. Er war der letzte Prophet Gottes, die Sonne der zwei Welten, Muhammed – Friede sei mit ihm.

---

58 Johannes, Kapitel 14. [Vgl. Johannes 20:17 und Johannes 14:26 (Anm. d. Hrsg.).]

Im Johannes-Evangelium heißt es im 14. Kapitel, in den Versen 15 und 16:

„Wenn ihr mich liebt, werdet ihr meine Gebote halten. Und ich werde den Vater bitten und er wird euch einen anderen Beistand geben, der für immer bei euch bleiben soll."

Lasst uns nun der Reihe nach folgende Verse betrachten:

„Der Paraklet aber, der Heilige Geist, den der Vater in meinem Namen senden wird, der wird euch alles lehren und euch an alles erinnern, was ich euch gesagt habe."[59]

„Wenn aber der Beistand kommt, […] dann wird er Zeugnis für mich ablegen. Und auch ihr sollt Zeugnis ablegen […]."[60]

„Doch ich sage euch die Wahrheit: Es ist gut für euch, dass ich fortgehe. Denn wenn ich nicht fortgehe, wird der Paraklet nicht zu euch kommen; gehe ich aber, so werde ich ihn zu euch senden."[61]

„Und wenn er [der Paraklet] kommt, wird er die Welt überführen (und aufdecken), was Sünde, Gerechtigkeit und Gericht ist."[62]

Das Evangelium wurde zunächst in Hebräisch geoffenbart und später ins Griechische übersetzt.[63] Die arabischen Übersetzungen, die uns vorliegen, wurden aus dem Griechischen übersetzt. Wir kennen die hebräische Entsprechung des Namens „Paraklet" nicht, da er bereits in den ersten Übersetzungen ins Griechische so verwendet wird. „Faraklit" ist die arabische Wiedergabe dieses griechischen Ausdrucks, der so Eingang in die ara-

59 Johannes, Kapitel 14, Vers 26.

60 Johannes, Kapitel 15, Vers 26–27.

61 Johannes, Kapitel 16, Vers 7.

62 Johannes, Kapitel 16, Vers 8.

63 Hierzu gibt es verschiedne Thesen. Einer These zufolge wurde das Matthäus-Evangelium in Hebräisch offenbart, aber das Johannes-Evangelium, aus dem hier zitiert wird, in Griechisch (Anm. d. Hrsg.).

bische Sprache fand. Allerdings wollen wir unsere Argumentation nicht lediglich auf diesem Wort aufbauen. Stattdessen wollen wir sehen, wie sich alle Aspekte des in den Evangelien vorausgesagten kommenden Propheten in der Person Muhammeds erfüllten.

Als Überschrift sollen uns die Worte eines wahren Propheten-Liebhabers dienen, die wunderbaren Worte des ehrwürdigen Mewlānā:

> *„Die Eigenschaften des Auserwählten (Muhammed)*
> *beschrieb schon das Evangelium,*
>
> *Er, das Haupt der Propheten und Meer des Reinen,*
>
> *Seine Schönheit, sein Wesen, seine Feldzüge,*
> *sein Fasten und sein Speisen,*
>
> *All dies findet sich einzeln aufgezählt im Evangelium."*

b. Der Herr der Welten

Im Johannes-Evangelium, Kapitel 14, Vers 30 heißt es:

„Ich werde nicht mehr viel zu euch sagen; denn es kommt der Herrscher der Welt. Über mich hat er keine Macht."

Im *Zebur* heißt es in Psalm 72 ab Vers 8:

„Er herrsche von Meer zu Meer, vom Strom bis an die Enden der Erde. Vor ihm sollen seine Gegner sich beugen, Staub sollen lecken all seine Feinde. Die Könige von Tarschisch und von den Inseln bringen Geschenke, die Könige von Saba und Seba kommen mit Gaben. Alle Könige müssen ihm huldigen, alle Völker ihm dienen. Denn er rettet den Gebeugten, der um Hilfe schreit, den Armen und den, der keinen Helfer hat. Er erbarmt sich des Gebeugten und Schwachen, er rettet das Leben der Armen. Von Unterdrückung und Gewalttat befreit er sie, ihr Blut ist in seinen Augen kostbar.

Er lebe und Gold von Saba soll man ihm geben! Man soll für ihn allezeit beten, stets für ihn Segen erflehen. Im Land gebe es Korn in Fülle. Es rausche auf dem Gipfel der Berge. Seine Frucht wird sein wie die Bäume des Libanon. Menschen blühn in der Stadt wie das Gras der Erde. Sein Name soll ewig bestehen; solange die Sonne bleibt, sprosse sein Name. Glücklich preisen sollen ihn alle Völker und in ihm sich segnen.“

Wie oben bereits erwähnt, haben wir uns dieser Thematik nur nebenbei genähert, um eine Idee zu vermitteln. Wir werden hier nicht weiter in die Einzelheiten gehen. Allerdings sei auf Folgendes hingewiesen:

Man kann in den uns zugänglichen Ausgaben der Thora und des Evangeliums eine Unmenge an Hinweisen und frohen Nachrichten in Bezug auf das Prophetentum des Gesandten Gottes finden. Wenn es Gottes Wille ist, werden die Bemühungen unserer glücklichen Historiker Frucht tragen und es werden Ausgaben der Thora, der Psalmen und des Evangeliums gefunden, die weniger Veränderungen aufweisen, sodass es sogar gewöhnlichen Menschen möglich sein wird, ohne Auslegung und Interpretation die eindeutigen Zeichen im Hinblick auf den Gesandten Gottes zu erkennen. Vielleicht gibt es in den Hadithen[64], die die Reinigung des Christentums ankündigen, auch in diesem Zusammenhang Hinweise.

Andererseits ist es im Koran und der Sunna festgeschrieben, dass die Thora und das Evangelium den Gesandten Gottes und seine Gefährten erwähnen.[65]

---

64 Siehe z. B. El-Buḫārī, *Enbiyā*ʾ 49; Muslim, *Īmān* 244–247.

65 *„Sie folgen dem Gesandten, dem Propheten, der weder liest noch schreibt, den sie in den bei ihnen (befindlichen Büchern) der Thora und des Evangeliums erwähnt finden […]“* (Sura Al-Aʿrāf, 7:157).

F. ER IST EIN MENSCH EINER ANDEREN DIMENSION

Die Menschen befinden sich heute in einem bemitleidenswerten Zustand. Nicht nur, weil sie ethischer Maßstäbe ermangeln, sondern auch weil ihre Ansichten, ihre Haltung und ihre Gedanken gegenüber den Propheten und insbesondere gegenüber dem Sultan der Propheten, Muhammed – Friede sei mit ihm – vollkommen entstellt sind. Ihn nach menschlichen Kriterien zu bewerten, als sei er irgendein Mensch, ist nicht richtig und zudem gänzlich unmöglich. Schließlich ist er ein Mensch, ein außergewöhnlicher Geist, der mit außergewöhnlichen Fähigkeiten ausgestattet war und dazu gesandt wurde, die Erde neu zu gestalten und der Menschheit neue Horizonte zu eröffnen. Dies zu bewerten übersteigt unsere Kriterien. Daher wird jede Beschreibung seiner selbst immer unvollkommen sein. Einer derjenigen, die ihn am besten kannten, war Hassan ibn Thābit. Er sagte:

„Ich lobte Muhammed – Friede sei mit ihm – mit meinen Worten nicht. Aber meine Worte wurden durch ihn gepriesen."[66] Das, was schönen Worten wahren Glanz verleiht, sind die schö-

---

„Muhammad ist der Gesandte Gottes, und diejenigen, die mit ihm sind, sind fest und unnachgiebig gegen die Ungläubigen und mitfühlend untereinander. Du siehst sie (standhaft am Gebet festhaltend) sich beugen und niederwerfen im Trachten nach der Gnade Gottes, Seiner Zustimmung und Seinem Wohlgefallen. Ihre Merkmale sind auf ihren Gesichtern als Spuren der Niederwerfung. Das ist ihre Beschreibung in der Thora; und ihre Beschreibung im Evangelium lautet: Wie ein Samenkorn, das seinen Schössling ausgetrieben hat, dann lässt es ihn stark werden, und dann richtet er sich fest auf seinem Halm auf und erfreut die Säer (mit Vergnügen und Bewunderung), auf dass Er dadurch die Ungläubigen in Wut entbrennen lasse. Gott hat all denjenigen unter ihnen, die glauben und gut, rechtschaffen handeln, Vergebung (die unvorhersehbare Segnungen bringt) und einen gewaltigen Lohn versprochen" (Sure Al-Fath, 48:29).

Siehe auch: El-Buḫārī, *Buyū* 50; *Tefsīr* (48) 3; Aḥmed bin Ḥanbel, *Musned* 2/174.

Weitere Einzelheiten in: Suyūṭī, *Haṣā'iṣ u'l-Kubrā* 1/26–44.

66 Ḍiyāuddin el-Mewṣilī, *Meselu's-Sā'ir* 2/357; Qalqaschandī, *Subḥu'l-A'schā* 2/321.

nen Erwähnungen Muhammeds. Andererseits würden unsere Worte ihm nichts Glanzvolles hinzugewinnen lassen. Etwas abgewandelt greift auch Ebū Temmām (gest. 846)[67] diesen Gedanken auf. Der große Denker unseres Jahrhunderts [Bediuzzaman] sagte in Bezug auf den Koran ebenfalls: „Ich konnte die prägnante Ausdrucksweise der Wahrheiten des Korans nicht verschönern, nicht besser darstellen; vielleicht haben die schönen Wahrheiten des Korans dagegen meine Ausdrucksweise verschönert und erhabener werden lassen."[68]

All dies ist bis zu einem gewissen Grad die Folge gleicher Gefühle und gleicher Gedanken. Sie alle haben ihre Inspirationen aus der gleichen Quelle und formulierten daher dieselben Dinge auf unterschiedliche Art und Weise: Der eine kurz und bündig, der andere erläutert ausführlich, wieder ein anderer eher poetisch – sie alle drehten sich jedoch immer um den gleichen Mittelpunkt. Auch wir erleben das Vorrecht, die Segnungen dankbar in allen Einzelheiten zu verkünden, seine Gemeinschaft *(umma)* zu sein, und rufen voller Begeisterung aus: Wir können unserem Herrn nur danken und Ihn preisen, denn Er hat uns die größte Ehre erwiesen und uns mit der Gemeinschaft des auserwählten Muhammed – Friede sei mit ihm – gesegnet. Das ist die Güte Gottes, Er lässt sie zuteilwerden, wem Er will und in dem Maße, wie Er es will. Das, was Er uns gab, ist unermesslich groß und weit. Die Ehre, die uns zuteilwurde, gleicht in den Augen anderer einem Ozean der Gunstbezeugungen, der keine Grenzen kennt.

Es gibt jedoch noch eine andere Seite dieser Thematik, auf die ich zu sprechen kommen möchte: Haben wir den Thron unseres

---

67 Ḍiyāuddin el-Mewṣilī, *Meselu's-Sā'ir* 2/357; Qalqaschandī, *Subḥu'l-A'schā*.

68 Bediuzzaman, Said Nursi, *Mektubat*, 28. Brief, 7. Thema, 4. Begründung.

Herzens für diesen Sultan in einen würdigen Zustand gebracht? Wird sich der Sultan auf diesen Thron niederlassen? Ist unser Herz ihm allezeit offen zugetan? Hat unser Gedenken Muhammeds – Friede sei mit ihm – stets Vorrang in unserem Herzen und unserem Sinn – wenn wir uns niedersetzen, wenn wir aufstehen, wenn wir essen und wenn wir trinken, ja in all unseren Handlungen? Führen wir ein Leben, das gänzlich auf seiner Linie verläuft?

Wenn wir diese Fragen positiv beantworten, dann haben wir sozusagen ins Schwarze getroffen. Dann wird sein schönes lichtes Antlitz stets unsere Träume und Sehnsüchte schmücken und wir so zu einer Gemeinde werden, die Muhammeds würdig ist. Unsere Moral wird in seiner Ethik zur Tugend, und wenn wir eine Gemeinde sind, die alle Aspekte ihres Lebens mit der Würde Muhammeds schmückt, wird sie zum [gesellschaftlichen] Gleichgewicht auf der Erde beitragen. Meine Überzeugung ist, dass es nur einen Grund dafür gibt, dass dieses Gleichgewicht noch nicht gefunden wurde: Wir haben das im Geiste Muhammeds gewünschte Niveau noch nicht erreicht.

Er ist ein Mensch, der von Gott besonders und wie nach Maß erschaffen wurde. Dass er als Mensch unter uns weilte, ist für uns das größte Glück, denn sogar das Paradies gewann durch seine Gegenwart Ehre und wird Ehre gewinnen. Daher liegt unser größter Auftrag darin, ihn den Menschen zu verkünden, und zwar auf eine Art und Weise, die seiner Größe entspricht. Denn die Menschheit wird dann zu wahrer Menschlichkeit gelangen, wenn sie ihn als Sultan versteht und ihm ergeben ist. Das ist auch mein Bestreben. Allerdings habe ich schon von Anfang an deutlich gemacht, dass ich kein Mann der öffentlichen Plätze und kein großer Prediger bin. Mein Wunsch ist es jedoch, dazu beizutragen, dass man ihn – Muhammed – versteht und all meine Fähigkeit liegt in der Aufrichtigkeit meines Wunsches.

Eine ganze Zeitlang habe ich mir vorgestellt, ich wäre ein Qitmīr[69] vor seiner Tür, und habe so Trost gefunden. Aber im Laufe der Zeit hatte ich meine Hoffnung teilweise verloren. Ich sagte daraufhin zu mir: Wäre ich doch als ein Haar auf seinem gesegneten Körper erschaffen worden und nicht als Mensch. Könnte ich doch dem Menschen, der sich dieser besonderen göttlichen Gaben erfreute, so nahe sein. Darum drehten sich alle meine Gedanken. Allerdings habe ich, je besser ich ihn kennenlernte, verstanden, dass ich solcher Ehre nicht würdig bin. Jetzt gilt mein ganzes Wünschen und Bestreben lediglich dem Verbleib in der Gemeinschaft Muhammeds. Denn ich hege die Hoffnung, dass Gott einen Menschen, der sich in dieser Gemeinschaft befindet, nicht ohne die Fürsprache Muhammeds lässt, auch mich in diese Gemeinschaft eintreten lässt und sagt: „*Dies ist eine Gemeinschaft, in der niemand je ohne [Fürsprache] sein wird.*“[70]

Trotzdem habe ich mich aufgemacht, diese erhabene Person zu verkünden. All mein Streben gilt dem Bemühen, einen Funken zu schlagen, der im Herzen meiner Generation ein Feuer der Liebe zu ihm entfacht. Was soll ich sagen? Ich gleiche einer Ameise, die sich auf den Weg zur Wallfahrt nach Mekka macht, denn auf diesem Weg zu sterben ist mein ganzer Wunsch …

Er ist ein Mensch einer ganz eigenen Dimension. Uns fällt die Aufgabe zu, uns zu bemühen, uns seiner Frequenz und seiner Linie anzupassen. Ist das gewährleistet, fängt die offene und versteckte Kommunikation an. Das Kommando gibt der Gesandte

---

69 Der berühmte Hund der Sieben Schläfer, der sie auf ihrer Flucht begleitete und sie beschützte. Im Islam glaubt man, dass dieser Hund wie ein Mensch ins Paradies gelangen wird. Gülen vergleicht sich selbst oft mit diesem Dienerhund ... Das ist auch eine Anspielung auf die Wertstellung der Gefährten Gottes. Er sieht sich im Vergleich zu den Sieben Schläfern auf einer Stufe mit dem Qitmir (Anm. d. Hrsg.).

70 Muslim, *Dhikr* 25; Tirmiḏī, *Daʿawāt* 129; Aḥmed ibn Ḥanbel, *Musned* 2/251, 358, 382.

Gottes persönlich. Er übernimmt die Regie. Die Qualität einer Gemeinde oder einer Gemeinschaft, der er vorsteht, liegt darin, dass sie so erhaben, tief und frei von jeglicher Deutung und Beschreibung ist, dass sogar Engel vor Neid erblassen.

Manche mögen das, was wir hier ausführen, nicht für objektiv halten. Das macht gar nichts, da doch jeden Tag eine Handvoll junge Menschen glänzenden Angesichts auf der spirituellen Ebene frohe Botschaften vom Gesandten Gottes erhalten! Und wo wiederum andere sagen, dass sie ohne Vorhang, ohne Schleier, unmittelbar und sogar in der materiellen Welt in Beziehung zu ihm getreten sind!

Er ist mit seiner Spiritualität und, wie einige sagen, mit seinem leuchtenden Astralkörper stets unter uns. Imam Suyūtī sagt, er habe mehr als siebzig Mal ganz offen mit dem Gesandten Gottes geredet.[71] Er ist nicht tot, so wie wir es verstehen; er ist lediglich in eine andere Dimension eingetreten. Seinen Tod so wie den Tod irgendeines Menschen aufzufassen, wäre falsch. Auch der Koran sagt, dass sogar diejenigen, die in den Rang eines Märtyrers gelangen, der zwei Stufen unter dem Rang der Propheten steht, nicht als tot bezeichnet werden sollten.[72] Wie könnte er also in unserem Sinne als „tot" bezeichnet werden?! Wir können sagen, dass er in eine andere Dimension übergetreten ist. Daher können Menschen, deren Blick in jene Dimension hinüberreicht, ihn dort persönlich sehen und wahrnehmen.

---

71 Nebḥānī, *Fetḥu'l-Kebīr* 1/7; *Djāmi'u Kerāmāti'l-Ewliyā* 2/158.

72 *„Und sagt nicht von denen, die auf dem Pfad Gottes getötet wurden: ‚Sie sind tot'. Nein! Lebendig sind sie, doch ihr nehmt es nicht wahr"* (Sure El-Baqara 2:154). *„Und denkt keinesfalls, dass diejenigen, die für die Sache Gottes getötet wurden, gestorben seien. Nein! Lebendig sind sie; bei ihrem Herrn haben sie ihre Versorgung"* (Sure Āl 'Imrān, 3:169).

Diejenigen, die aus dem Kerker des Körpers und der Körperlichkeit befreit werden und zum Leben des Herzens und Geistes erwachen, können Vergangenheit und Zukunft zur gleichen Zeit erleben. Menschen solcher Dimension können in diesem Moment mit uns zusammensitzen und gleichzeitig in der Zeit Muhammeds *(Asr-i Saadet)* zu Füßen des Gesandten Gottes Platz nehmen. Der Gesandte Gottes nannte diese Personen „Abdal", und sie konnten sich gleichzeitig an mehreren Orten aufhalten. Warum sollte sich also der Sultan der Gesandten nicht sowohl im Jenseits als auch im Diesseits, sowohl vor uns als auch vor den Engeln und den Propheten befinden? Das ist so und das wird auch in Zukunft so sein!

Ich bin geneigt, diese Erzählungen als Grundlage zu nehmen für das, was ich im Folgenden berichten werde. Wenn wir die Propheten und unseren Propheten betrachten, spielt der Blickwinkel und die Absicht eine wichtige Rolle. Wenn es schon einer besonderen Reinheit des Geistes und Klarheit des Herzens bedarf, um die Gottesfreunde *(awliyā)*, die auserwählten Gläubigen *(asfiyā)*, die Segensreichen *(ebrār)* und die Gottnächsten *(muqarrabīn)* zu erahnen und zu begreifen – geschweige denn die verehrten Propheten –, wie könnten dann die Propheten in der trüben und nebligen Atmosphäre des Körperlichen erfahren und verstanden werden?

Daher ist es in unserem Bemühen, sie zu verstehen, nötig, uns ihnen völlig widmend einheitlich. Besonders wenn es darum geht, die Persönlichkeit Muhammeds – Friede sei mit ihm – zu erfassen, ist es umso wichtiger, genau achtzugeben. Und so wird jeder, der Kraft der Augen seines Herzens entsprechend, das eine oder andere erblicken und erahnen. Ihn völlig zu begreifen wird jedoch keinem möglich sein. So wie es der Dichter ausdrückte:

Wie können Menschen, die ihr Leben vergeudend
Trost in Träumen suchen, Seine Wahrheit begreifen?!

(Būsīrī)

DIE PROPHETEN UND DIE BESONDERHEITEN MUHAMMEDS

Kapitel 1

WARUM PROPHETEN GESANDT WURDEN

Auch wenn es zwischen den Propheten Unterschiede im Rang gibt[73], sind sie doch alle auserwählte Seelen, die die Manifestationen der Essenz Gottes erfuhren. Gott hat sie zu Vertrauten Seiner selbst erkoren, sie vor anderen schützend gleichsam in Treibhäusern herangezogen, ausgebildet und verhindert, dass Visionen außer der Seinen ihre Augen trüben.

So sahen auch die Augen Muhammeds – Friede sei mit ihm –, wie die der anderen Propheten, nur in größerem Ausmaß, nichts außer seinem Herrn. Andere Einflüsse konnten seinen Blick nicht trüben und ihn nicht verwirren. Öffnete er seine Augen, sah er seinen Herrn, schloss er seine Augen, nahm er Ihn erneut wahr und sagte: *„Mein Gott! Ich sehne mich nach dem Erhabenen Freund*

73 Siehe Sure El-Baqara 2:253; Sure Al-Isrā', 17:55.

(er-Rafīq el-ʿalā)." Äische – möge Gott Gefallen an ihr finden – berichtet über diese Begebenheit Folgendes:

„Der Gesandte Gottes kam manches Mal, wenn er krank war, zu mir und sagte: ‚Bete'. Ich nahm dann seine gesegnete Hand in die meine und betete in der Hoffnung, er möge durch den Segen seiner Hand Heilung finden, indem ich meine Hand auf seinen Kopf legte, ein Kopf der über Zeit und Raum erhaben ist.[74] Als ich dies wieder tun wollte, als er sich zuletzt unwohl fühlte, zog er seine Hand entschlossen zurück und betete: *‚Mein Gott! Ich sehne mich nach dem Erhabenen Freund (er-Rafīq el-ʿalā).*'"[75]

Es ist ganz offensichtlich, dass der Gesandte Gottes sich von nun an nicht nach seinen irdischen Freunden, sondern nach seinem wahren Freund, dem Herrn, sehnte und ihn in einer anderen Dimension zu erreichen suchte. Was war also der Sinn und Zweck, weshalb Propheten und insbesondere Muhammed – Friede sei mit ihnen – auf die Erde kamen? Aus den folgenden zwei elementaren Gründen ist die Analyse dieser Thematik von besonderer Bedeutung:

Erstens: Die Einrichtung des Prophetentums ist als erhabene und ehrenvolle Stellung zu sehen; Propheten sind nicht als gewöhnliche Menschen zu betrachten. Für diejenigen, die sie doch menschlich beurteilen möchten, sind überzeugende Argumente vorzubereiten.

Zweitens: Auf den Weg und das System hinweisen, das diejenigen zu verfolgen haben, die heute Aufgaben gleich denen eines Propheten repräsentieren.

---

74 El-Buḫārī, *Faḍāʾilu'l-Qurʾān* 14; *Megāzī* 83; Muslim, *Selām* 51.

75 Muslim, *Selām* 46; Aḥmed ibn Ḥanbel, *Musned* 6/120.

Ganz gleich, von welcher Seite aus man sich dem Thema nähert, die Bedeutung der Thematik ändert sich nicht. So werden wir im Folgenden versuchen, der Reihe nach und ohne Präferenzen unsere Gedanken zu dieser Materie darzulegen.

1. DIE DIENERSCHAFT

Der Sinn und Zweck der Gesandtschaft eines Propheten deckt sich mit der Absicht hinter der Schöpfung des Menschen: Gott zu dienen.

Gott weist mit den Worten des Korans: *„Ich habe die Djinn und die Menschen nur erschaffen, dass sie Mich erkennen und (ausschließlich) Mich anbeten“*[76], auf diesen Umstand hin.

Das bedeutet, dass der Sinn und Zweck unserer Existenz darin besteht, Gott kennenzulernen und ihm würdig zu dienen. Also nicht, um zu essen und zu trinken, materiellen Gewinn zu machen oder in der irdischen Dimension Grundbesitz zu erwerben. Ohne Frage sind all dies natürliche Bedürfnisse. Jedoch sind sie nicht der Zweck unseres Daseins. Um uns ebendiesen verborgenen Weg erkennen zu lassen, wurden Propheten gesandt.

Folgender Vers weist auf diesen Umstand hin: *„Wir haben auch vor dir nie einen Gesandten geschickt, ohne dass Wir ihm offenbarten, dass es keine Gottheit außer Mir gibt, darum dient Mir allein.“*[77]

Ein weiterer Vers weist auf die Weisheit hin, die sich im Sinn und Zweck der Gesandtschaft der Propheten offenbart, um uns vor dem Götzendienst zu warnen und Wegweiser auf dem Weg des Dienstes für Gott zu sein: *„Und gewiss haben wir in jeder Ge-*

---

76 Sure Adh-Dhāriāt, 51:56.

77 Sure Al-'Anbiyā', 21:25.

meinschaft einen Gesandten erweckt (damit er die ursprüngliche Botschaft verkünde): Betet Gott allein an, und haltet euch fern von falschen Gottheiten und den Mächten des Bösen. Unter ihnen (den früheren Generationen) gab es Menschen, die Gott rechtgeleitet hat, geradeso wie es unter ihnen manche gab, die es sich selbst zuzuschreiben hatten, dass sie irregingen. Reist also umher auf Erden und schaut! Wie war das Ende derjenigen, die (Gottes deutliche Zeichen und Seine Gesandten) leugneten!"[78]

Das Besondere an Muhammed – Friede sei mit ihm

Bei Muhammed – Friede sei mit ihm – kommt noch folgender Umstand hinzu: Da er allen Welten als Barmherzigkeit gesandt wurde, hat er den Auftrag, sowohl Menschen als auch Djinnen auf dem Weg des Dienstes anzuleiten. ʿAbdullah bin Mesʿud – möge Gott Gefallen an ihm finden – berichtet von folgendem Erlebnis:

„Wir gingen mit unserem Propheten, um etwas zu essen. Er zeichnete einen Kreis in den Boden, sagte zu mir: ‚*Beweg dich nicht von hier weg!*', und ging von dannen. Wenig später hörte ich laute Geräusche. Ich begann mir ernste Sorgen zu machen, ob dem Gesandten Gottes etwas zugestoßen sein könnte. Da er mir aber gesagt hatte, ich solle mich nicht von hier wegbewegen, blieb ich wie angewurzelt stehen. Eine Zeit später kehrte der Gesandte Gottes zurück. Ich fragte ihn nach dem Grund des Lärms: ‚O Gesandter Gottes! Was war denn das für ein Krach?' Als Antwort sagte er: ‚*Die Djinnen haben an mich geglaubt und huldigten mir. Danach begann ein Streit unter ihnen, Gläubige gegen Ungläubige. Das war der Lärm, den du vernahmst. Außerdem wurde mir mein Ableben mitgeteilt.*'"[79]

---

78 Sure An-Nahl, 16:36.

79 Ṭaberī, *Djāmiu 'l-Beyān* 24/33 ff.; Aḥmed ibn Ḥanbel, *Musned* 1/449.

Mit seiner abschließenden Bemerkung kündigte der Gesandte Gottes an, dass der Grund seiner Gesandtschaft darin bestehe, Menschen und *Djinnen* Rechtleitung zu eröffnen. Da nun auch die Djinnen an ihn gerade glauben und ihm gehorchen, gäbe es keinen Grund gerade mehr, weiter auf der Erde zu verweilen. Es könne daher sein, dass er von nun an von der Erde hinweggehe.

Das waren seine Gedanken, und mit seinen Worten vermittelte er einen Einblick in das Geheimnis des Sinns und Zwecks seiner Gesandtschaft. Eigentlich lehrte er uns folgendes Gebet, was unsere Wahl zwischen dieser Welt und dem Jenseits betrifft:

„Mein Gott, solange mein Leben segensreich ist, bewahre mich am Leben. Wenn jedoch mein Ableben sich als segensreicher erweisen sollte, dann nimm meinen Geist und lass mich sterben.“[80]

2. DIE VERKÜNDIGUNG

Ein weiterer Zweck der Gesandtschaft der Propheten ist die Verkündigung der Religion. Gäbe es keinen Propheten, so wüssten wir nichts über Angelegenheiten wie den Gottesdienst, hätten keine Ge- und Verbote erhalten und hätten keine Vorstellung von unseren Verpflichtungen. Wir hätten keine Ahnung, was das Hauptgebet ist, was Fasten, Almosen und die Wallfahrt sind sowie was es mit religiös Verbotenem wie Alkohol, Glücksspiel, Ehebruch, Wucher und Zinsen auf sich hat.

Diese und viele weitere Angelegenheiten sind uns durch die Propheten bewusstgeworden. Das nennen wir kurz „Auftrag der Gesandtschaft“. Alle Propheten kamen trotz Unterschieden in

80 El-Buḫārī, *Merdā* 19; Muslim, *Dhikr* 10.

den Details mit der gleichen Botschaft und haben zu den grundlegenden Themen die gleichen Aussagen getroffen.[81]

Der Koran beschreibt diese grundsätzliche Aufgabe der Propheten wie folgt:

„(Die Propheten sind jene), die Gottes Botschaften überbringen und große Ehrfurcht vor Ihm empfinden, und sie fürchten niemanden außer Gott. Gott genügt, um Rechenschaft einzufordern und die Abrechnung (für seine Diener) vorzunehmen."[82]

In der Tat kamen sie, um diesen Auftrag zu verwirklichen. Kein Hindernis, das sich ihnen in den Weg stellte, konnte sie davon abhalten; sie kannten keine Furcht, denn für sie zählte nur Gott.

In diesem Zusammenhang wird unserem Propheten Folgendes gesagt:

„O du Gesandter! Verkündige in klarster Form alles, was zu dir von deinem Herrn herabgesandt worden ist, und mache es bekannt. Denn wenn du es nicht tust, dann wirst du Seine Sendung nicht erfüllt und die dir als Prophet auferlegte Aufgabe nicht ausgeführt haben. Und Gott wird dich gewiss vor den Menschen beschützen. Doch das Volk der Ungläubigen wird Gott nicht rechtleiten."[83]

Mit anderen Worten: Wenn du in Verbindung mit deinem Auftrag einen Fehler begehst, dann betrifft dieser Fehler deinen Auftrag, den Zweck deiner Gesandtschaft und ist daher kein Feh-

---

81 *„Propheten sind Brüder, die einen gemeinsamen Vater, jedoch verschiedene Mütter haben. Ihre Religion ist ein und dieselbe."* Mit anderen Worten: Die Propheten bilden eine Einheit, was die Grundlage der Religion betrifft – den Monotheismus *(tewhid)*. In den Details haben sie dagegen unterschiedliche Dinge übermittelt (El-Buḫārī, *Enbiyā'* 48; Muslim, *Faḍā'il* 145).

82 Sure Al-Ahzāb, 33:39.

83 Sure Al-Mā'ida, 5:67.

ler, der nur dein Privatleben beträfe; es ist eine Angelegenheit, die das persönliche und gesellschaftliche Leben aller Menschen betrifft. Schließlich ist es deine Aufgabe, die gesamte Menschheit zu erleuchten. Wenn du deine Aufgabe vernachlässigst, wird die gesamte Menschheit in Finsternis bleiben. Muhammed war sich jedoch des Auftrages, mit dem er entsandt wurde, bewusst. Wäre das nicht der Fall gewesen, so wäre er nie für diesen Auftrag ausgewählt und entsandt worden.

Die Rolle der Verkündigung im Leben des Gesandten Gottes

Nachdem der Gesandte Gottes diesen ehrenvollen Auftrag angenommen hatte, widmete er sein ganzes Leben der religiösen Verkündigung. Er ging von Tür zu Tür und suchte nach vertrauten Gesichtern und Herzen, denen er seine Botschaft verkündigen konnte.

Er wurde zunächst mit Unwillen, Desinteresse und Ablehnung empfangen. Später wurde er das Opfer von Hohn und Spott. Schließlich erlitt er Drangsal jeder Art. Auf die Wege, die er beschritt, wurden Dornen gestreut, beim Gebet legte man ihm Kutteln aufs Haupt und er musste Beleidigungen jeder Art erdulden. Allerdings ließ sich der Gesandte Gottes dadurch nicht entmutigen und er wurde seiner Sache nicht müde. Denn er war sich bewusst, dass dies der Sinn und Zweck seines Kommens auf die Erde war. Sogar seine Feinde, die ihm nach dem Leben trachteten, besuchte er ohne Unterlass und überbrachte ihnen die göttliche Botschaft. Wer weiß, wie viel Male er die Feinde des Glaubens und des Islams wie Ebū Djehil und Ebū Leheb aufsuchte, um ihnen das Recht und die Wahrheit darzulegen!

Er besuchte die Märkte und ging von Zelt zu Zelt, um auch nur einer Person zu helfen, die Rechtleitung zu erkennen. Jede

Tür, an die er trat, wurde ihm vor der Nase zugeschlagen, aber er ging zu einer anderen Zeit erneut an diese Tür und wiederholte seine Botschaft. Als er in Mekka die Hoffnung aufgab, auf hörende Ohren zu treffen, ging er nach Tā᾽if. Tā᾽if war ein Ort, an dem viele Märkte abgehalten wurden. Die Reaktion der Bewohner von Tā᾽if, von Bequemlichkeit und Lässigkeit verzärtelt, übertraf noch die der Bewohner von Mekka. Ein ruchloser Mob rottete sich zusammen, steinige den ehrenwerten Gesandten, ja die Sonne der Sonnen, in dessen Angesicht es nicht einmal Engel wagen zu schauen, und trieb ihn aus Taif hinaus. Zeyd bin Hārise, den er wie ein eigenes Kind liebte, war beim Gesandten Gottes und schützte den Propheten mit seinem eigenen Körper vor den Steinen. Dennoch trafen ihn einige Steine und hinterließen blutende Wunden.

Sie konnten sich dieser aufgeheizten Stimmung entziehen und suchten Zuflucht unter einem Baum, als ihnen unvermittelt der Engel Gabriel erschien. Er bot ihnen an, wenn sie wollten, einen Berg auf diese aufgebrachte Meute zu schleudern. Der Gesandte Gottes dachte auch in diesen entwürdigenden Minuten nicht so wie er und sagte „*Nein!*". Er lehnte dieses Unheil ab, da doch einige von ihnen noch zum Glauben gelangen könnten, selbst wenn dies erst in ferner Zukunft geschieht.

Anschließend betete er zu seinem Herrn:

„Mein Gott, ich klage Dir mein Leid, meine Kraftlosigkeit, meine Schwäche und meine Demütigungen. O du Mitfühlendster aller Erbarmer! Du bist der Herr aller Verzweifelten, Gedemütigten und Ausgestoßenen. Du bist auch mein Herr. In wessen Hände hast Du mich übergeben? In die Hände von Menschen böser Worte und bösen Angesichts, die fern von Dir sind, oder in die Hände von Fein-

den, die danach trachten, meinen Auftrag zu verhindern? Wenn Du mir nicht zürnst, so kann ich über meine Drangsal und meine Plagen hinwegsehen. Nur Dein Wohlwollen ist weitreichender und wünschenswerter als Balsam. Göttlicher, statt Deinen Zorn oder Dein Missfallen zu erregen, nehme ich Zuflucht im Licht Deines Angesichts, dem Grund meiner Ergebenheit, das die Finsternis dieser Welt und das Jenseits hell erleuchtet. Göttlicher, ich harre Deiner Vergebung, bis Du Gefallen an mir findest. Göttlicher, all meine Kraft und Energie ist in Deiner Hand.“

Während er so betet, nähert sich jemand dem Gesandten Gottes ganz leise, reicht ihm einen Teller mit Trauben und sagt: „Bitte, iss davon!“ Das Haupt der zwei Welten streckt sich nach dem Teller aus und sagt „bismillah“, was „im Namen Gottes“ bedeutet. Das war für den Sklaven, der Addas hieß und ihm die Trauben reichte, eine ungewohnte Situation. Verwundert fragt er: „Wer bist du?“ Der Gesandte Gottes antwortet: *„Ich bin der letzte Prophet!“* Addas wirft sich vor ihm nieder und beginnt, ihn zu küssen. Das, was er seit Jahren im Himmel suchte, findet er nun hier auf der Erde, in einem unerwarteten Augenblick direkt vor sich und er beginnt zu glauben.[84]

Wäre es nicht zu dieser abschließenden Begegnung gekommen, Muhammed hätte Tā'if sehr traurig verlassen. Diese Traurigkeit bezog sich nicht auf die Dinge, die ihm angetan wurden; nein, er konnte mit niemand darüber reden, deshalb war er traurig. Nun aber konnte er springen vor Freude, denn er konnte Addas persönlich auf den rechten Weg verhelfen.

---

84 Ibn Sa'd, *Ṭabaqātu'l-Kubrā* 1/211–212; Ibn Hischām, *Sīratu'n-Nebewiyye* 2/266–269; Ibn Keṯīr, El-Bidāye we'n-Nihāye 3/136 ff. In Bezug auf einige Aspekte der Begebenheit siehe El-Buḫārī, *Bed'u'l-Ḫalq* 7; Muslim, *Djihad* 111.

Wenn diese Bemerkung erlaubt ist: Er war wie eine herausragende Turteltaube in der Taubengemeinschaft der Propheten. Ohne Unterlass suchte er nach Menschen, die der Wahrheit zugetan waren, reinen Herzens und reinen Antlitzes, um, wenn er sie fand, in ihr Herz Eingang zu finden und ihnen die Inspirationen seines Geistes zuzuflüstern. So wurde der Lichtkranz um ihn herum immer größer, und je größer er wurde, umso mehr gerieten die Gottesleugner außer sich.

So wie heute in Ost und West das Aufblühen des Islams die Gottesleugner in Rage versetzt, so machte auch in den Tagen Muhammeds – Friede sei mit ihm – die Erweiterung seiner Anhängerschaft die Gottesleugner rasend.

Diese Wut mündete in solch fixen Ideen, dass sie eines Tages versuchten, diese göttliche Fackel zum Erlöschen zu bringen, als ob man sich anmaßte, die Sonne auszupusten. Wie tragisch! Die Sonne ist für uns nur ein Beispiel und ein Mittel zur Veranschaulichung. Das Licht hingegen, das er bringt, lässt selbst die Sonne erstrahlen, denn sein Licht ist das Licht Gottes. Folgender Vers des Korans führt die Absurdität dieser Haltung vor Augen:

„Sie bemühen sich Gottes Licht mit ihren Mündern auslöschen. Doch Gott wird nichts anderes zulassen, als dass Sein Licht vollkommen gemacht wird, auch wenn es den Ungläubigen noch so zuwider ist.“[85]

Auch in der Neuzeit entzündet er eine Fackel und entflammt unsere Herzen. Hunderttausende geben sich seinem Weg hin und dienen der Verherrlichung seiner Sache. Es war offensichtlich Gottes Wille, erneut den Lichtkreis Muhammeds und eine

85 Sure At-Tauba, 9:32.

goldene Kette [seiner Nachfolger] erstehen zu lassen. Weder der Grimm der Gottesleugner und Gewalt oder Unmut noch die Angriffe der Streitmächte Satans konnten dies aufhalten. Ja, der in Aufrichtigkeit gesäte Same wird, wenn nicht heute, dann morgen, gewiss wachsen und gedeihen und das vom Gesandten Gottes ausstrahlende Licht wird niemals erloschen.

Als Mekka den Gesandten Gottes nicht mehr beherbergen konnte, wanderte er nach Medina aus und würde dort sein Licht weiter erstrahlen lassen. Auch dort würde er mit Andersgläubigen und Heuchlern ringen, spirituelle Feldzüge gegen die Gottesleugner organisieren und höchstpersönlich an der Spitze dieser Streitmacht stehen; auf den Schlachtfeldern würde man ihm die Zähne einschlagen und sein Gesicht Wunden davontragen. Er würde Hunger und Durst leiden, aber – oft unter starken Magenschmerzen – unbeirrt seinen Weg fortsetzen. Und genau das tat er. Er ließ sich von seiner Aufgabe des Verkündigens nicht für einen Augenblick abbringen. Er erklärte und verkündete den Islam bis in die kleinste Kleinigkeit. Er versäumte es nie, den Menschen den rechten Weg zu weisen, weder in den Jahren seines Aufenthalts in Medina noch in Zeiten, in denen es Konflikte mit anderen Mächten gab. Auch wenn ein Beduine ihm hundertmal die gleiche Frage stellte, antwortete er jedes Mal ohne ein Anzeichen von Lustlosigkeit mit dem gleichen Eifer und dem gleichen starken Antrieb.

Verkündigung bedeutet, die Menschen auf den rechten, geraden Weg *(sirāt mustaqīm)* zu leiten. Grundsätzlich war das der Sinn und Zweck der Gesandtschaft aller Propheten, auch des Sultans der Propheten – der gerade Weg des Islams, den jeder Gläubige sehr gut kennt und auch kennen muss. Wir bitten täglich mindestens vierzig Mal bei unseren Hauptgebeten unseren

Herrn, uns auf den rechten, geraden Weg zu leiten. Wir erbitten, auf den Weg der Propheten, der Wahrhaftigen und der Märtyrer zu treten und bitten um Erfüllung unserer Begehren, so wie auch deren Begehr erfüllt wurde. Dies ist ein breiter Weg, jeder hat einen gewissen Anteil an diesem Weg, denn der letzte Prophet wurde, so sagt es der Vers, allen Welten als Barmherzigkeit gesandt.[86]

Des Weiteren ist er ein Zeuge, ein Überbringer froher Botschaft und jemand, der sich Gott völlig hingegeben hat, so wie es folgender Vers ausdrückt: „*(O du edler) Prophet, Wir haben dich gewiss als Zeugen geschickt und als Verkünder der frohen Botschaft und als Warner.*“[87]

Muhammed trug über einen Zeitraum von 23 Jahren die schwere Verantwortung eines Propheten und war ein außergewöhnlicher Mensch, der alle seine Obliegenheiten erfüllte, wie es keinem anderen einer Sache ergebenen Menschen möglich gewesen wäre. In diesem Geist und diesem Bewusstsein näherte er sich jeden Tag ein Stück seinem gesegneten Ende:

Er befand sich auf seiner abschließenden Wallfahrt – er führte die Wallfahrt ohnehin nur dieses eine Mal durch – und verknüpfte die *Umre* (kleine Wallfahrt) mit der *Hadj*, wir nennen es *Hadj-i Ekbar*, die große Wallfahrt.[88] Auf jener letzten Wallfahrt stieg der Gesandte Gottes ein letztes Mal auf sein Kamel und bemühte sich, alles, was er noch zu sagen hatte, zu verkünden. Umfassend erläuterte er Themen wie Blutrache, Frauenrechte,

---

86 Siehe Sure Al-ʻAnbiyā', 21:107.

87 Sure Al-Ahzāb, 33:45.

88 *Hadj-i Ekbar:* Einige islamische Gelehrte vertreten die Meinung, damit werde die *Hadj*, die Wallfahrt bezeichnet, während andere Gelehrte diesen Ausdruck auf die Verknüpfung der *Umre* mit der *Hadj* beziehen.

Zinsen und die Beziehungen zwischen Stämmen und Völkern. Anschließend fragte er seine Gemeinde: *„Gebt acht, habe ich euch die Botschaft Gottes verkündet?"* Die Gemeinde antwortete jedes Mal: „Ja, du hast es verkündet." Daraufhin rief er Gott als Zeugen auf und sagte: *„Mein Gott, sei mein Zeuge!"*[89]

Er hat seinen Auftrag rechtmäßig erfüllt. Reinen Gewissens und mit Herzensfrieden bereitete er sich Schritt für Schritt auf seinen Gang zu seinem Herrn vor. Schließlich war er ein Mensch, der sich spiritueller Meditation hingab und feinfühliger als jeder andere einfühlsame Mensch war. Daher verbrachte er sein gesamtes Leben in dieser Vorbereitung und sagte zu sich selbst: „Habe ich wohl dem eigentlichen Sinn und Zweck meiner Gesandtschaft entsprechend gelebt?"

3. EIN VORTREFFLICHES BEISPIEL

Ein weiterer Aspekt, auf den wir in Verbindung mit dem Zweck der Gesandtschaft der Propheten eingehen möchten, ist der Umstand, ihrer Gemeinschaft ein vortreffliches Beispiel zu hinterlassen.

Gott sagt im Koran: *„Das sind jene, die Gott rechtgeleitet hat. So folge denn ihrer Rechtleitung!"*[90]

Das ist bemerkenswert, sogar Muhammed wird gesagt, er solle die Propheten, die vor ihm gesandt und zuvor einzeln namentlich genannt wurden, zum Vorbild nehmen. Uns ruft der Koran daher Folgendes zu:

---

89 Muslim, *Hadj* 147; Ebū Dāwūd, *Menāsik* 56; Ibn Mādje, *Menāsik* 76, 84.

90 Sure Al-An'ām, 6:90.

„Ihr habt fürwahr im Gesandten Gottes ein ausgezeichnetes Vorbild, dem ihr folgen könnt, für jeden, der auf Gott hofft und den Jüngsten Tag und sich an Gott erinnert und Seiner häufig gedenkt.“[91]

Die Propheten sind uns Anleitung und Vorbild. So wie wir beim Hauptgebet dem Imam als Vorbeter folgen, so ordnen wir uns auch in allen Aspekten unseres Lebens der Leitung des Propheten unter, denn Muhammed und die anderen Propheten repräsentieren das wahre Leben. Diejenigen, die die Anfangsjahre des Islams erfasst hatten, folgten dem Gesandten Gottes auf Schritt und Tritt. Daher verfügte das Haupt der zwei Welten in Bezug auf sie und all jene, die ihnen in späteren Zeitperioden folgten, folgende lobenden Worte:

„Es wird eine Zeit kommen, in der eine Gemeinde der Menschen kämpfen wird; man wird sie fragen: ‚Gibt es jemanden unter euch, der den Gesandten Gottes gesehen hat?‘ Sie werden mit ‚Ja!‘ antworten. Daraufhin wird ihnen die Eroberung vergönnt sein. Später wird eine andere Gemeinde der Menschen kämpfen; auch sie werden gefragt: ‚Gibt es unter euch jemanden, der jemanden kennt, der einen der Gefährten des Gesandten Gottes gesehen hat?‘ Sie werden diese Fragen bejahen und auch ihnen wird der Sieg gewährt werden. Später wird eine weitere Gemeinde der Menschen kämpfen, und man wird sie fragen: ‚Gibt es unter euch einen Freund derjenigen, die die Gefährten des Gesandten Gottes sahen?‘ Sie werden darauf mit ‚Ja!‘ antworten und auch ihnen werden sich die Tore der Festungen öffnen und die Eroberung wird ihnen vergönnt sein.“[92]

In einer weiteren Überlieferung weist Muhammed – Friede sei mit ihm – auf die Tugenden der Zeit hin, in der er einst lebte:

---

91 Sure Al-Ahzāb, 33:21.

92 El-Buḫārī, *Faḍāʿilu'l-Ashab* 1; Muslim, *Faḍāʿilu's-Sahabe* 208–209.

„Die gesegnetsten Menschen sind jene, die zur gleichen Zeit mit mir lebten. Ihnen folgen diejenigen, die nach ihnen lebten, daraufhin deren Folgegeneration.“[93] Denn sie waren äußerst genau darauf bedacht, in ihrem Leben, ihren Gefühlen und ihren Gedanken dem Leben des Gesandten Gottes und seinen Gefühlen und Gedanken zu gleichen. Es ging im Prinzip darum, dem von Gott auserwählten Modell und Vorbild zu gleichen.

Ja, die Gefährten und die ehrwürdigen Persönlichkeiten, die den Gefährten Muhammeds zeitlich folgten (*tābiʿîn* / Nachfolger) sowie die ihnen Folgenden (*etbaʿ-i tābiʿīn* / Nachfolger der Nachfolger) waren an diesem Punkt äußerst gewissenhaft. Und somit waren sie gesegneter als die Menschen, die in anderen Epochen lebten. Der ehrwürdige Moses sagte: *„Die Flaggen der Heiligen sind in ihrer Hand.“*[94] Mit den „Heiligen“ ist die Gemeinschaft Muhammeds *(umma)* gemeint. Das war eine große Ehre. In einem schwachen Hadith verfügte der Gesandte Gottes: *„Die Gelehrten meiner Gemeinschaft gleichen den Propheten der Söhne Israels.“*[95] Ja, sie hatten in der Nachfolge des Propheten einen solchen Stand erreicht – der nächste Schritt wäre schon das Prophetentum.

Umar – möge Gott Gefallen an ihm finden – ist das beste Beispiel hierfür; ein Mann, der beim Eintreten durch die Tür der Dienerschaft gleichsam auch die Türpfosten mit ausriss! Umar folgte dem Propheten genau nach, er war sein Anführer, den er annahm und an dem er sein gesamtes Leben ausrichtete; er war ein außergewöhnlicher Mann, der seine Schönheit aus der Lebensführung des Propheten bezog. Seine Ordnung im Leben veränderte sich auch dann nicht, als ihm Rom und Byzanz die Tore

93 El-Buḫārī, *Faḍāʾilu'l-Ashab* 1; Muslim, *Faḍāʾilu's-Sahabe* 210–216.

94 Deuteronomium 33:3.

95 Adjlūnī, *Kešfu'l-Ḫafā* 2/83.

weit öffneten und ganze Völker mit ihren Herrschern sich ihm willig zu Diensten darboten. Zu jener Zeit wurde auch Jerusalem eingenommen. Obwohl militärisch unter Kontrolle gebracht, verweigerten die Kleriker eine Zeitlang die Übergabe der Schlüssel der Stadt. Sie begründeten dies mit den Worten: „Wir sehen unter euch niemanden, der würdig wäre, die Schlüssel in Empfang zu nehmen, daher geben wir sie euch nicht."

Als Umar davon erfährt, macht sich der Kalif persönlich auf den Weg. Da er kein eigenes Kamel besitzt, leiht er sich eines vom Fiskus *(Beyt-el-māl)*, und mit seinem Diener abwechselnd darauf reitend erreichen sie Jerusalem. Wie das Schicksal es wollte, war die Reihe an seinem Diener, als sie sich der Stadt näherten. Obwohl der Diener darauf bestand, dass Umar beim Betreten der Stadt auf dem Kamel reitet, stieg dieser ab, setzte seinen Diener auf das Kamel und betrat, das Tier persönlich an den Zügel führend, die Stadt.

Diejenigen, die diese Szene beobachteten, waren davon so ergriffen, dass sie ihm die Schlüssel übergaben und sagten: „Dies ist der Mann, dessen Charakter uns in unseren Büchern bezeichnet wurde."

Der große Umar verfiel in eine tiefe Agonie, nachdem er von einem feueranbetenden Zoroastrier *(Firoz)* mit dem Dolch schwer verwundet wurde. Sein Körper entledigte sich aller Dinge, die er aß oder trank, er gab keinen Ton von sich noch reagierte er auf Stimmen. Auf die Fragen seines Dieners, ob er etwas essen oder trinken wolle, reagierte er entweder gar nicht oder deutete mit seinen Augen ein Nein an. Wenn jedoch der Aufruf zum Gebet erklang, erhob er sich sogleich und sagte: „Jetzt stehe ich auf. Wer das Gebet vernachlässigt, hat keinen Anteil am Islam.“ Blutender Wunden verrichtete er sein Gebet.[96]

Dies tat er, da er es so bei seinem Herrn, dem Propheten, gesehen hatte. Ihm eiferte er nach, ihm war er ergeben und hinterließ so seinen Nachfolgern ein Beispiel. Genau dies war einer der Gründe für die Gesandtschaft der Propheten: der Gemeinschaft ein Beispiel zu hinterlassen.

4. DAS GLEICHGEWICHT ZWISCHEN DIESSEITS UND JENSEITS

Die Propheten wurden auch gesandt, um die Balance zwischen Diesseits und Jenseits zu errichten.

Dieses Gleichgewicht, das sie einführten, bewahrte die Menschen vor Extremen und gab ihnen eine Richtung vor: Weder das Leben von Mönchen und Geistlichen, die sich in Klöster zurückziehen und der Welt den Rücken kehren, noch völliges Aufgehen in weltlichen Bestrebungen. Immer ging es darum, einen Mittelweg zu finden und zu leben – dies zu erlangen, bedarf der erleuchteten Welt der göttlichen Offenbarung. Mit Verstand und Gewissen allein kann solch ein Gleichgewicht nicht geschaffen werden, ganz zu schweigen von der bloßen Naturwissenschaft, die außerstande ist, für sich allein die Menschen auf dieses Niveau zu erheben.

Im Koran wird dieses Gleichgewicht wie folgt beschrieben:

„Sondern strebe mit dem, was Gott dir gewährt hat, nach der Heimstatt des Jenseits, ohne darüber deinen Anteil an dieser Welt

---

96 ʿAbdurrazzāq, *Muṣannef* 1/150; Ibn Saʿd, *Ṭabaqātu'l-Kubrā* 3/350.

zu vergessen. Tue anderen Gutes, so wie Gott dir Gutes getan hat. Richte nicht Verderben und Unheil an im Land, denn Gott liebt nicht die, die Verderben und Unheil anrichten.“[97]

Auf der einen Waagschale dieser göttlichen Balance liegt die Wahrheit: „*Und was die Gnade deines Herrn angeht, so verkünde sie*“[98], auf der anderen Waagschale der Appell des Verses: „*Und an diesem Tag werdet ihr ganz bestimmt befragt werden über all die Gnadenbeweise (die euch zuteiltwurden).*“[99] Das Gleichgewicht wird innerhalb dieser Grenzen gewahrt.

Der ehrwürdige Ebū Bekr verbrauchte sein gesamtes Vermögen für Gott – aufgrund seiner außerordentlichen Wahrheitsliebe konnte er nicht anders. Während seines Kalifats reichte man ihm ein Glas kaltes Wasser, er trank und brach anschließend in Tränen aus. Alle, die bei ihm waren, mussten ebenfalls weinen, ja sie weinten noch, als er bereits aufgehört hatte zu weinen. Er wusch sein Gesicht und beruhigte sich. Sie fragten ihn: „Was hat dich so sehr zu Tränen gerührt, Ebū Bekr?“ Er antwortete:

„Ich war mit dem Gesandten Gottes – Friede sei mit ihm – zusammen, als er eines Tages mit seiner Hand etwas zurückwies, als ob er sagen würde: ‚Bleib mir fern, bleib mir fern!‘ Ich fragte ihn: ‚O Gesandter Gottes, du weist irgendetwas zurück, aber ich kann niemand sehen.‘ Er sagte: ‚Die Welt mit all ihrer Pracht nahm vor mir Gestalt an und wollte sich mir aufdrängen. Ich sagte ihr: „Bleib mir fern!“ Die Welt zog sich daraufhin zurück, sagte aber: „Zwar wurdest du vor mir gerettet, aber ich schwöre, dass die dir Folgenden nicht aus meiner Hand entrinnen werden.“‘ Ich

---

97 Sure Al-Qasas, 28:77.

98 Sure Ad-Duhā, 93:11.

99 Sure At-Takāthur, 102:8.

weinte, weil ich befürchtete, dass die Welt mich mit diesem Glas Wasser vereinnahmen könnte."[100]

Obwohl sie die Gelegenheit hatten, ein ausschweifendes Leben zu führen, lebten er und andere stets ausgeglichen, da das vollkommene und allumfassende Vorbild ebenso lebte.[101]

5. EINWÄNDEN DIE GRUNDLAGE ENTZIEHEN

Die Propheten wurden des Weiteren gesandt, um zu verhindern, dass die Menschen am Jüngsten Tag Einwände gegen Gottes gerechte Beschlüsse erheben könnten.

Ein Koranvers beschreibt dies wie folgt:

„*Gesandte (wurden geschickt als) Verkünder froher Botschaft und Warner, damit die Menschen keine Entschuldigung haben vor Gott, nachdem die Gesandten (zu ihnen gekommen sind). Und Gott ist ruhmreich, von unwiderstehlicher Macht, weise.*"[102]

Menschliche Anführer, die keine Propheten waren, konnten Menschenmassen auf Dauer nicht überzeugen; selbst wenn sie sie überzeugen konnten, so ermangelten ihre Botschaften und Vorschläge göttlicher Unterstützung. Daher ging keine ihrer Botschaften, Worte und Taten über das rein Menschliche hinaus und im Laufe der Zeit zerstreuten sich ihre Anhänger wie Blätter im Herbst.

Die Führung der Propheten hingegen war anderer Natur. Wie zuvor schon betont, sie waren besondere Menschen, wie von

---

100 Bezzār, *Musned* 1/106, 196; Beyhaqī, *Schuʿabu'l-Īmān* 7/365; Ebū Nuʿaym, *Ḥilyetu'l-Ewliyā* 6/164.

101 Siehe z. B.: Muslim, *Eschribe* 140–142.

102 Sure An-Nisā', 4:165.

Gott maßgeschneidert. Sie waren schon im Mutterleib Propheten. Ihr Leben und ihre Worte waren von musikalischer, poetischer Harmonie. Sprachen sie, war die ganze Schöpfung ganz Ohr und schenkte ihnen Aufmerksamkeit. Ihr Kommen veränderte den Lauf so mancher Dinge und die Herzen so vieler Menschen gaben sich ihnen hin. Naturgesetze wurden bisweilen ihretwegen außer Kraft gesetzt und unterwarfen sich ihrem Willen.

Schenken wir noch einmal dem Sultan der Propheten unsere Aufmerksamkeit. Steine, Bäume, die Erde und die unterschiedlichsten Tiere – sie alle traten auf ihre Weise in Beziehung zu ihm und bestätigten seine Berufung. Būsīrī drückte dies wie folgt aus: „Der Baum kam eilend auf ihn zu und sagte in der ihm eigenen Sprache: ‚Du bist der Gesandte Gottes.'"[103]

Die materielle Schöpfung gewann mit seinem Kommen an Bedeutung und alles Existierende wurde aus dem Chaos befreit. Der Koran drückt dies so aus und haucht jedem Wesen Leben ein: *„Die sieben Himmel und die Erde und wer auch immer in ihnen ist, preisen Ihn. Es gibt nichts, was Seine Herrlichkeit nicht rühmt, auch wenn ihr (dazu neigt,) deren Lobpreisung nicht zu verstehen."*[104]

Alles, was wir lernen, haben wir von ihm gelernt, und die materielle Schöpfung setzte sich dank ihm auf den Thron der Weisheit.[105] Natürlich gewann auch der Mensch in der Zwischenzeit die Einsicht, dass auch seine Existenz nicht ohne Sinn und Zweck ist.[106]

---

103 Siehe: Buṣīrī, *Dīwānu'l-Buṣīrī* 244.

104 Sure Al-Isrā', 17:44.

105 *„So wie Wir zu euch einen Gesandten aus eurer Mitte geschickt haben, der euch Unsere Offenbarungen vorträgt und euch läutert und euch das Buch und die Weisheit lehrt und euch lehrt, was ihr nicht wusstet"* (Sure El-Baqara 2:151). Siehe auch Sure El-Baqara 2:129; Sure Āl 'Imrān, 3:164; Sure Al-Djumʿa, 62:2 und Aḥmed ibn Ḥanbel, Musned 1/202 (hier das Gespräch zwischen dem ehrwürdigen Djafer und Nedjāschi).

106 Folgende Verse bringen diesen Aspekt sehr gut zum Ausdruck: *„Meint der*

Jeder Prophet kam mit einer Reihe von Wundern, um die Menschen zu überzeugen und um ihnen die Grundlage für Ausflüchte zu entziehen. Muhammed – Friede sei mit ihm – hingegen wirkte all die Wunder der anderen Propheten und zeigte dadurch, dass er das allumfassende Vorbild ist.

Jede Gemeinschaft wurde Zeuge einer Vielzahl an Wundern ihrer Propheten beziehungsweise sie kamen ihnen zu Ohren. Was uns betrifft, wir haben Tausenden von Wundern des Gesandten Gottes unser Ohr geliehen und sehen Tag für Tag das ewige Wunder des Korans. Daher gibt es keinen Grund, Einwände zu erheben. Gott hat die Wahrheiten, an die wir gemäß Seinem Willen Glauben sollen, durch seine Propheten, die er stets unterstützte, überaus klar und deutlich vor Augen geführt. Schließlich war auch das einer der Gründe ihrer Gesandtschaft. Ein weiterer wichtiger Punkt: Gott verfügt im Koran: „*Niemals würden Wir bestrafen, ehe Wir nicht einen Gesandten geschickt haben.*“[107] Mit anderen Worten: Wenn am Jüngsten Tag die Waage der Gerechtigkeit aufgestellt wird, wird jeder Rechenschaft ablegen, ohne eine Entschuldigung vorbringen zu können, da Gott seine Propheten gesandt hatte.

Mensch etwa, dass er sich selbst überlassen bleibt (um herumzulaufen, wie es ihm gefällt)?“ (Sure Al-Qiyāma, 75:36). „*Oder habt ihr gedacht, dass Wir euch umsonst erschaffen hätten und dass ihr eure ganze Zeit zum Spaß und zur Unterhaltung verwenden solltet und dass ihr nicht zu Uns zurückgebracht würdet?*“ (Sure Al-Mu'minūn, 23:115).

107 Sure Al-İsrā', 17:15.

Kapitel 2

DIE EIGENSCHAFTEN DER PROPHETEN

1. GÖTTLICHKEIT

Keiner der Propheten hat sich hingesetzt und nach langem Überlegen das System der Prophetenschaft erdacht und in die Welt gesetzt. Gesandtschaft gründet sich einzig und allein auf den göttlichen Willen, einen Menschen als Prophet auszuwählen. Zu Seiner Zeit verkündet Er diesem auserwählten Menschen seinen Auftrag und seine Verantwortung, beruft ihn also zum Propheten.

Jeder Prophet kommt entsprechend seinem Rang aufgrund einer göttlichen Offenbarung, lebt diese Offenbarung aus und beendet sein Prophetentum, wenn die Offenbarung verstummt. So wie Luft, Wasser und Grundnahrungsmittel wie Brot für unser Leben unabdingbar sind, so ist die Offenbarung für den Propheten. Sie ernähren sich förmlich vom Hauch des Göttlichen in ihrem Herzen. Aus der Fülle der Gnade des Hochheiligen weht immerfort gleichsam eine sanfte Morgenbrise zu ihnen herüber, und solange diese Brise anhält, verweilen sie als Propheten unter den Menschen. Endet der göttliche Hauch, schwingen sie sich voll Verlangen empor, dem Herrn entgegen, und erwarten sehnsüchtig den Moment, ins Jenseits aufzusteigen.

Mit all ihrem Sein sind sie dem Herrn ergeben. Sie verkünden nur das, was ihnen vom Herrn aufgetragen wurde und nur so, wie es Seinem Willen entspricht. Da die Religion, die sie bringen, eine ausschließlich von Gott verkündete ist, sind sie in ihrem Auftrag göttlich und sind verpflichtet, eine solch göttliche Aufgabe zu erfüllen.

Während sie ihren Auftrag ausführen, sind sie nicht an die Reaktion ihrer Zuhörer gebunden, es geht sie auch nichts an, ob das Gesagte angenommen oder abgelehnt wird. Ja, ihr Auftrag beschränkt sich auf das Verkünden. Es interessiert sie nicht, was ihre Widersacher sagen oder tun. Zugeständnisse in ihrer Sache zu machen, ist undenkbar – ganz nach der Maxime: *„Legten sie mir auch den Mond auf die eine und die Sonne auf die andere Schulter – bei Gott! – ich würde von meiner Sache nicht ablassen!“*[108]

2. UNEIGENNÜTZIGKEIT

Die Propheten erwarten weder materiell noch ideell etwas als Lohn für ihren Dienst. Der Koran weist in verschiedenen Versen und zu unterschiedlichen Anlässen auf diese Besonderheit hin. Der gemeinsame Nenner und Fokus ihrer Reden ist die Tatsache: *„Mein Lohn wird mir von niemand anderem als Gott zuteil.“*[109] Was uns betrifft, wir erwarten zwar keinen materiellen, jedoch einen ideellen Lohn. Die Propheten hingegen erwarteten noch nicht einmal das; sie wirkten, weil sie all ihr Tun aus dem Blickwinkel

---

108 Siehe Ibn Hischām, *Sīratu'n-Nebewiyye* 2/101; Ṭaberī, *Tārīhu'l-Umem we'l-Mulūk* 1/545. [Auf dem Sterbebett wollte Ebu Talib, der Onkel des Propheten, den Propheten und die Oberhäupter von Mekka versöhnen. Die Oberhäupter unterbreiteten dem Propheten folgendes Angebot: „Wenn es dir um Frauen geht, dann geben wir dir die schönsten Frauen; wenn es dir um die Herrschaft geht, wir machen dich zum Oberhaupt der Quraysch; wenn es dir um Reichtum geht, dann gewähren wir dir auch das. Aber lass bitte von diesem ‚Ein-Gott-Gerede‘ ab.“ Darauf antwortete der Prophet: „Ich will von euch nur ein Wort: dass es keine Gottheit gibt, außer dem einen Gott. Selbst wenn ihr mir den Mond auf die eine und die Sonne auf andere Schulter legtet, würde ich von dieser Sache nicht ablassen.“ (Anm. d Hrsg.)]

109 Siehe Sure At-Tauba, 10:72; Sure Hūd, 11:29; Sure Sabā', 34:47.

der gerechten Gebote Gottes beurteilten. Nehmen wir einmal den unmöglichen Fall an, sie würden im Feuer der Hölle brennen: Die Reinheit ihrer Gedanken würde selbst dann nicht trübe werden und sie würden auch dann nur an ihre Aufgaben denken.

Die Propheten sind Menschen auf dem Zenit spiritueller Reinheit, die auf materiellen und ideellen Reichtum opferbereit verzichten. Das, was sie bei ihrer schweren Aufgabe antreibt, ist weder ihre Sehnsucht nach dem Paradies noch die Angst vor der Hölle – es ist einzig und allein der Wunsch, das Wohlgefallen des Herrn zu erlangen.

Jeder Prophet handelte uneigennützig. Der Inbegriff der Uneigennützigkeit war jedoch der Sultan der Propheten. Sei es der Tag seiner Geburt oder der Tag des Jüngsten Gerichts – seine Gedanken drehen sich stets nur um seine Umma.[110] Sogar wenn sich die Tore des Paradieses angelweit öffnen und er darauf wartet, durch Seine Gegenwart geehrt zu werden, gilt all sein Streben dem Unterfangen, auch seiner Gemeinschaft zum Paradies zu verhelfen, und er zieht diese erdrückendsten Momente des Jüngsten Tages dem Paradies vor – welch Uneigennützigkeit! Bei alledem zeigt sich seine Uneigennützigkeit auch darin, dass ihm nicht nur an seiner Familie und den ihm Nahestehenden etwas liegt, sondern er verlangt nach jedem Einzelnen seiner Umma.

Ja, ihr Geist ist nur einer Sache gegenüber offen: dem Wohlgefallen Gottes. Allem anderen haben sie Tür und Tor verriegelt.

Insbesondere heute müssen diejenigen, die prophetische Aufgaben wie die Verkündigung und die Wegleitung schultern, sehr genau darauf achten, ebenso uneigennützig zu handeln. Die

110 El-Buḫārī, *Tefsīru Sūre* (2) 1, *Tewhid* 36; Muslim, *Īmān* 322, 326, 327.

Wirkung eines Wortes liegt nicht in seiner poetischen Schönheit oder seinem sprachlichen Purismus, sondern in seiner Aufrichtigkeit. Und das basiert auf Uneigennützigkeit.

Der Koran weist darauf wie folgt hin:

„*Folgt denen, die keinen Lohn (für ihre Dienste) verlangen und die selbst rechtgeleitet sind.*“[111]

Ja, wenn sie in die Sphären des rechten Weges emporsteigen, folgt ihnen ergeben, denn sie werden von euch nichts fordern, was zu dieser Welt gehört. Wählt die Menschen, denen ihr folgt, mit Bedacht aus und seid solchen Menschen ergeben, die Tag und Nacht im Wunsch zu dienen brennen – die es vorziehen, den Weg für den Siegeszug der kommenden Generation zu bereiten, statt jene prächtige und grandiose Zeit selbst zu erfassen und zu erreichen. Sie achten darauf, dass sogar ein solch harmloser Wunsch keinen Schatten auf ihr von Uneigennützigkeit geprägtes Herz wirft. Sucht euch genau solche Anführer und Wegleiter und folgt ihnen.

Der Gesandte Gottes war uneigennützig. Er aß noch nicht einmal Gerstenbrot, um seinen Hunger zu stillen. Es gab Tage, Wochen und Monate, in denen der Herd in seinem gesegneten Haus kalt blieb und nicht einmal eine Schale Suppe gekocht wurde.[112]

Ebū Hurayra – möge Gott Gefallen an ihm finden – erinnert sich: „Eines Tages besuchte ich den Gesandten Gottes. Er verrichtete das Hauptgebet im Sitzen. Als er mit Beten fertig war, fragte

---

111 Sure Yā. Sīn, 36:21.

112 El-Buḫārī, *Hibe* 1; *Rikak* 17; Muslim, *Zuhd* 28–36.

ich ihn: ‚O Gesandter Gottes, bist du krank?' Er antwortete: ‚*Nein, es ist der Hunger, Ebū Hurayra.*' Ich fing an zu weinen. Der Kosmos wurde seinetwegen erschaffen – und er, den Gott am meisten liebt, hatte vor lauter Hunger keine Kraft mehr aufzustehen und betete daher im Sitzen. Als er sah, dass ich weinte, tröstete er mich: ‚*Weine nicht, Ebū Hurayra! Wer in dieser Welt hungert, kann sich im Jenseits sicher fühlen vor dem Grimm Gottes.*'"[113]

Eine Frau der Ensar – der Unterstützer Muhammeds in Medina – brachte ihm etwas wie ein Kissen und Āische – möge Gott Gefallen an ihr finden – legte es auf die Matte, auf der der Gesandte Gottes zu ruhen pflegte. Als der Gesandte Gottes dies sah, fragte er, was das sei. Seine Reaktion auf die Antwort:

„*Āische! Bring das bitte sofort zurück. Bei Gott, er würde links und rechts neben mir Berge aus Gold und Silber in Bewegung versetzen, wenn ich es nur wünschte, aber ich möchte es nicht.*"[114]

Hätte er es gewollt, er hätte ein bequemes und sorgenfreies Leben führen können, aber er wollte es nicht. Eines Tages kam ein Engel und überbrachte einen Segensgruß Gottes: „O Gesandter Gottes, ich überbringe dir den Segensgruß Gottes. Er fragt: Möchtest du ein königlicher Prophet sein oder ein dienender?"

Der Engel Gabriel fällt im helfend ins Wort: „O Gesandter Gottes, sei bescheiden vor deinem Herrn!" Der Gesandte Gottes trifft seine Wahl: „*Ich möchte ein dienender Prophet sein, der an einem Tag hungernd zu Gott fleht und Ihn am anderen Tag gesättigt dankt.*"[115]

---

113 Ebū Nu'aym, *Ḥilyetu'l-Ewliyā* 7/109, 8/42–43.

114 Ibn Ebī 'Āsim, *Kitabu'z-Zuhd* 14; Ṭaberānī, *El-Mu'djemu'l-Ewṣaṭ* 6/141; Beyhaqī, *Schu'abu'l-Īmān* 2/173.

115 Ibnu'l-Mubārak, *Zuhd* 264–265; Aḥmed ibn Ḥanbel, *Musned* 2/231; Nesā'ī,

Er saß mit seinen Sklaven und Bediensteten zusammen und aß ein Mahl. Eine Frau, die dies beobachtete, sagte: „Er sitzt da und isst wie ein Knecht." Der Herr des Kosmos antwortete darauf: „*Könnte es einen besseren Knecht als mich geben? Ich bin der Knecht Gottes.*"[116]

Das ganze Leben des Gesandten Gottes ist voll mit Beispielen für seine Uneigennützigkeit. Wir überlassen die Einzelheiten dieser Beispiele den Tausenden von Büchern, die sich mit seinem erhabenen Leben beschäftigen. Alle Propheten, und er im Besonderen, lebten uneigennützig und verlangten als Gegenleistung für ihren Dienst weder etwas im Diesseits noch etwas im Jenseits. Das ist der Grund, weshalb ihre Worte so wirksam und ergreifend waren. Daher sollten auch all jene, die möchten, dass ihre Worte so wirksam wie ein Wundertrank sind, lernen, keine Gegenleistung für ihren Dienst zu erwarten.

3. AUFRICHTIGKEIT

Aufrichtigkeit bedeutet, alles, was man tut, für Gott zu tun, und alles, was man unterlässt zu tun, ebenfalls für Ihn zu unterlassen. Die Propheten sind Persönlichkeiten, die von Anbeginn an diesen Stand der Aufrichtigkeit erreichen. Sicher kann ein Mensch mit Anstrengung in einem gewissen Maße aufrichtig werden; allerdings wird der höchste Stand, den ein Mensch erreichen kann, doch nur dem Grad der Aufrichtigkeit entsprechen, den die Propheten bereits ganz am Anfang einnahmen. Sie verkörpern förmlich die Aufrichtigkeit und werden von Gott in diesen Stand der Aufrichtigkeit erhoben. Der Koran weist wie folgt auf Propheten hin, die diese Besonderheit verkörpern:

Sunenu'l-Kubrā 4/171; Ṭaberānī, *El-Mu'djemu'l-Kebīr* 10/288, 12/348; Beyhaqī, *Sunenu'l-Kubrā* 7/48–49; *Schu'abu'l-Īmān* 1/177, 2/167, 5/107; Heyṯemī, *Medjme'uz-Zewā'id* 9/19–20.

116 Ṭaberānī, *El-Mu'djemu'l-Kebīr* 8/200.

„Und bringe in dem Buch Moses in Erinnerung. Er war ein Auserwählter, von vollkommener Aufrichtigkeit und im Umsetzen der Religion, und er war ein Gesandter, ein Prophet.“[117]

Und mit Bezug auf Josef: *„[…] Er war einer Unserer vollkommenen aufrichtigen Diener mit reinen Absichten.“*[118]

Und der Umma ruft der Koran mit Bezug auf den Gesandten Gottes zu: *„Wir haben dir das Buch mit der Wahrheit herabgesandt, darum bete Gott an, aufrichtig in deinem Glauben an Ihn, und praktiziere die Religion einzig und allein um seinetwillen.“*[119]

Seinen geliebten Propheten lässt Gott Folgendes sagen:

„Sprich: Ich bete Gott an, aufrichtig in meinem Glauben an Ihn und darin, die Religion ausschließlich um Seinetwillen zu praktizieren.“[120]

Der Grund der Dienerschaft ist das Gebot Gottes; das Ergebnis ist das Wohlgefallen Gottes des Wahren; die Frucht und der Ertrag werden die Segensgaben Gottes am Jüngsten Tag sein. Die Dienerschaft umfasst ein ganzes Leben und offenbart sich im Bewusstsein und der Vernunft, die im Lebenswandel der Gläubigen zu verspüren sind.

Ein großer Denker unserer Zeit definierte die Aufrichtigkeit wie folgt und zeigte damit, wie wichtig sie ist: „Wirkt für Gott, beginnt für Gott, arbeitet für Gott und handelt im Rahmen Seines Wohlgefallens.“[121]

---

117 Sure Maryam, 19:51.
118 Sure Yūsuf, 12:24.
119 Sure Az-Zumar, 39:2.
120 Sure Az-Zumar, 39:14.
121 Bediuzzaman Said Nursi, *Sözler,* 1. Söz.

Aufrichtigkeit bezeichnet einen Menschen, der geradeheraus und rechtschaffen ist. Im Leben eines aufrichtigen Menschen gibt es keinen Zickzackkurs. Sein spiritueller Kurs führt ihn stets kerngerade nach oben. Das ist der Grund, weshalb sie die Bescheidenheit, die sie zu Beginn an den Tag legten, auch auf ihrem Höhepunkt bewahren konnten. Leider sind derer nur sehr wenige!

In der Menschheitsgeschichte gab es nur eine Persönlichkeit, die diesen Zenit erreichte, und das war der Gesandte Gottes. Es besteht nicht der geringste Unterschied zwischen seinem Auftreten zu Beginn, als er seine Sache zu verbreiten begann, und dem Tag, als er in Mekka einzog – die gleiche Bescheidenheit und Demut.

Er nahm Mekka in Frieden ein. Auch wenn ein paar Ereignisse vorgefallen sind, darf man das nicht verallgemeinern. Das Haupt der zwei Welten zog in Mekka, der Stadt, aus der er Jahre zuvor vertrieben wurde, nicht im Habitus eines Eroberers ein. An jenem Tag ritt er auf einem Reittier und neigte sein gesegnetes Haupt derart, dass er fast den Sattelbaum berührte.[122]

Auch als er in Medina lebte, änderte sich seine Haltung nicht. Die Gefährten erhoben sich stets, wenn er den Raum betrat, das gehörte sich natürlich so – sogar die Körper Verstorbener sollten sich in ihren Gräbern erheben und ihm Ehrerbietung zollen. Es würde ihm nur allzu gebühren. Allerdings war es ihm äußerst unangenehm, wenn die Gefährten sich erhoben, und er rügte sie jedes Mal:

„Erhebt euch nicht wie die Perser vor ihren Oberhäuptern (Älteren)!“[123]

---

122 Siehe Ibn Hischām, *Sīratu'n-Nebewiyye* 5/63; Ebū Ya'lā, *Musned* 6/120.

123 Ebū Dāwūd, *Edeb* 152; Ibn Mādje, *Dua* 2; Aḥmed ibn Ḥanbel, *Musned* 5/253.

Ja, so wie er seinen heiligen Auftrag begann, so schloss er ihn auch ab. Sein Leben verlief gleichsam in musikalischer Harmonie: In der Tonart, in der er eine Arbeit begann, beendete er sie auch und das bedarf außergewöhnlicher Fähigkeiten. Man kann sogar sagen, er begann diese göttliche Musik ganz leise, um dann in einem fulminanten Crescendo zu enden, das Himmel und Erde in Taumel versetzte.

Sein ganzes Leben über war die Religion Gottes Sache; er konzentrierte sich darauf, Ihm zu dienen. Sein Herz floss über ob seiner Gotteserkenntnis, seine Gefühle waren überbordend ob der spirituellen Genüsse, die ihm zuteilwurden. Das göttliche Recht regte ihn an, er setze die Segel, um den Wind der Wahrheit einzufangen und mit übergroßem Verlangen sehnte er sich nach Gott, den er unaufhörlich anrief. Er war ein aufrichtiger Mensch.

Sein Bewusstsein der göttlichen Gabe stellte eine weitere Dimension dar. Denn innerhalb seiner Beschreibung der göttlichen Gaben war es eine Dienerschaft, als ob man Gott sehen würde.[124] Man könnte es so veranschaulichen: Während andere gen Mekka beten, betete er in der Kaaba.

4. SCHÖNE ERMAHNUNG *(el-mev'iẓa-ḥasene)*

Es ging den Propheten nicht um Dialektik, wenn sie ihre Sache vertraten. Sie näherten sich den Menschen mit schöner Ermahnung und Weisheit. Im Koran wird dem Gesandten Gottes gesagt:

„Rufe auf zum Weg deines Herrn mit Weisheit und schöner Ermahnung, und diskutiere mit ihnen auf die bestmögliche Weise.“[125]

124 El-Buḫārī, *Īmān* 37; Muslim, *Īmān* 5, 7.

125 Sure An-Nahl, 16:125.

Mit anderen Worten: Erzähle ihnen von der Weisheit der materiellen Schöpfung und ihren Geheimnissen in aller Milde und auf überzeugende Weise! Verletze nicht ihre Gefühle, sondern sättige ihr Herz und ihren Verstand!

Die Propheten legten überhaupt keinen Wert auf Demagogie, Dialektik oder einen philosophischen Stil. Wenn man von ein paar törichten demagogischen Ausnahmen absieht, hat man in diesem Stil niemals wirkliche Verständigung erzielen können. Auch Gott wollte sie mit solch nichtigen Dingen nicht von ihrer eigentlichen Aufgabe ablenken: mit Weisheit und schöner Ermahnung Angelegenheiten, die die Religion betreffen, zu verbreiten.

Der Mensch besteht nicht nur aus Verstand und Vernunft; er hat auch ein Herz, eine Seele, Geheimnisse, Verborgenes und Verhülltes – auch diese Bedürfnisse wollen gestillt und befriedigt werden. Genau darin bestand die Aufgabe der Propheten, sie gingen auf die Menschen in der Gesamtheit ihrer Facetten ein und überzeugten und befriedigten beim Überbringen ihrer Botschaft all diese Sinne. Das Ergebnis einer Verkündigung unter Berücksichtigung aller Besonderheiten des Menschen: alle Bedenken der Zuhörer werden zerstreut und sie werden zur Einheit des Glaubens geführt – dem Sinn und Zweck der menschlichen Existenz.

Bei denen, die in der Kette der prophetischen Unterweisung ihre Ausbildung genossen, tritt eine weitere Gewissheit zutage: In ihrer Gegenwart öffnen sich nicht nur die Augen, die dem Diesseits zugewandt sind, sondern auch die Augenlider des Herzens und sie nehmen Dinge war, die andere nicht sehen und erkennen, die für sie jedoch ganz offenkundig sind. Sie können nur milde darüber lächeln, wenn sie andere sehen, denen in dieser Welt das Wasser ihrer Bedenken und Zweifel bis zum Halse steht.

Auf ihre Wabe der Gotteserkenntnis, die sich in ihrem Herzen gebildet hat, setzt sich keine Fliege des Zweifels!

Gott vermehrt ihre Erkenntnis, macht aus Einem Tausend und lehrt sie Dinge, die sie noch nicht wussten.[126] Die himmlischen Winde der Inspiration machen ihre Herzen ebenfalls förmlich zu Himmeln. Wenn sie das, was sie wissen, genau umsetzen und anwenden, werden sie den Brief des „Schönen Wortes“ *(kelime-i tayyibe)* finden, der zum Himmel emporsteigt und werden selbst Stufe für Stufe erhöht.[127]

Aus ihnen werden sogar solche hervorkommen, die wie der ehrwürdige Ali – möge Gott Gefallen an ihm finden – die Tür der Geheimnisse einen Spalt weit aufstoßen und sagen: „Selbst wenn sich der Vorhang des Unsichtbaren öffnete, meine Gewissheit könnte nicht tiefer sein.“[128] Mit anderen Worten: „In Anbetracht dessen, woran ich im Augenblick glaube, scheint es mir unwahrscheinlich, dass sich mein Horizont der Gotteserkenntnis erweitern würde, wenn der Vorhang des Unsichtbaren sich lüftete und ich alles, was ich einst erblicken sollte, sehen würde. Denn ich bin mir sicher, dass ich bereits auf dem Zenit des Glaubens an das Unsichtbare bin.“

Diese Aussage, wenn sie von Menschen wie dem ehrwürdigen Ali – möge Gott Gefallen an ihm finden – getroffen wird, ist eine Aussage, die auf der Stufe „Vermeldung der Gunst Gottes“ *(tahdīth ni'ma)* steht. Der Gesandte Gottes rief ihn als Vater aller Gottesfreunde *(welī)* aus, die nach dem Willen Gottes bis

---

126 Die Aussage: „*Wer das tut, was er weiß, dem wird Gott in seiner Gunst Erkenntnisse eröffnen, die ihm unbekannt waren*“, weist auf ein Hadith hin (Ebū Nu'aym, *Ḥilyetu'l-Ewliyā* 10/15).

127 „*Zu Ihm steigt nur das lautere Wort empor, und die gute, aufrichtige Tat hebt es hinauf*“ (Sure Al-Fātir, 35:10).

128 Ebū Nu'aym, *Ḥilyetu'l-Ewliyā* 10/203; 'Aliyyul-Qārī', *Esrāru'l-Marfū'a* 193.

zum Jüngsten Tag auftreten würden. Er verheiratete ihn mit der Schönsten aller Frauen, mit der zartesten, anmutigsten, wohlgestaltetsten Frau, die gar die Huris des Paradieses in den Schatten stellt, mit der Blume im Garten der Gesandtschaft,[129] der ehrwürdige Fatima, und schloss ihn so in die Zelle der Glückseligkeit ein. Aus dieser gesegneten Ehe kamen ein Schöner (Hassan) und ein Schönchen (Huseyn) hervor. Alle Gottesfreunde und herausragenden Persönlichkeiten aus ihren Reihen sprudelten aus dieser Quelle hervor.

So war der ehrwürdige Ali und ebenso auch jedes einzelne Glied der goldenen Kette, die mit ihm begann, ein heldenhafter Repräsentant dieses Bewusstseins.

Ja, dieses Bewusstsein entwickelt sich in denjenigen, die als Folge ihres Glaubens und des Islams das Geheimnis der göttlichen Gaben erfahren. Ihnen wird die Ehre zuteil, noch auf Erden wie folgt angesprochen zu werden: „*Wir haben dir deinen Schleier hinweggezogen, sodass dein Blick heute scharf ist.*“[130] In der westlichen Welt sagt man dazu Intuition – ein Zustand, in dem der Mensch in seinem Innern beginnt, seine Existenz wahrzunehmen. In diesem Moment verstummt die Außenwelt und das Stimmengewirr der inneren Wahrnehmung umhüllt das Ich und erweitert die Wahrnehmung, denn der Sultan der Gotteserkenntnis sitzt nun auf dem Thron des Herzens. Welchen Sinn macht es, ihn irgendwo draußen zu suchen?

Der Prophet, der seine Jünger auf den Stand dieser Gefühle und Gedanken erhöht, gründet seine Methoden im umfassends-

---

129 Ein Hinweis darauf, dass Fatima, anders als die anderen Töchter des Propheten, nach seiner Berufung zum Propheten geboren wurde. Also ist die Blume Fatima im Garten der Gesandtschaft des Propheten aufgeblüht (Anm. d. Hrsg.).

130 Sure Qaf, 50:22.

ten Sinn auf die schöne Ermahnung *(el-mev'iẓa-ḥasene)* und baut sein Gebäude der Rechtleitung darauf auf.

Dieser Vers drückt auf äußerst prägnante Weise in wunderbarem Stil das aus, was wir in diesem Abschnitt auszusagen gedachten: „*So wie Wir zu euch einen Gesandten aus eurer Mitte geschickt haben, der euch Unsere Offenbarungen vorträgt und euch läutert und euch das Buch und die Weisheit lehrt und euch lehrt, was ihr nicht wusstet.*“[131]

Es ist unnötig, das Thema noch weiter auszudehnen, haben wir doch hierzu eine Reihe von Beispielen angeführt, die die Methoden und die Sensibilität des Hauptes der zwei Welten bei unterschiedlichen Anlässen dokumentieren. Wir können die Thematik wie folgt zusammenfassen:

Er sprach seine Zuhörer stets unter Berücksichtigung ihrer Situation und Stellung an, befriedigte ihren Verstand, ihr Herz und ihr Gewissen in einer Art und Weise, die der Weisheit entsprach – weder zu viel noch zu wenig. Die Menschen, die ihm zuhörten, gingen gemeinhin im Glauben und in ihrer Überzeugung gestärkt von dannen. Es gab aber einige, die zwar einsahen, dass er die Wahrheit sagte, jedoch hinderte sie ihr Stolz und ihr Hochmut daran, zu glauben. Welīd bin Mughīra und 'Utbe bin Rabī'a gehörten zu ihnen. Wieder andere gingen der Menschenfurcht in die Falle und blieben bei der Verleugnung – ein typischer Makel bei Menschen, die rein aufs Nehmen ausgerichtet sind. Dann gab es auch Menschen wie den Dichter A'schā, der zwar alles akzeptierte, aber seine alten Gewohnheiten nicht abzulegen vermochte und noch Zeit brauchte. Starben diese, noch bevor sie den rechten Weg erlangten, kann dies damit erklärt werden, dass die sie

131 Sure El-Baqara 2:151.

betreffende göttliche Fügung und das Schicksal bereits eingetroffen waren. Bei alledem kann dem Gesandten Gottes unter keinen Umständen Nachlässigkeit oder ein Versäumnis zugeschrieben werden.

5. AUFRUF ZUR EINHEIT GOTTES

Im Koran heißt es dazu mit Bezug auf die Aussagen vieler Propheten: „*O mein Volk! Betet nur Gott allein an; ihr habt keine andere Gottheit als Ihn.*“[132]

Die Botschaft eines jeden Propheten begann mit dieser erhabenen Wahrheit und setzt damit auch den Schlusspunkt.

Die Tatsache, dass diese herausragenden Persönlichkeiten übereinstimmend diese Wahrheit verkündeten, obgleich sie zu unterschiedlichen Zeiten und an verschiedenen Orten ihren Auftrag erfüllten, belegt zweifelsfrei, dass sie nicht ihre eigenen Ansichten verkündeten, sondern die Botschaft, die sie von ihrem Herrn erhielten. Schließlich ist es unmöglich anzunehmen, dass Menschen mit unterschiedlichen Fähigkeiten und Begabungen, die zudem noch an verschiedenen Orten und zu unterschiedlichen Zeiten lebten, geeint das gleiche Thema verfolgen. Ein jeder von uns ist schon Zeuge einer Menge Differenzen und Unstimmigkeiten geworden, die bei philosophischen Strömungen derselben Schule schon bei unbedeutenden und einfachen Themen zu beobachten sind – sogar bei Philosophen, die derselben Epoche angehören.

Diese Differenzen menschlicher Gedanken und Meinungen im Gegensatz zur Einigkeit in den religiösen Systemen, die geach-

132 Sure Al-A‘rāf, 7:59, 65, 73, 85; Sure Hūd, 11:50, 61, 84; Sure Al-Mu’minūn, 23:23, 32.

tete Persönlichkeiten durch göttliche Offenbarung übermittelten, zeigen, dass die Ersteren ihren Ursprung in menschlichen Wünschen und Neigungen haben, während Letztere den Weg zu Gott weisen. Dazu gehört nun auch der Umstand, dass sie mit einer Stimme die Wahrheit der Gotteseinheit vertreten. Aus diesem Grund verfügte der Gesandte Gottes:

„Das tugendhafteste Wort, das alle Propheten vor mir und ich sagten, ist dieses: ‚Lā ilāhe illāllahu wahdehū lā scherike leh (Keine Gottheit außer Gott, dem Einen, der keinen Teilhaber hat).'"[133]

133 Muwaṭṭa', *Qur'ān* 32, *Hadj* 246; 'Abdurrazzāq, *Muṣannef* 4/378. Siehe auch Tirmiḏī, *Da'awāt* 122.

Kapitel 3

DIE ATTRIBUTE DER PROPHETEN

1. *SIDQ* WAHRHAFTIGKEIT

Wahrhaftigkeit ist die Achse, um die sich bei den Propheten alles dreht. Alles, was aus dem Mund der Propheten hervorgeht, ist von Natur aus wahr und bestätigt, denn sie würden niemals Dinge äußern, die nicht der Wahrheit entsprechen. Der Koran weist auf die Größe einiger Propheten hin, indem er diese Eigenschaft betont: „*Und bringe im Buch Abraham in Erinnerung. Er war gewiss ein aufrichtiger Mann voll Wahrhaftigkeit, ein Prophet.*"[134]

Mit anderen Worten: Gedenke dieses großen Propheten – Friede sie mit ihm – in der Wohlverwahrten Tafel *(lewh mahfūz)* oder im Koran, in dem ihre unveränderliche Wahrheit zur Niederschrift kam. Gedenke seiner als eines Propheten, der in seinem ganzen Wesen, in Wort und Tat und Gedanken ein gänzlich Wahrhaftiger war.

„*Auch erinnere in dem Buch an Ismael. Er hielt sich stets getreulich an sein Versprechen, und er war ein Gesandter, ein Prophet.*"[135]

„*Und erinnere in dem Buch an Idris. Er war gewiss ein aufrichtiger Mann voll Wahrhaftigkeit, ein Prophet. Und Wir erhoben ihn in einen hohen Rang.*"[136]

---

134 Sure Maryam, 19:41.

135 Sure Maryam, 19:54.

136 Sure Maryam, 19:56–57.

Der Koran gibt die Worte eines Mitgefangenen des ehrwürdigen Josefs wieder und weist erneut auf die gleiche Eigenschaft hin: *„Josef, o du Wahrhaftiger!“*[137]

Es ist ganz natürlich, dass sie mit Wahrhaftigkeit ausgestattet wurden, erwartet Gott doch schon von gewöhnlichen Menschen, dass sie wahrhaftig sind. Auch der Koran lobt die Wahrhaftigen:

„O ihr, die ihr glaubt! Hütet euch vor Ungehorsam gegen Gott in Ehrfurcht vor Ihm und in Frömmigkeit, und haltet mit den Wahrhaftigen zusammen.“[138]

„Nur diejenigen sind Gläubige, die wirklich an Gott geglaubt haben und an Seinen Gesandten und seitdem niemals mehr angezweifelt haben und die sich mit aller Kraft mit ihrem Vermögen und ihrem Leben für Gottes Sache einsetzen – das sind diejenigen, die wahrhaft und ehrlich sind.“[139]

A. Die Wahrhaftigen sind des Lobes würdig

Der Koran lobt die Wahrhaftigen, die zu ihrem Wort stehen:

„Unter den Gläubigen gibt es Männer, die sich getreulich an ihren Vertrag mit Gott gehalten haben: Unter ihnen sind jene, die ihr Gelübde erfüllt haben, und jene, die noch auf dessen Einlösung warten. Sie haben sich nicht im Geringsten geändert.“[140]

Auf diesen letzten Vers möchte ich ein wenig eingehen:

Enes bin Mālik war ein Bediensteter des Gesandten Gottes. Als der Prophet Medina die Ehre gab, nahm seine Mutter den da-

137 Sure Yūsuf, 12:46.

138 Sure At-Tauba, 9:119.

139 Sure Al-Hudschurāt, 49:15.

140 Sure Al-Ahzāb, 33:23.

mals acht oder zehn Jahre alten Enes an die Hand und führte ihn zum Gesandten Gottes. Sie ließ Enes mit den Worten „O Gesandter Gottes! Möge mein Sohn dir zeit seines Lebens zu Diensten stehen" zurück.[141] Ebendieser Enes bin Mālik sagt: *„Die in diesem Vers erwähnte Person ist mein Onkel Enes bin Nadr und ist ein Vorbild.*"[142]

Als Enes bin Nadr den Gesandten Gottes in Aqabe sah, war er so fasziniert von ihm, dass er sich ihm anschloss und ihn verehrte. Er nahm allerdings, aus welchen Gründen auch immer, an der Schlacht von Bedr nicht teil, obwohl sie etwas Besonderes war. So wie die Gefährten, die an der Schlacht von Bedr teilnahmen, eine besondere Stellung einnahmen, so waren auch die Engel, die sich daran beteiligten, unter den himmlischen Geschöpfen besonders auserwählt. Der Engel Gabriel drückt dies so aus; er selbst war in Bedr dabei und befehligte die Engel.[143] Wie auch immer, Enes bin Nadr verpasste diese Gelegenheit, sein Herz brannte vor Schmerz und sein Auge fand keinen Schlaf. Er kam zum Gesandten Gottes, um ihm sein Leid zu klagen: „O Gesandter Gottes, sollte es noch einmal zu einem Zusammentreffen mit ihnen kommen, dann werden die Gottesleugner von mir einiges erleben." Dieses innige Gebet des Enes wurde erhört, und es kam am Berg Uhud erneut zum Zusammenstoß mit den Gottesleugnern.

Uhud – bei der Erwähnung dieses Namens erschaudert man. Siebzig Gefährten ließen in dieser Schlacht ihr Leben und wurden zu Märtyrern. Wer weiß, vielleicht wollte der Gesandte Gottes mit Bezug auf diese schmerzlichen Erinnerungen dem Uhud

141 Ebū Ya'lā, *Musned* 6/306; Ṭaberānī, *El-Mu'djemu'ṣ-Ṣaghīr* 2/101.

142 Muslim, *Imāre* 148; Tirmiḏī, *Tefsīr* (33) 2–3.

143 El-Buḫārī, *Megāzi* 11; Ibn Mādje, *Muqaddime* 11.

vorbeugend etwas Positives zuschreiben, als er eines Tages am Uhud vorbeizog und sagte: *„Der Uhud ist ein Berg, der uns liebt und wir lieben ihn auch.“*[144]

Der Uhud ist ein steiler und rauer Berg; die Schlacht von Uhud verlief noch rauer als der Berg. Wie auch immer, die Gefährten waren vorübergehend nicht so auf ihrem Posten, wie es vorgesehen war, sie verließen sogar ihre Stellung und damit die vom Gesandten Gottes angezeigte Wehr. Ja, es ging nur darum, eine Strategie und ein Bollwerk zu suchen. Dies als Niederlage zu bezeichnen, wäre daher nicht angemessen. Das würde auch nicht unserem Verständnis von Respekt vor den Gefährten entsprechen.[145]

Auch der Gesandte Gottes verletzte sich bei dieser Schlacht, ein Zahn wurde ihm ausgeschlagen, sein Helm drang in sein Gesicht ein und er blutete am ganzen Körper. Trotzdem betete dieser Prophet der Vergebung und der Barmherzigkeit unaufhörlich und flehte: *„Mein Gott! Vergib meinem Volk; denn sie wissen nicht.“*[146]

Enes bin Nadr lief hin und her und bemühte sich, sein ein Jahr zuvor dem Gesandten Gottes gegebenes Wort zu halten. Er war bemüht, aber er kam am Ende, wie viele andere auch, nicht vom Fleck. Sein Körper war durchlöchert und er war kurz davor, sein Leben auszuhauchen. Ein letztes Lächeln auf den Lippen

---

144 El-Buḫārī, *Zekāt* 54; Muslim, *Hadj* 503–504.

145 Hier ist anzumerken, dass die entscheidenden drei Kriege im Leben des Propheten – Bedr, Uhud und Handaq – in der Nähe von Medina stattfanden. Diese und weitere Tatsachen deuten darauf hin, dass die kriegerischen Auseinandersetzungen Verteidigungsakte der gläubigen Muslime waren, die sich vor den unaufhörlichen Angriffen der Mekkaner schützen wollten. Die Gefährten verteidigten ihre Glaubens- und Religionsfreiheit durch das Schwert. Denn die Polytheisten erkannten – wenn es sich um die Muslime handelte – weder Grundrechte und Freiheiten noch Blutsbande an (Anm. d. Hrsg.).

146 El-Buḫārī, *Enbiyā'* 54; Muslim, *Djihad* 105; Qurṭubī, *Djāmi' li Aḥkāmi 'l-Qur'ān* 4/199.

sprach er zu Sa'd bin Mu'āz seine letzten Worte: „Übermittle dem Gesandten Gottes meine Grüße. Ich schwöre, ich vernehme hinter dem Uhud den Duft des Paradieses."[147]

An jenem Tag waren viele Gefährten bis zur Unkenntlichkeit verstümmelt worden: Hamza, Mus'ab bin Umayr, 'Abdullah bin Djahsch. Auch Enes bin Nadr erging es nicht anders. Seine Schwester kam und erkannte ihn an seiner Hand, die das Schwert trug – es war wohl die einzige unverwundete Stelle. Sie sagte mit tränenerstickter Stimme: „O Gesandter Gottes, das ist Enes bin Nadr."[148]

Genau diesen Helden beschreibt der oben angeführte Vers des Korans. Enes bin Nadr sagte: „Ich werde kämpfen bis ich sterbe." Er hielt sein Wort, sogar der Tod konnte ihn nicht davon abhalten.

Der Koran bezieht sich in seinem Vers auf ihn, um ihn uns als Vorbild vor Augen zu führen. Wenn man einmal *„Lā ilāhe illallah"* gesagt hat, muss jeder Einzelne genauso entschlossen der Bedeutung dieser Aussage treu bleiben, damit die Religionsfreiheit nicht zugrunde geht, der Glaube keine Fata Morgana und die Traditionen des Islams nicht geringgeschätzt werden.

Enes bin Nadr und alle, die die gleiche Gesinnung hatten wie er, standen zu ihrem Wort und bezeugten so, dass sie äußerst wahrhaftig waren. Sie lernten ihre Lektion vom Herrn des Kosmos, Muhammed dem Vertrauenswürdigen. So wahrhaftig und vertrauenswürdig wie er waren auch seine Freunde.

B. Die *Djāhilīye* kannte ihn als vertrauenswürdige Person

147 El-Buḫārī, *Megāzī* 17; Muslim, *Imāre* 148.

148 El-Buḫārī, *Megāzī* 17; Muslim, *Imāre* 148.

Die Mekkaner sprachen ihn nicht mit seinem bloßen Namen an, sondern fügten ihm noch eine Eigenschaft bei, für die er bekannt war: der Vertrauenswürdige *(el-Emīn)*. Wir können uns glücklich schätzen, morgens wie abends bei unseren täglichen *Wird*-Bittgebeten seiner mit den schönen Worten *„Lā ilāhe illallah al-maliku'l-haqqu'l-mubīn. Muhammedur Rasūlullah as-sadiqu'l-wa'di'l-Emīn"* zu gedenken.

Die Kaaba wurde ausgebessert, und es wurde viel Aufhebens um den Schwarzen Stein gemacht, wir nennen ihn *Hadjaru'l-Es'ad* – Seliger Stein[149]–, der wieder an seine ursprüngliche Stelle gesetzt wurde. Die Stämme fingen schon an, die Schwerter zu zücken, und jeder wollte die Ehre für sich in Anspruch nehmen. Schließlich wurde Folgendes entschieden: Man würde den Schiedsspruch desjenigen akzeptieren, der zuerst die Kaaba betritt. Jeder wartete nun gespannt darauf, wer dies sein würde. Natürlich wusste der Gesandte Gottes von alledem nichts. Als die Anwesenden sein rosengleiches Angesicht sahen, das Freund wie Feind Vertrauen einflößt, waren sie vor Freude ganz außer sich und riefen: „Der Vertrauenswürdige *(El-Emīn)* kommt." Seinem Schiedsspruch würden sie ohne Wenn und Aber zustimmen.[150]

Ihm vertrauten sie uneingeschränkt. Der Gesandte Gottes war zu diesem Zeitpunkt noch nicht als Prophet berufen worden und dennoch war er ein Mensch, der das Vertrauen aller genoss und alle Eigenschaften eines Propheten aufwies.

Das ist wahre Tugend – selbst die Gegner lenken ein und bestätigen seine Vertrauenswürdigkeit. Seinerzeit war wohl Ebū

149 Aus Respekt vor dem Schwarzen Stein nennt der Lehrmeister ihn nicht „schwarz", sondern „selig" (Anm. d. Hrsg.).

150 Aḥmed ibn Ḥanbel, *Musned* 3/425; Ḥakīm, *Mustedrak* 1/628; Ibn Hischām, *Sīratu'n-Nebewiyye* 1/209.

Sufyan der erbittertste Widersacher Muhammeds – möge Friede mit ihm sein – und selbst er bestätigte dessen Wahrhaftigkeit:

Der Gesandte Gottes sandte den benachbarten Herrschern Briefe. Einen dieser Briefe sandte er Herakleios, dem byzantinischen Kaiser, der den Brief aufmerksam durchlas. Er rief Ebū Sufyan zu sich, der sich zu jener Zeit in Jerusalem[151] aufhielt und es kam zu folgendem Dialog zwischen ihnen:

„Wer schließt sich ihm an: die Reichen oder die Armen?"

„Die Armen."

„Gab es solche, die ihm den Rücken kehrten?"

„Bis jetzt noch nicht."

„Werden sie mehr oder weniger?"

„Jeden Tag nimmt ihre Zahl etwas zu."

„Hat man je gehört, dass er die Unwahrheit sagte?"

„Nein, niemand von uns hat ihn je lügen gehört."

Herakleios war tief beeindruckt von dem Brief und den Antworten, die ihm Ebū Sufyan gab, obwohl dieser einer der erbittertsten Gegner der Muslime war. Herakleios sagte:

„Es ist undenkbar, dass ein Mensch, der seinen Mitmenschen gegenüber so lange stets die Wahrheit sagt, gegenüber Gott lügen könnte."[152]

Diese Begebenheit, auf die wir nur kurz im Zusammenhang mit unserem Thema hinweisen wollten, beinhaltet zwei Belege

---

151 Dieses Ereignis soll sich in Jerusalem zugetragen haben, wo Herakleios sich in die Auferstehungskirche zurückgezogen hatte. Er hatte ein Gelübde abgelegt, dies bei einem Sieg gegen die Perser zu tun. Zwischen Muslimen und Mekkanern galt das Friedensabkommen von Hudeybiye (628–630) (Anm. d. Hrsg.).

152 El-Buḫārī, *Bed'u'l-Waḥy* 6; Muslim, *Djihad* 74.

für die Wahrhaftigkeit des Gesandten Gottes. Erstens war es der byzantinische Kaiser Herakleios, der die oben erwähnten Worte sprach. Zweitens waren es die Antworten Ebū Sufyans, eines Mannes, der zu jenem Zeitpunkt den Islam noch nicht angenommen hatte, die die Wahrhaftigkeit des Gesandten Gottes bestätigen und anerkennen. Leider konnte Herakleios seine Liebe zu Amt und Stellung nicht überwinden und verpasste die Gelegenheit, wahren und ewigen Besitz zu erwerben, der ihm förmlich bis vor die Füße getragen wurde: Muslim zu werden und zu den glücklichen Gläubigen zu gehören. Trotzdem nahm er das Schreiben des Gesandten Gottes mit Respekt entgegen – eine besonnene Geste des Kaisers und für uns ein freudiges Bekenntnis der Wahrhaftigkeit und Treue des Gesandten Gottes.

Eigentlich haben die Worte des Herakleios eine weit tiefere Bedeutung. In der Tat ist es undenkbar, dass ein Mensch, der die vierzig Jahre seines Lebens keinen gewöhnlichen Menschen belog und nicht einmal im Spaß die Unwahrheit sagte, am Ende seines Lebens gegenüber Gott lüge.

Yāsir war noch kein Muslim geworden. Er fragte seinen Sohn Ammār, wo er hingehe. Ammār entgegnete ihm, dass er zu Muhammed – Friede sei mit ihm – gehe. Diese Antwort genügte Yāsir: „Er ist ein vertrauenswürdiger Mensch. Die Mekkaner kennen ihn so. Wenn er sagt, er sei ein Prophet, dann ist dem so, denn niemand hat je gehört, dass er die Unwahrheit gesagt hätte.“

Diese Worte der Anerkennung kamen nicht nur von einigen wenigen Personen. Im Zeitalter des Lichts und in den ihm vorausgehenden Jahren haben fast alle, die ihn kannten, übereinstimmend seine Wahrhaftigkeit bestätigt.

C. Er hat stets zur Wahrhaftigkeit geraten

Er selbst lebte stets wahrhaftig und er regte auch seine Umma dazu an. Einige dieser Ratschläge möchte ich hier zu unser aller Nutzen zitieren:

„Gelobt ihr, euch an diese sechs Dinge zu halten, dann verspreche ich euch das Paradies:

– Sprecht stets die Wahrheit!

– Haltet eure Versprechungen!

– Behandelt das euch Anvertraute vertrauenswürdig!

– Schützt das, was zwischen den Beinen liegt! (Verhaltet euch züchtig!)

– Verbergt eure Blicke vor Verbotenem!

– Haltet eure Hände von Verbotenem fern!"[153]

Sein Leben verlief so gerade wie ein Pfeil. Er regte andere dazu an, ebenso wahrhaftig zu leben, und erfüllte in seiner ihm eigenen Wahrhaftigkeit die religiösen Vorschriften in größtmöglichem Maße. Alles, was darüber hinausginge, wäre Gottes eigene, höchstpersönliche Wahrhaftigkeit. Mit anderen Worten: Der Gesandte Gottes erreichte auch in seiner Wahrhaftigkeit einen Horizont, der „nur zwei Bogenlängen, oder sogar noch näher, entfernt" war.[154] In einer Hinsicht bewegte er sich im Rahmen des Möglichen, anderseits ging er über das Mögliche hinaus. In Verbindung mit der Himmelfahrt des Propheten *(mi'radj)* sagte der Qadi 'Iyād, Muhammed sei an einen Punkt gekommen, an dem er sich frage, wohin er treten solle. Man sagte ihm: „Setze

153 Aḥmed ibn Ḥanbel, *Musned* 5/323; Ṭaberānī, *El-Mu'djemu'l-Kebīr* 8/262; *El-Mu'djemu'l-Ewsaṭ* 3/77; Beyhaqī, *Sunen* 6/288.

154 Sure En-Nedjm, 53:9.

einen Fuß vor den anderen." Natürlich war er in jeder Hinsicht ein Mensch, jedoch hatte ihn die Wahrhaftigkeit in einen solchen Stand erhoben. Er regt uns ebenfalls dazu an und sagt: *„Gebt euer Wort, immer die Wahrheit zu sprechen, verunreinigt eurer Leben nicht mit der Lüge, und ich verspreche euch das Paradies."*

In einem anderen Hadith verfügt er: *„Lass von Dingen ab, die Zweifel in dir erwecken, und wende dich von ihnen ab (lebe in einem Klima, das frei von Zweifeln ist). Die Wahrhaftigkeit bringt in einem Menschen Vertrauen und Gelassenheit hervor. Lüge dagegen ist Verdrehung und Trübung."*[155]

Des Weiteren verfügt er: *„Sucht stets nach der Wahrhaftigkeit! Auch wenn ihr in der Wahrhaftigkeit euren Untergang erblickt, so wird in ihr gewiss auch eure Rettung liegen."*[156]

In einem weiteren Hadith gibt er folgende Weisung:

„Wendet euch nicht von der Wahrhaftigkeit ab. Sie wird euch zum Guten und zum Segen gereichen, was euch ins Paradies einziehen lässt. Ist ein Mensch wahrhaftig und strebt er stets nach Wahrhaftigkeit, wird er bei Gott zu den Wahrhaftigen gezählt.

Hütet euch vor der Lüge. Die Lüge verführt euch zur Sünde, welche euch in die Hölle führt. Lügt ein Mensch unentwegt und sucht nach der Lüge, so wird er bei Gott zu den Lügnern[157] *gezählt."*[158]

Rettung und Befreiung liegen in der Wahrhaftigkeit. Wenn

---

155 Tirmiḏī, *Qiyāma* 60; Nesāʾī, *Eschribe* 50; Dārimī, *Buyūʿ* 2.

156 Ibn Ebi'd-Dunyā, *Ṣamt* 227; *Mekārimu'l-Ahlāq* 51; Hennād, *Zuhd* 2/635.

157 Lügner *(mukedhdhibun)* bedeutet in diesem Kontext „Menschen, die die Gottesexistenz für Lüge halten" (Anm. d. Hrsg.).

158 El-Buḫārī, *Libās* 69, *Edeb* 69; Muslim, *Birr* 103–105.

ein Mensch in Wahrhaftigkeit stirbt, stirbt er ein einziges Mal; jede Lüge hingegen ist ein Tod für sich.

Kāʿb bin Mālik – möge Gott Gefallen an ihm finden – sagt: „Meine Wahrhaftigkeit hat mich gerettet." In der Tat kann man nicht über Wahrhaftigkeit sprechen, ohne an ihn zu denken.

Kāʿb bin Mālik war ein Mann scharfer Worte – gleich seinem Schwert. Er war ein Dichter, der mit seinen Gedichten das ethische Weltbild der Gottesleugner über den Haufen werfen konnte …

Er kam nach Aqabe, um dem Gesandten Gottes seine Aufwartung zu machen. Er gehörte zu den Ersten aus Medina, die dies taten. Allerdings nahm er am Feldzug nach Tabuk nicht teil. Die Schlacht von Tabuk war ein schwieriges Unterfangen. Eine Handvoll Männer stand dem riesigen byzantinischen Heer gegenüber – und das in der unerbittlichen Hitze der Wüste. In diesem Gedanken machte man sich mutig auf den Weg. Den Gotteslohn dafür bekam man, allerdings kam es nicht zur Schlacht.

Der Gesandte Gottes, der sonst die Zielorte all seiner militärischen Einsätze geheim hielt, ging diesmal demonstrativ offen vor und lud jeden dazu ein.[159] Trotz dieser allgemeinen Einladung nahm Kāʿb diesmal nicht daran teil.

Hören wir, wie er selbst in der Sira-Literatur den Ausgang der Ereignisse schildert:

„Ein jeder wurde zur Schlacht eingeladen, denn es würde ein harter Kampf werden. Es war jedoch nicht Gottes Wille und so blieb es bei einer militärischen Übung. Ob dies nun so vorherge-

---

159 Der Grund, warum er den Militäreinsatz und den Zielort diesmal nicht geheim hielt, war die offene Kriegserklärung der Byzantiner gegenüber den Muslimen. Sie gaben sogar den Schlachtort an: Tebuk (Anm. d. Hrsg.).

sagt wurde oder nicht, der Gesandte Gottes maß dieser Schlacht eine besondere Bedeutung bei.

So wie alle anderen auch hatte ich meine Vorbereitungen abgeschlossen. Ich kann sogar sagen, dass ich noch nie so gut auf eine Schlacht vorbereitet gewesen war. Das Haupt der zwei Welten gab den Marschbefehl und das Militär setzte sich in Bewegung. Ich dachte bei mir, ich werde sie sicher einholen, und zog nicht mit ihnen gemeinsam aus. Eigentlich hatte ich nichts anderes vor, aber meine Selbstsicherheit hinderte mich am Auszug. So verstrichen die Tage und es war mir schließlich nicht mehr möglich, den Gesandten Gottes einzuholen. Ich war gezwungen zu warten. Und ich wartete. Jede Stunde des Wartens kam mir wie Tage vor.

Schließlich hörte man allenthalben, der Gesandte Gottes käme vom Feldzug zurück. So war es eigentlich immer. Medina lebte ein weiteres Mal auf angesichts seiner bevorstehenden Rückkehr. Freude stand im Gesicht eines jeden: Der Gesandte Gottes kehrt zurück.

Schließlich kam der ersehnte Augenblick. Die Soldaten kehrten nach Medina zurück. Der Prophet ging nach seiner Gewohnheit zunächst in die Moschee, betete zwei *Rekat* und wandte sich dann dem Volk zu. Sie alle strömten zur Moschee und diejenigen, die sich am Feldzug nicht beteiligen konnten, drückten ihr Bedauern aus. Viele, die in meiner Lage waren, brachten Entschuldigungen vor und der Gesandte Gottes nahm ihre Entschuldigungen an. Auch ich hätte so vorgehen können, war ich doch der Wortgewandteste unter ihnen. Obwohl ich keine Entschuldigung hatte, hätte ich den Gesandten Gottes anlügen können. Das habe ich nicht getan, ich konnte es nicht. Als ich mit ihm zusammentraf, empfing mich das Haupt der zwei Welten mit einem säuerlichen Lächeln, das mir das Herz durchbohrte. ‚*Wo warst du*', fragte er mich. Ich habe ihm alles berichtet, ohne etwas zu verheimlichen. Er drehte sich von mir weg und sagte kurz und knapp: ‚Steh auf und geh!'

Ich verließ den Raum. Das Volk umringte mich, und sie forderten mich auf, auch eine Entschuldigung vorzubringen und mich zu retten. Für einen Moment war ich geneigt, ihrem Drängen nachzugeben. Doch dann kam ich zu mir und fragte: ‚Gibt es noch andere, so wie ich?' Sie bejahten dies und nannten zwei Namen. Beide waren bei der Schlacht von Bedr dabei und gehörten zu den ehrwürdigen, berühmten Gefährten: Murāre bin Rebī und Hilāl bin Umeyye. Auch sie hatten die Wahrheit gesagt, ohne irgendwelche Entschuldigungen vorzubringen und waren in der gleichen Lage wie ich und harrten der Dinge, die kommen würden. Beides waren Persönlichkeiten, die Vorbilder für mich waren und so entschloss ich mich, keine Entschuldigung vorzubringen.

Es wurde uns drei betreffend ein Beschluss verkündet. Kein Muslim sollte sich mit uns treffen und mit uns reden. Meine beiden Freunde zogen sich in ihre Häuser zurück und weinten Tag und Nacht ununterbrochen. Ich war der Jüngste und Kräftigste unter ihnen. Ich konnte auf die Straße, auf die Märkte und zu den Gebetszeiten in die Moschee gehen, allerdings sprach niemand mit mir. Die meiste Zeit hielt ich mich in der Moschee auf. Es dauerte sehr lange, bis ich ein Lächeln des Gesandten Gottes erhaschen konnte. Ich musste leider jeden Tag in tiefem seelischem Schmerz nach Hause zurückkehren. Dieser Mensch, der immer ein Lächeln auf den Lippen trug, schaute mich nicht ein einziges Mal lächelnd an. Ich grüßte ihn und achtete gespannt darauf, ob sich seine Lippen wohl bewegten. Nicht einmal ein Zucken.

Oft beobachtete ich ihn aus den Augenwinkeln während ich

betete. Zu Beginn des Gebets schaute er mich an. Wenn ich mit dem Gebet zu Ende war, wandte er sofort seinen Blick von mir ab. Ganze fünfzig Tage lang ging das so. Alle Menschen und der Ort, an dem ich lebte, wurden mir so fremd, dass ich mich wie in einem fremden Land zu fühlen begann.

Ebū Qatāde war der Sohn meines Onkels, ich liebte ihn sehr und auch er liebte mich wie seine eigene Seele. Eines Tages schwang ich mich über die Mauer seines Gartens und schlich mich an ihn heran. Ich grüßte ihn, aber er erwiderte meinen Gruß nicht. Ich fragte ihn: ‚Bei Gott, sag mir: Glaubst du, dass ich Gott und seinen Gesandten liebe?' Er antwortete nicht. Dreimal wiederholte ich meine Frage. Beim dritten Mal sagte er: ‚Das weiß nur Gott und sein Gesandter', und ging weg. Eine Welt brach für mich zusammen. Eine solche Antwort hätte ich von Ebū Qatāde niemals erwartet. Tränen schossen mir in die Augen und ich begann bitterlich zu weinen.

Ein anderes Mal lief ich mutterseelenallein durch die Straßen von Medina, als ich hörte, wie ein Mann nach mir fragte. Die Leute, die er fragte, zeigten mit ihren Fingern auf mich. Der Mann kam auf mich zu, er hatte einen Brief in der Hand. Der König der Ghassaniden, der mit den Byzantinern verbündet war, hatte ihn entsandt. Der König lud mich ein, in sein Land zu kommen. Im Brief hieß es unter anderem: ‚Ich hörte, dein Freund hat dich im Stich gelassen. Komm zu uns. Leute wie du sind bei uns hoch angesehen.' ‚Auch das ist eine Prüfung', dachte ich bei mir, zerriss den Brief und warf ihn ins Feuer.

Tag 40: Der Gesandte Gottes schickte einen Mann zu mir. Diese Person sagte, wir sollten uns von unseren Frauen fernhalten. Ich fragte ihn: ‚Was soll ich machen? Soll ich mich scheiden lassen?' – von dem Menschen, dessen Treue ich von Herzen verbunden bin? Er sagte: ‚Nur fernbleiben', und ging. Ich sagte meiner Frau, sie möge in ihr eigenes Haus gehen. Da kam die Frau von Hilāl und ersuchte um Erlaubnis, bei ihrem Mann zu bleiben, um ihm zur Hand zu gehen. Hilāl war schon älter und konnte seine Arbeiten nicht mehr selbst erledigen. Der Gesandte Gottes gab der Frau die Erlaubnis. Einige ermunterten mich dazu, ebenfalls eine solche Erlaubnis zu erwirken. Aber ich wollte das nicht, denn ich wusste nicht, wie der Gesandte Gottes auf ein solchen Anliegen reagieren würde.

So gingen wieder einige Tage ins Land und die fünfzig Tage wurden voll. Ich konnte es nicht länger ertragen. Meine Welt verdüsterte sich und wurde so eng wie das Grab. Ich betete wie jeden Tag auf dem Dach meines Hauses und setzte mich anschließend hin. Ich hörte, wie jemand mit lauter Stimme meinen Namen rief: ‚Gute Nachrichten, Kāʿb!' Ich wusste, um was es geht, und kniete sofort nieder. An diesem Morgen verkündete der Gesandte Gottes meine Begnadigung. Ich lief eilends zur Moschee, jeder erhob sich und beglückwünschte mich. Talha fiel mir um den Hals und küsste mein Gesicht und meine Augen. Ich erlebte ein zweites Aqabe. Ich näherte mich dem Gesandten Gottes und nahm seine Hand. Auch er hielt meine Hand und verkündete: ‚Gott hat euch vergeben.' Meine Freude war grenzenlos! Folgender Vers, der uns betreffend offenbart worden war, wurde vorgetragen:

‚Und (Er wandte Sich in Barmherzigkeit auch) jenen dreien (zu), die zurückgelassen worden waren und deren Angelegenheit verschoben wurde: (Sie hatten ein so schlechtes Gewissen, dass) ihnen die Erde zu eng vorkam trotz ihrer ganzen Weite und ihre Seelen ihnen zu eng wurden, und sie erkannten, dass es keine Zuflucht gibt vor Gott außer bei Ihm. Dann wandte Er Sich ihnen in Barmherzigkeit zu, damit sie bereuen und ihren früheren Zustand wi-

dererlangen sollten. Wahrlich, Gott ist der, der sich für Reue durch großzügige Vergebung und zusätzliche Belohnung erkenntlich zeigt, der Barmherzige.'[160]

Nachdem der Gesandte Gottes diesen Vers vorgetragen hatte, sagte ich zu ihm: ‚O Gesandter Gottes! Meine Wahrhaftigkeit hat mich gerettet. Daher gebe ich mein Wort, zeit meines Lebens nichts anderes als die Wahrheit zu reden.'"[161]

In der Tat dreht sich das Prophetentum um die Wahrheit, die Wahrhaftigkeit. Jeder Prophet sagt die Wahrheit, und das ist auch unabdingbar. Denn würde man bei diesen Persönlichkeiten, die der Menschheit Gebote aus den unsichtbaren Sphären überbringen und verkünden, nur den kleinsten Fehler oder den kleinsten Irrtum finden, würde alles zusammenbrechen. Alle Wahrheiten, die wir Menschen wissen müssen, wurden uns durch sie übermittelt. Das ist eine sensible Angelegenheit, die nicht den kleinsten Fehler duldet. Daher verfügt Gott der Wahre zu diesem Thema:

„Wenn er (der Gesandte) es gewagt hätte, sich einige falsche Aussprüche auszudenken, um sie dann Uns zuzuschreiben, dann hätten Wir ihn sicherlich mit Macht ergriffen; danach hätten Wir ihm gewiss die Herzader durchtrennt. Und nicht einer von euch hätte ihn vor Uns abschirmen oder retten können."[162]

Er war angesichts dieser göttlichen Gebote und Verbote wie eine Rohrflöte in der Hand des Künstlers. Ganz gleich wohin man die Offenbarung drehte und wendete, er folgte ihr stets. Sogar in dem Moment, als er den letzten Punkt, die Annäherung an Gott *(kurbiyyet)* erreichte, hatte er nichts von dieser Sensibilität eingebüßt. Ganz im Gegenteil: Sie wurde immer tiefer und er gewann

---

160 Sure At-Tauba, 9:118.

161 El-Buḫārī, *Maghāzī* 79; Muslim, *Tewbe* 53–55.

162 Sure Al-Hāqqa, 69:44–47.

einen Zustand unerreichter Empfindsamkeit.

D. Ein Mann, ein Wort

Bis zu seinem Alter von vierzig Jahren kam kein Wort der Unwahrheit über seine Lippen noch kam es vor, dass er nicht zu seinem Wort stünde. Einer derjenigen, die später seine Gefährten wurden, sagte: „In der Zeit der Unwissenheit *(Djāhilīye)* hatten wir uns einmal mit dem Gesandten Gottes an einem Ort verabredet." Wie oben schon erläutert, beschreibt das Wort *Djāhilīye* die Zeit, in der er lebte. Er selbst als Mensch reinsten Herzens erlebte niemals eine Zeit der Unwissenheit. Sein Leben verfolgte stets die Lebenslinie, die für Gesandte Gottes charakteristisch ist. Der Gefährte fuhr fort: „Ich hingegen vergaß die Verabredung. Drei Tage später erst fiel es mir ein und ich rannte zum Ort unseres Treffens. Was sah ich? Der Gesandte Gottes wartete dort und war weder böse auf mich noch wurde er zornig. Er sagte lediglich: *‚Junger Mann! Du hast mir Mühsal bereitet. Seit drei Tagen warte ich hier auf dich.'*"[163]

E. Seine Worte bestätigen ihn

Er war seit Geburt der ehrenwerte, auserwählte Muhammed – möge Friede mit ihm sein. Daher glaubte ihm jeder von Herzen, was er nach seiner Berufung als Prophet sagte, und bestätigte seine Worte. Ja, die ganze Welt sagte bestätigend: „Du sprichst recht, o Gesandter Gottes!" Nicht nur Menschen, belebte und unbelebte Schöpfung jeder Art entsandte ihre Repräsentanten, die ihm mit der ihnen eigenen Zunge der Wunder gleichsam huldigten.

Ich denke, an dieser Stelle wäre es passend, etwas weiter

---

163 Ebū Dāwūd, *Edeb* 82; Ibn Saʿd, *Ṭabaqātu'l-Kubrā* 7/59. [Anscheinend hat der Liebling Gottes dort nicht übernachtet, sondern war jeden Tag zur gleichen Uhrzeit dort anwesend – „deutsche Pünktlichkeit" (Anm. d. Hrsg.).]

auszuholen. Die leuchtenden Aussagen des Korans und des Propheten Muhammed haben, was die Qualität der Beachtung der Beziehung zwischen Gott, Seinem Wesen, Seinen Eigenschaften und Seinen Namen betrifft, eine solch erhabene Stufe erreicht, dass weder die Philosophen auf dem Weg der Vernunft noch die Gottesfreunde mit ihrem Herzen noch die auserwählten Gläubigen in der Dimension ihres Geistes diesen Grad des Verständnisses und der Verkündung jemals zu erreichen vermögen.

Allerdings zeigt der Aufstieg dieser fortgeschrittenen Geister auf die Ebene von Engeln letztendlich immer Folgendes: Am Ende ihres Weges steht die Erkenntnis der Wahrhaftigkeit und Gerechtigkeit der Aussagen des Korans und des Gesandten Gottes. Sie werden in den Genuss der Ergründung und der Wahrnehmung der Worte des Gesandten Gottes kommen.

Heute werden alle seine Worte göttlicher Offenbarung von Fachleuten, die sich mit der Materie auskennen, bestätigt und als Fundament akzeptiert. Er sprach ganz eingehend über Themen wie das Gottsein *(ulūhiye)*, die Versammlung im Jenseits und das Jüngste Gericht sowie Vorsehung bzw. Vorbestimmung und zeigte deren Beziehung untereinander auf. Weder die vor ihm noch die nach ihm Lebenden könnten dies je verstandesmäßig erfassen. Behandelte man seine erhellenden Aussagen, als ob es sie nicht gäbe, wäre niemand in der Lage, auch nur ein Wort zu diesen Themen beizutragen.

Die ehrwürdigen Umar und ʻAmr bin Ahtab – möge Gott Gefallen an ihnen finden – berichten: „Eines Tages erklomm der Gesandte Gottes nach dem Morgengebet die Kanzel. Er sprach und sprach und sprach … Der Gebetsruf zum Mittag erschall, er verrichtete sein Gebet, um erneut von der Kanzel der Moschee *(minbar)* zu sprechen – bis zum Nachmittagsgebet. Danach fuhr er mit seinem Vortrag fort, der sich bis zum Abend hinzog." Über was sprach er, was erzählte er? Das alles zu erfassen ist schwer, man kann sagen, er hat alle Themen berührt, die bis dahin noch nicht angesprochen worden waren. Er begann bei der Schöpfung, erzählte, wie der erste Same der Schöpfung in den Boden der Existenz gesät wurde, sprach über den Aufbau des Universums und führte alle Phasen der Schöpfung bis hin zum Menschen einzeln auf. Anschließend berichtete er Schritt für Schritt von allen Ereignissen, die den Menschen bis zum Jüngsten Gericht widerfahren würden.[164]

Ja, er tauchte ein in die Tiefen der Vergangenheit und berichtete über alle Propheten bis zum ehrwürdigen Adam – sogar über ihr Aussehen berichtete er –, um dann sein Augenmerk auf die Zukunft zu richten und alle Dinge, vom Jüngsten Tag über das Paradies und die Hölle vor Augen zu führen. Und das, obwohl er nie ein Buch gelesen hatte oder die Unterrichtsstunden eines Lehrers besuchte. Wie konnte er angesichts dessen all dies wissen? In der Tat gab es Jemand, der ihn all dies lehrte, und das war zweifellos Gott, der alles weiß.

Der Ewige Wortführer *(Mutekellim-i Ezelī)* lehrte ihn alle diese Angelegenheiten, die er erzählte, von den höchsten Sphären des Himmels bis zur Erde und deren Tiefen. Dass man dies nicht auf einem anderen Wege erlernen konnte, bestätigen auch die Menschen von heute – ein weiterer Beweis für die Wahrhaftigkeit des Gesandten Gottes.

Er erwähnte die Propheten, beschrieb sie, zeichnete ihre Gesichter,[165] und die Kenner der Heiligen Schriften seinerzeit nahmen all dies ohne Einwände zu erheben an und sagten: „Ja, wir

---

164 El-Buḫārī, *Bed'u'l-Halq* 1; Muslim, *Fiten* 25; Aḥmed ibn Ḥanbel, *Musned* 5/341.

165 Siehe z. B.: El-Buḫārī, *Enbiyā'* 24; Muslim, *Īmān* 266–278.

finden das in unseren Schriften so, wie er es erzählte.“[166] Ist es nicht Beweis und Zeugnis für die Wahrhaftigkeit des Gesandten Gottes und die Richtigkeit seiner Sache, wenn ein Mensch, der nie die Thora und das Evangelium oder sonst ein Buch gelesen hat, die Propheten, die vor ihm gesandt wurden, mit all ihren Qualitäten, so wie sie in den Schriften niedergeschrieben wurden, und sogar darüber hinaus in allen Einzelheiten beschreibt und diejenigen, die sich damit auskennen, das bestätigen?

Was ich hier zusätzlich zu unserem eigentlichen Thema auszuführen versuchte, übersteigt meine Kräfte und ich vermute, jedem Leser, der ähnlich veranlagt ist wie ich, wird es ebenso ergehen. Um solche Themen zu verstehen, wiederzugeben und zu bestätigen, muss der Mensch ein bestimmtes Niveau erreichen. Wir stützen uns auf die Aussagen von Personen, von denen wir glauben, dass sie dieses Niveau erreicht haben, wenn wir die Aussagen von Hunderttausenden von Gottesfreunden, die Stufe für Stufe eine Erhöhung erfahren haben, auserwählten Gläubigen sowie Philosophen und Gelehrten, deren Geist von der Wissenschaft erleuchtet wurde, sehen, die akzeptieren, dass auf dem Zenit dieser Thematik stets die Erklärungen Muhammeds stehen und so eine besondere Dimension seiner Wahrhaftigkeit und Rechtschaffenheit darstellen.

In der Tat bestätigen die namhaftesten Menschen, dass er niemals die Unwahrheit sprach. Ohnehin stammten seine Worte nicht aus ihm selbst. Er verkündete stets göttliche Botschaften, war Mittler der Offenbarung und wurde so für alle Zeiten und an jedem Ort zum Sultan des Wortes.[167]

---

166 Ibn Hischām, *Sīratu'n-Nebewiyye* 2/27; Beyhaqī, *Delā'ilu'n-Nubuwwe* 2/74–100; Ḥalebī, *Sīrat-i Ḥalebiyye* 1/298.

167 *„Er spricht nicht aus eigenem Antrieb, entsprechend seinem eigenen Wunsch; das (was er euch überbringt) ist nichts anderes als eine Offenbarung, die ihm eingegeben wird“* (Sure En-Nedjm, 53:3–4).

Der Aspekt, dem wir hier besondere Aufmerksamkeit schenken möchten, betrifft seine Voraussagen von Ereignissen, die sich 14 Jahrhunderte später genau so erfüllten – ein weiterer Beweis für seine Wahrhaftigkeit und die Richtigkeit seiner Worte. Bevor wir uns dieser Thematik widmen, einführend ein paar nützliche und erklärende Gedanken zum Thema „Verborgenes" *(ghayb)*. Auch dies ist eine Angelegenheit, der man gewissenhaft Aufmerksamkeit schenken sollte:

DAS VERBORGENE *(GHAYB)* AUS DEM BLICKWINKEL DER WAHRHAFTIGKEIT

Das Wort „ghayb" kommt im Koran in verschiedenen Versen in unterschiedlicher Bedeutung vor:

„Und bei ihm sind die Schlüssel des Verborgenen; keiner kennt sie außer Ihm. Er weiß, was auf dem Land ist und im Meer; und es fällt kein Blatt herab, ohne dass Er es weiß; und es ist kein Körnchen in den dunklen Schichten der Erde und nichts Grünes und nichts Vertrocknetes, was nicht in einem deutlichen Buch verzeichnet ist."[168]

In diesem Vers wird gezeigt, dass das Verborgene vollständig in Gottes Hand liegt und niemand sonst – auch der ehrwürdige Muhammed (Friede sei mit ihm) nicht – Kenntnisse über das Verborgene habe.

Gott lässt nicht ohne Grund den Propheten Folgendes sagen:

„Sprich (o Gesandter): ‚(Ihr verlangt, dass ich Wunder vollbringe, doch) ich sage euch nicht, dass mir die Schätze Gottes gehören oder dass ich das Verborgene kenne. Und ich sage euch auch

168 Sure Al-An'ām, 6:59.

nicht, dass ich ein Engel bin. Ich folge nur dem, was mir eingegeben worden ist.' Und sprich: ‚Sind die Blinden und die Sehenden gleich? Wollt ihr also nicht nachdenken?'"[169]

„Sprich: ‚Ich habe keine Macht (Nutzen oder Schaden) auszuteilen, außer Gott will es (und erlaubt es mir). Ich kann euch weder Nutzen bringen noch Schaden von euch fernhalten. Hätte ich Wissen über das Verborgene, dann würde ich mich noch mehr und mehr für das Gute einsetzen, und kein Unheil würde mich je berühren. Ich bin nur ein Warner und ein Überbringer froher Botschaft für Menschen, die gläubig sein wollen und bereits geglaubt haben.'"[170]

Und in der Sure Al-Djinn wird Folgendes gesagt:

„(Er allein ist es,) der um das Verborgene weiß, und Er enthüllt Sein Verborgenes niemandem, außer einem Gesandten, den Er auserwählt hat; und Er setzt einen aufmerksamen Wächter vor ihm und einen aufmerksamen Wächter hinter ihm ein, damit er deutlich machen möge, dass sie (die Gesandten) ganz gewiss die Botschaft ihres Herrn überbracht haben. Er umfängt alles, was sie haben (an Offenbarung), und Er lässt alle Dinge ganz genau niederschreiben."[171]

Im Lichte dieser Verse können wir folgende Analyse vornehmen: Es geht zu weit, zu sagen, der Gesandte Gottes kenne gewiss das Verborgene. Zu sagen, er wisse es nicht, wäre hingegen zu kurz gegriffen. Aus sich heraus hatte er keine Kenntnis des Verborgenen. Durch Gottes Offenbarung jedoch kannte er das Verborgene so gut, dass er der Menschheit zukünftige Ereignisse

169 Sure El-An'ām, 6:50.

170 Sure El-A'rāf, 7:188.

171 Sure El-Djinn, 72:26–28.

bis zum Jüngsten Tag in ihren Grundzügen und Grundlagen so darzulegen vermochte, als ob er sie auf einem Bildschirm vor sich sähe.

Genau darum geht es uns: Aus sich selbst heraus sagte er nichts; alles, was er sagte, stammte von Gott, war göttliche Offenbarung. Da Gott derjenige ist, der Erkenntnis vermittelt, wurden nicht nur den Propheten, sondern auch einigen auserwählten Personen aus der Umma als Wundergaben Erkenntnisse aus dem Verborgenen zuteil. Das stimmt auch mit den Worten des Gesandten Gottes überein: „*In meiner Umma gibt es einige Mulhemūn*"[172], also Menschen, denen die Ehre zuteilwurde, von Gott inspiriert zu werden.

Dieser Satz erinnert mich an den ehrwürdigen Umar. Er saß auf der Kanzel der Moschee und hielt die Freitagspredigt, als er sah, wie das muslimische Heer, das sich einige Tagesreisen weit in der Ferne in einer Schlacht befand, von feindlichen Soldaten in den Bergen umzingelt wurde. Umar rief Sāriye, dem Kommandanten der Streitmacht, dreimal laut zu: „Sāriye, auf in die Berge!" Sāriye hörte diesen Ruf und durchbrach die Belagerung.[173] Oder Personen wie Muhyiddin bin Arabī, die auf Ereignisse hinwiesen, die Hunderte von Jahren später eintrafen. Hunderte von Personen wie Mewlānā, Imam Rabbānī und Müschtaq Efendi kündigten Dinge für die Zukunft an. Wenn schon Personen, die dem Gesandten Gottes von Herzen ergeben waren und bekannten, dass sie mit Kenntnissen geehrt wurden, die sie aus der Lichtquelle Muhammeds bezogen, dann zeigt dies, wie offen er selbst – mit

---

172 Qurṭubī, *Djāmiʿ li Aḥkāmi'l-Qurʾān* 13/174; Ibn Ḥadjar, *Muqaddimetu Fetḥu'l-Bārī* 103; *Fetḥu'l-Bārī* 6/516; Ghazalī, *Iḥyāʾu ʿUlūmi'd-Dīn* 3/24. Siehe auch: El-Buḫārī, *Enbiyāʾ* 54; Muslim, *Faḍāilu-s-Ṣaḥābe* 23.

173 Siehe Ebū Nuʿaym, *Delāʾilu'n-Nubuwwe* 579; Beyhaqī, *ʿItiqād* 314.

der Ermächtigung Gottes – für Erkenntnisse aus dem Verborgenen war.

In der Tat, warum sollte dem Haupt der zwei Welten[174], der seine gesamte Umma aufwiegt, das Verborgene verschlossen bleiben, wenn doch Personen, die er selbst herangezogen hatte, die Ehre zuteilwurde, solche Inspirationen zu erhalten und dem göttlichen Hauch gegenüber offen waren?

In den angesehenen Hadith-Büchern werden nahezu 300 Wunder Muhammeds beschrieben. Ein großer Teil dieser Botschaften aus dem Verborgenen hat sich bereits erfüllt, die restlichen warten noch auf ihre Erfüllung. Es ist unmöglich, sie hier alle darzulegen, wir werden uns daher, um einen Eindruck zu vermitteln, auf einige Beispiele beschränken, die wir folgenden drei Kategorien zuordnen können:

Erstens: Botschaften aus dem Verborgenen, die seine eigene Epoche betreffen.

Zweitens: Voraussagen, die die nahe und ferne Zukunft betreffen.

Drittens: Wundersame Aussagen in unmöglicher Einfachheit, deren Bedeutung erst später aufgrund wissenschaftlicher Entdeckungen verstanden wurden, da sie in einem unnachahmlich prägnanten Stil verkündet wurden.[175]

BOTSCHAFTEN AUS DEM VERBORGENEN

174 Aḥmed ibn Ḥanbel, *Musned* 2/76; Dārimī, *Muqaddime* 3.

175 Ein literarischer Stil in der islamischen Literatur; Aussagen, die so einfach klingen, aber fast unmöglich zu formulieren sind. Die Bergpredigt von Jesus, die Psalmen von David, der Koran und viele Aussagen des Propheten sind Beispiele für diesen Stil. Beispielsweise sagt der Prophet: „Der Herr der Gemeinschaft ist ihr Diener" (Anm. d. Hrsg.).

A. Seine eigene Zeit betreffende Botschaften

1. Die Hadith-Literatur berichtet, allen voran Bukhārī und Muslim, übereinstimmend von folgendem Ereignis:

Eines Tages stieg der Gesandte Gottes – Friede sei mit ihm – auf die Kanzel der Moschee, den Blick auf Dimensionen verborgener Sphären gerichtet und bot seiner Gemeinde inmitten von erhabenen Manifestationen, die sich in Form von Unwillen offenbarten, einen bunten Strauß von Eingebungen *(wāridāt)* dar. Er sagte: „*Heute könnt ihr mich alles fragen!*" Ein jeder stellte seine Fragen, und er beantwortete sie alle. Da stand ein junger Mann auf und fragte: „Gesandter Gottes, wer ist denn mein Vater?" Es gab wohl seinen Vater betreffend die einen oder anderen Gerüchte. Dieses Gerede setzte ihm zu, und so nutzte er an jenem Tag die Gelegenheit und fragte den Gesandten Gottes, der stets mit der Ermächtigung Gottes in das Verborgene Einblick hatte, nach seinem Vater. Der Prophet antwortete: „*Dein Vater ist Hudhāfe.*" Der junge Mann war erleichtert, denn die Antwort stellte ihn zufrieden. Von nun an hatte er einen Vater, zu dem er gehörte, und würde sich ‘Abdullah bin Hudhāfetu’s-Sehmī nennen. Kein Gerede würde ihn jemals mehr verunsichern.

Auch der große Umar – möge Gott Gefallen an ihm finden –, der den momentanen geistigen Zustand des Gesandten Gottes gut einzuordnen wusste, stand plötzlich auf, um den Gesandten Gottes etwas zu fragen: „Wir sind zufrieden mit Gott als unserem Herrn, mit dem Islam als unserer Religion und mit dem ehrwürdigen Muhammed – möge Friede mit ihm sein – als unserem Propheten." Dieser feinfühlige, bedeutungsschwere Einwurf öffnete ein Stück weit das Tor für die Winde des Vertrauens, die im Herzen des Gesandten Gottes wehten. Erhabene Manifestationen wichen so gewöhnlichen Brisen.[176]

Diese Begebenheit spielte sich vor den Augen der Gefährten ab, die an diesem Tag in die Moschee geströmt waren. Sie alle bestätigten die Aussagen des Gesandten Gottes und sprachen förmlich mit einer Stimme: „Du hast die Wahrheit gesagt!"

2. Muslim überliefert von dem ehrwürdigen Umar – möge Gott Gefallen an ihm finden – die folgende Begebenheit: „Wir befanden uns in Bedr. Der Gesandte Gottes hatte die Strategie für die Schlacht genau festgelegt und besichtigte die Plätze, an denen die Kämpfe ausgetragen werden würden. Und wieder erblickten seine Augen durch den geöffneten Vorhang des Verborgenen am Horizont der Zukunft einige Orte, auf die er uns mit der Hand hinwies: *‚Dies wird die Stelle sein, an der Ebū Djehl getötet wird; an jener Stelle wird ʿUtbe, dort Scheybe und hier wiederum Welid zu Boden gehen usw.*'" Nach der Schlacht sagt der ehrwürdige Umar und beschwört es: „An genau den vom Gesandten Gottes bezeichneten Stellen fanden wir alle von ihm genannten Personen tot wieder."[177]

In der Tat zeugen die toten Leiber dieser Menschen, die zu Lebzeiten den Gesandten Gottes nicht bestätigen wollten, für seine Wahrhaftigkeit und seine Rechtschaffenheit. Das, was er voraussagte, traf auf den Millimeter genau ein.

3. Ahmed ibn Hanbel überliefert in seinem *Musned* folgende Begebenheit:

---

176 El-Buḫārī, *ʿIlm* 29, *Daʿawāt* 35, *Fiten* 15, *Iʿtiṣām* 3; Muslim, *Ṣiyām* 197, *Faḍāʾil* 136, 137.

177 Muslim, *Djenne* 76; Nesāʾī, *Djenāʾiz* 117.

Der Gesandte Gottes saß mit seinen Gefährten in der Moschee. Unvermittelt sagte er: „*Wenig später wird ein Mensch reinen Angesichts hier durch die Tür kommen. Er ist einer der ehrenwertesten Persönlichkeiten Jemens und trägt auf der Stirn ein Zeichen, das die Hand eines Engels dort hinterließ.*" Eine Weile später geschah es, wie vom Gesandten Gottes vorhergesagt, dass ein Mensch hereinkam, vor ihm auf die Knie fiel und verkündete, er sei Muslim geworden. Makellos, tadellos, prachtvoll und eine moralische Instanz – das war Djerīr bin ʿAbdullah el-Bedjelī.[178]

4. In Beyhakīs *Delāilu'n-Nubuwwe* wird folgende Begebenheit überliefert:

Ebū Sufyan wurde während der Eroberung Mekkas Muslim, allerdings hatte er den Glauben nicht wirklich im Herzen. Als der Gesandte Gottes um die Kaaba kreiste *(tawaf)*, lief auch Ebū Sufyan dort umher. Er dachte einen Augenblick darüber nach, wie es wohl wäre, erneut eine Armee zusammenzustellen, um gegen den Propheten in die Schlacht zu ziehen. In diesem Moment näherte sich der Gesandte Gottes und sagte Ebū Sufyan ins Ohr: „*Dann würden wir dich erneut besiegen.*" Ebū Sufyan hatte verstanden. Der Glaube, der zuvor in seinem Herzen noch unsicher hin und her schwankte, war nun fest verankert. Er sprang in die Luft und sagte: „Ich bereue vor Gott und bitte um Vergebung."[179]

Woher wusste der Gesandte Gottes, was Ebū Sufyan in diesem Augenblick durch den Kopf ging? Ebū Sufyan jedenfalls zeigte dadurch, dass Muhammed der Gesandte Gottes war und die Wahrheit sprach.

---

178 Aḥmed ibn Ḥanbel, *Musned* 4/359–360, 364.

179 Beyhaqī, *Delā'ilu'n-Nubuwwe* 5/102; Ibn Keṯīr, *El-Bidāye we'n-Nihāye* 4/348.

5. In den angesehenen Hadith-Quellen finden wir des Weiteren folgende Überlieferung, die sich um Umayr bin Wehb dreht – man nannte ihn in der Zeit der Unwissenheit „Mann des Satans".[180] Er saß mit Safwan bin Umeyye zusammen und kam mit ihm überein, dass er nach Medina gehen und sagen würde, er sei gekommen, um seinen Sohn zu sehen, der bei der Schlacht von Bedr gefangengenommen worden war. Anschließend würde er den Gesandten Gottes mit einem vergifteten Schwert töten. Safwan bin Umeyye würde als Gegenleistung dessen Schulden begleichen und auf seine Familie achtgeben, sollte ihm etwas zustoßen.

Umayr schärfte sein Schwert und begab sich auf den Weg. Als er in Medina ankam, brachte man ihn in die Moschee. Die Gefährten jedoch trauten Umayr nicht. Daher war keiner von ihnen gewillt, ihn mit dem Gesandten Gottes allein zu lassen. Sie alle bauten sich wie eine Mauer aus Fleisch und Blut um den Gesandten Gottes auf und beobachteten ihn. Als Umayr die Moschee betrat, fragte ihn der Gesandte Gottes, warum er gekommen sei. Umayr brachte eine Menge Lügen vor. Der Gesandte Gottes glaubte keiner von ihnen. Schließlich verfügte das Haupt der zwei Welten: *„Da du nicht die Wahrheit sagst, werde ich es tun: Du hast dich mit Safwan besprochen und bist hierhergekommen, um mich zu töten. Safwan würde dafür deine Schulden begleichen und auf deine Familie achtgeben."*

Umayr war wie vom Donner gerührt, ergriff umgehend die Hand des Gesandten Gottes und wurde Muslim. Später setzte er sich auf dem erhabenen Weg des Islams so sehr ein, dass durch ihn viele den Islam kennenlernten.[181]

---

180 Ibn Hischām, *Sīratu'n-Nebewiyye* 3/212; Ibnu'l-Eṯīr, *Usdu'l-Ghābe* 4/300.

181 Ṭaberānī, *El-Mu'djemu'l-Kebīr* 17/56–62; Ibnu'l-Eṯīr, *Usdu'l-Ghābe* 4/300–301.

Woher wusste der Gesandte Gottes von dem Gespräch zwischen Umayr und Safwan? Wer überbrachte ihm die Nachricht über diese weite Distanz?

Während Gläubige und Ungläubige noch über diese und ähnliche Begebenheiten nachzudenken haben, wenden wir uns dem nächsten Abschnitt zu:

B. Die Zukunft betreffende Botschaften

I. Die nahe Zukunft

Bukhārī und Muslim geben eine Überlieferung des ehrwürdigen Usame wieder:

Usame war der Sohn von Zeyd bin Hārise. Der Gesandte Gottes liebte Usame sehr und war gern mit ihm zusammen. Wenn die ehrwürdigen Hassan und Huseyn auf seinem einen Knie saßen, saß Usame meist auf dem anderen. Einmal betete er für sie alle: *„Mein Gott! Sei ihnen gnädig, denn auch ich bin ihnen von Herzen zugetan.“*[182] Gegen Ende seines ehrwürdigen Lebens formierte er einen Militäreinsatz gegen die Byzantiner und setzte Usame an die Spitze des Heeres. So übertrug er ihm die Aufgabe, den Feind an dem Ort in die Schranken zu weisen, an dem sein Vater vor vielen Jahren als Märtyrer sein Leben ließ.[183] Als Usame jedoch sah, dass sich der Gesundheitszustand des Propheten immer weiter verschlechterte, stoppte er die Armee und zog erst nach dem Tod des Gesandten Gottes weiter.[184]

Ebendieser Usame – möge Gott Gefallen an ihm finden – berichtet: „Ich befand mich eines Tages beim Gesandten Gottes.

---

182 El-Buḫārī, *Edeb* 22; Aḥmed ibn Ḥanbel, *Musned* 5/205.

183 El-Buḫārī, *Maghāzī* 87; Ibn Keṯīr, *El-Bidāye we'n-Nihāye* 6/304-305.

184 Ibn Saʿd, *Ṭabaqātu'l-Kubrā* 2/249; Ibn Keṯīr, *El-Bidāye we'n-Nihāye* 6/304–305.

Er war auf das Dach eines hohen Hauses in Medina gestiegen und betrachtete die Umgegend. Dann sagte er: *„Ich sehe, wie die Zweitracht, dem Regen gleich, zwischen eure Häuser herniederfällt.“*[185]

Nachdem er dies gesagte hatte, verließ er uns. Später ächzten die Straßen förmlich unter den Strömen der Zwietracht. Ja, auch die ehrwürdigen Umar, Uthmen und Ali – möge Gott an ihnen Gefallen finden – fielen dieser Zwietracht zum Opfer und wurden Märtyrer. Es ist, als ob auch die Zwietracht mit der Stimme des Unheils und des Verhängnisses ruft: „Du hast die Wahrheit gesagt!“

1. Zwietracht

Der ehrwürdige Umar – möge Gott an ihm Gefallen finden – fürchtete sich zeit seines Lebens vor dem Aufkommen dieser Zwietracht. Als er einmal inmitten einer großen Menge von Menschen in der Moschee saß, fragte er: „Gibt es jemanden, der von der Zwietracht gehört hat, die der Gesandte Gottes voraussagte, und uns von ihr berichten kann?“ Als Hudheyfe sich dazu bereit erklärte, sagte Umar: „Du bist ein mutiger Mann, erzähl uns davon.“ Hudheyfe berichtete: „Die Zwietracht unter Menschen wird in den Familien sein, ihr Hab und Gut, ihr fleischliches Selbst, ihre Kinder und ihre Nachbarn betreffen. Dagegen hilft nur das Fasten, Beten, Almosen sowie das Gebieten des Guten und das Verbieten des Bösen *(emr-i bi'l-māruf nehy-i ani'l-munker).*“ Umar erwiderte darauf: „Nein, das habe ich nicht gemeint. Ich fragte nach der Zwietracht, die sich wie Meereswellen zusammenbraut.“

---

185 El-Buḫārī, *Faḍā'ilu'l-Medine* 8; Muslim, *Fiten* 9.

Hudheyfe sagte daraufhin: „Umar, dich wird das alles ohnehin nicht betreffen. Zwischen dir und ihnen wird eine geschlossene Tür sein." Der ehrwürdige Umar fragte später: „Wird sich diese Tür öffnen oder wird sie erbrochen?" Als Hudheyfe darauf mit „Sie wird erbrochen" antwortete, war der ehrwürdige Umar ganz erschüttert, und mit bebenden Lippen sagte er: „Dann wird sich diese Tür nie wieder schließen."

Die Gefährten fragten daraufhin: „Weiß Umar, das er selbst diese Tür ist?" Hudheyfe antwortete: „Ja, sehr genau sogar."[186]

Er war sich in der Tat bewusst, dass nach seinem Weggang die Türen der Gemeinschaft Muhammeds, die im Sinne der Einheit geschlossen waren, geöffnet und sowohl Zwietracht als auch Bosheit Einzug halten würden. Innerhalb der Umma würden unterschiedliche Anschauungen und diverse Strömungen entstehen.

Umar wusste dies, da ihm das wahrhaftige und bestätigte Haupt der zwei Welten, der ehrwürdige, auserwählte Muhammed – möge Friede mit ihm sein – diese zukünftigen Geschehnisse offenbarte.

Als die Zeit kam, erfüllte sich alles, wie vorhergesagt. Umar wurde heimtückisch von einem Perser erstochen. Als Umar erstochen wurde, wurde auch der Einheit im Islam eine tiefe Wunde zugefügt. Der Feind hatte sein Ziel sehr gut gewählt und sein gnadenloser Pfeil traf sicher. Mit seinem Tod nahm die Zwietracht die Form einer Flutwelle an, die die islamische Welt förmlich überflutete. Das war einerseits ein tiefer seelischer Schmerz und großes Leid; andererseits war es auch ein Beweis und ein Beleg, als ob die Geschehnisse in der ihr eigenen Sprache „Lā ilāhe ill-

---

186 El-Buḫārī, *Mewāqītu's-Ṣalāt* 4; *Ṣawm* 3; Muslim, *Fiten* 26–27.

allah Muhammedun Rasūlullah" (Außer Gott kein Gott Genannter, Muhammed ist Sein Gesandter) in die Sterne des Himmels schrieben …

2. Der Sieg

In Bukhārīs Werk und auch in Ebū Dāwūds *Sunen* stoßen wir auf eine Überlieferung Habbāb bin Erets – möge Gott an ihm Gefallen finden:

„In einer kritischen Phase bedeckte der Gesandte Gottes mit seinem Umhang seinen Kopf und setzte sich in den Schatten der Kaaba. Würde er wieder dem Spott der Menschen ausgesetzt sein? Es war eine Zeit, in der alle Gewohnheiten der *Djāhilīye* wie eine Waffe gegen die Muslime eingesetzt wurden. Ich war damals noch ein Unfreier, die Pein und die Marter, die mir mein Herr und die anderen Häupter von Mekka zufügten, nahmen unerträgliches Ausmaß an. Als ich den Gesandten Gottes so allein sitzen sah, ging ich zu ihm und sagte: ‚O Gesandter Gottes, kannst du nicht von Gott Hilfe und Unterstützung erbitten?' (Habbāb bin Eret dachte wohl, der Gesandte Gottes würde sofort seine Hände zum Gebet erheben und erwartete wohl auch, dass er die Quraisch verwünschte.) Der Gesandte Gottes sagte jedoch:

‚Ich schwöre bei Gott, die gläubigen Gemeinschaften vor euch hatten noch grausamere Drangsal zu erleiden. Manche von ihnen wurden in Gruben gelegt und ihre Körper wurden mit Sägen aus Eisen gezweiteilt. Trotzdem sagte sich keiner von seinem Glauben los. Auch als man ihnen das Fleisch von den Knochen löste, blieben sie standhaft. Gott wird diese Religion vervollständigen; ihr hingegen habt Eile. Es wird der Tag kommen, an dem eine Reisende[187] *ganz*

187 Aufgrund der Sicherheit, die der Islam auf die arabische Halbinsel brachte, kann eine Frau auf der Pilgerfahrt allein auf ihrem Kamel von Sanaa nach Hadramaut reiten,

allein von Sanaa nach Hadramaut reist und sich auf dem Weg vor nichts anderem als vor wilden Tieren zu fürchten braucht.'"[188]

Auch der ehrwürdige Adiy bin Hātim, der eine ähnliche Erzählung des Gesandten Gottes überliefert, berichtet, dass er mit eigenen Augen gesehen habe, wie die vom Propheten geschilderten Ereignisse eintrafen.[189]

3. „Du wirst ihn als Erste wiedersehen"

Der Prophet – Friede sei mit ihm – rief die ehrwürdige Fatima – möge Gott an ihr Gefallen finden – zu sich, als es ihm gesundheitlich so schlecht erging, dass er bald sterben sollte. Sie war eine Person, die ihm sehr ähnlich war in ihrer einfühlsamen Art, ihrem ganzen Auftreten und der Tiefe ihres Blickes. Er rief sie zu sich und flüsterte ihr etwas ins Ohr. Die ehrwürdige Fatima begann so sehr zu weinen und zu klagen, dass alle, die ihre Wehklage hörten, erschauderten. Wenig später flüsterte der Gesandte Gottes ihr erneut etwas ins Ohr. Diesmal freute sie sich so sehr, dass man dachte, sie habe die Einladung zum Betreten des Paradieses erhalten. Was eigentlich sogar stimmte. In der Tat wurde ihr eine solche gute Nachricht und Freude offenbart.

Dieses Ereignis blieb von der ehrwürdigen Āische – möge Gott an ihr Gefallen finden – nicht unbeachtet. Kurze Zeit später fragte sie Fatima nach dem Grund; sie sagte lediglich: „Das ist das Geheimnis des Gesandten Gottes." Als die ehrwürdige Āische sie nach dem Tod des Propheten erneut dazu befragte, antworte-

---

ohne sich fürchten zu müssen. Heutzutage haben Frauen nicht einmal in den sog. muslimischen Ländern die Möglichkeit, abends ohne Bedenken allein auszugehen (Anm. d. Hrsg.).

188 El-Buḫārī, *Menāqib* 25; *Menāqibu'l-Ensar* 29; Ikrāh 1; Ebū Dāwūd, *Djihad* 97.

189 El-Buḫārī, *Menāqib* 25; Aḥmed ibn Ḥanbel, *Musned* 4/257.

te Fatima: „Beim ersten Mal sagte er, er würde sterben. Deshalb weinte ich. (Tatsächlich weinte sie angesichts des nahen Todes des Propheten derart heftig, dass die folgenden bewegenden Zeilen, die ihr seinerzeit über die Lippen kamen, die ganze Welt zu Tränen rührten:

‚Welchen Nutzen hat es, wenn ein Mensch, der den Geruch der Erde am Grab des ehrwürdigen Muhammed vernahm, anderen Gerüchen folgte? Mir ist so viel Unglück widerfahren, würde man es über die Tage ausgießen, würden sie allesamt zur Nacht werden.‘[190])

Beim zweiten Mal jedoch verkündete er mir die frohe Nachricht, dass ich aus seiner Familie die Erste sein würde, die ihn wiedersehen würde. Das war der Grund meiner Freude.“[191]

Sechs Monate später war sie wieder mit ihrem Vater vereint.[192] Der Tod Fatimas ist eine weitere Bestätigung des Gesandten Gottes und sagt förmlich: „Du hast die Wahrheit gesagt!“

4. Frieden

Gemäß einer Begebenheit, die in der Mehrzahl der sechs anerkannten und vertrauenswürdigen Hadith-Sammlungen *(el-Kutub es-Sitte)* überliefert wurde, sprach der Gesandte Gottes anlässlich einer Freitagspredigt über den ehrwürdigen Hassan:

„Das ist mein [Enkel-]Kind Hassan, er ist ein Herr. Gott der Erhabene wird durch ihn zwei große Gemeinden in Frieden vereinen.“[193]

---

190 Ḏehebī, *Siyaru A'lāmi'n-Nubelā* 2/134.
191 El-Buḫārī, *Megāzī* 83; Muslim, *Faḍā'ilū's-Sahabe* 98, 99.
192 El-Buḫārī, *Megāzī* 38; Muslim, *Djihad* 52.
193 El-Buḫārī, *Sulh* 9; Tirmiḏī, *Menāqib* 30.

Hassan ist eine edle und erhabene Persönlichkeit, ein Spross des Gesandten Gottes, Herr und Meister. Eines Tages würde er zeigen, dass er ein wahrer Nachkomme Muhammeds ist, indem er auf das Kalifat und die Herrschaft, die ihm gegeben wurde, verzichtet, nur um keinen Anlass zur Uneinigkeit in der Umma zu geben. Es waren keine 25 bis 30 Jahre vergangen, als die Worte des Gesandten Gottes in Erfüllung gingen. Nach dem ehrwürdigen Ali bekamen es die Umayyaden mit dem ehrwürdigen Hassan zu tun. Allerdings knüpfte dieser friedvolle und stille Mensch ein Band des Friedens zwischen den beiden islamischen Heeren, die kurz davorstanden, sich gegenseitig zu bekriegen, indem er bekanntgab, auf alle seine Rechte zu verzichten. So verhinderte er – wenn auch nur vorübergehend – eine schreckliche Zwietracht.[194] Der Dichter drückt es sehr schön aus, wenn er sagt:

„Er (Hassan) ist eine edle und erhabene Persönlichkeit. Wie könnte es auch anders sein, ist doch sein Großvater die segensreichste Person unter den Menschen und der Stolzgrund der Schöpfung *(mābihi'l-iftihar)*."

Als der Prophet ihm dies voraussagte, war der ehrwürdige Hassan noch ein kleines Kind, das damals die Bedeutung der Worte des Gesandten Gottes noch gar nicht erfassen konnte. Er tat dies also nicht, weil der Gesandte Gottes ihn dazu aufgefordert hätte. Vielleicht wusste der Gesandte Gottes, dass Hassan dies tun würde, und sagte das deshalb in dieser Weise voraus. Ja, der ehrwürdige Hassan bestätigte seinen Großvater und sagte Jahre später dem Sinne nach: „Du hast die Wahrheit gesagt!"

---

194 Ibn Keṯīr, *El-Bidāye we'n-Nihāye* 8/41; Ibn Ḥadjar, *İsābe* 2/72.

5. Er wird ein Jahrhundert lang leben

Der Prophet legte seine gesegneten Hände auf den kleinen Kopf ʿAbdullah bin Busrs und verkündete: *„Dieses Kind wird ein ganzes Jahrhundert lang leben."* Er fügte hinzu: *„Auch die unschönen Warzen auf seinem Gesicht werden vergehen."*

Man sagt über ihn: „Diese Person lebte genau 100 Jahre und die Warzen auf seinem Gesicht verschwanden ebenfalls."[195]

Der Gesandte Gottes erklomm im Sinne des Geheimnisses *„Wahrlich, was danach kommt, wird besser für dich sein als das, was vorausgegangen ist"*[196] jedes Mal eine weitere Stufe der Vervollkommnung, sodass er stets den vorherigen Zustand als ungenügend betrachtete und daher hundertmal am Tag um Vergebung bat.[197] So erging es auch seiner Umma: Sie verstand und erkannte ihn im Laufe der Zeit immer besser, und jedes Mal, wenn sie Zeuge der Erfüllung einer seiner Botschaften die Zukunft betreffend wurden, erstarkte ihr Glaube ein wenig und sie sagten zu ihm: „Du bist der Gesandte Gottes."

II. Die nahe Zukunft

Wenden wir uns nun Beispielen zu, die mehr in unsere Zeit hineinreichen, lange nach der Ära des Gesandten Gottes, die sogar das Jahrhundert betreffen, in dem wir leben und überdies Ereignisse berühren, die erst in noch vor uns liegenden Jahrhunderten eintreffen werden:

---

195 Ṭaberānī, *Musnedu'sch-Schāmiyyīn* 2/17; Aḥmed ibn Ḥanbel, *Musned* 4/189; Bezzār, *Musned* 8/431–432; Ḥakīm, *Mustedrak* 4/545.

196 Sure Duhā, 93:4.

197 Siehe: El-Buḫārī, *Daʿawāt* 3; Muslim, *Dhikr* 41–42.

1. Botschaften, die im Grabenkampf (Chandaq) verkündet wurden

Folgende Begebenheit wird in fast allen Werken der Hadith- und Sira-Literatur überliefert. Die Gefährten berichten: „Es wurde ein Graben ausgehoben.[198] Ein großer Felsbrocken behinderte unsere Arbeit und wir konnten ihn trotz aller Anstrengungen nicht von der Stelle bewegen. Auch der Prophet grub mit uns. Von Zeit zu Zeit sagte er, um uns zu motivieren:

> *‚Außer im Jenseits gibt es kein wahres Leben,*
>
> *Den Helfern und Zuwanderern mögest du vergeben.*‘“[199]

Die Gefährten gerieten in Verzückung ob dieser Worte und erwiderten:

> *„Mein Gott, ohne deine Hilfe hätten wir den rechten Weg des Islams niemals erreicht, beteten nicht und gäben keine Almosen. Leg deinen Frieden auf uns und lass unsere Füße nicht abgleiten angesichts unserer Feinde.*“[200]

Auch ihre kleinsten Sorgen teilten sie mit dem Gesandten Gottes. Sie kamen auch wegen des großen Felsenbrockens zu ihm. Er kam mit einem Werkzeug in der Hand und begann den Felsen in Stücke zu schlagen. Bei jedem Hieb auf den Felsen schlug dieser Funken. Zur gleichen Zeit schien es, als ob auch der Gesandte Gottes Funken der Offenbarung und der Inspiration schlug. Bei jedem Schlag sagte er: *„Mir wurden soeben die Schlüssel Byzanz' übergeben. Ich bezeuge, dass mir die Schlüssel Persiens übergeben*

---

198 Um die Medina herum wurde ein Graben ausgehoben, um sie gegen die Angriffe der Mekkaner zu schützen (Anm. d. Hrsg.).

199 El-Buḫārī, *Megāzī* 29; *Menāqibu'l-Ensar* 9; Muslim, *Djihad* 126–129.

200 El-Buḫārī, *Megāzī* 29; Muslim, *Djihad* 123–125.

wurden. Mir wurden die Schlüssel des Jemen übergeben. Ich sehe von hier aus die Tore Sanaas.“[201]

Ein paar Jahre vergehen. Gott der Erhabene gewährt den Muslimen durch die Hand großer Heerführer wie Sa'd bin Ebī Waqqās und Khalid bin Welid den Sieg der besagten Regionen und die Schlüssel dieser Stätten wurden der geistigen kollektiven Persönlichkeit *(schahs-i mā'newī)* des Gesandten Gottes übergeben – ein weiterer Beleg für die Wahrhaftigkeit des Propheten. Man kommt nicht umhin, die Richtigkeit dieser Ereignisse zu bestätigen, schließlich kam er als Repräsentant der Wahrhaftigkeit. Selbst wenn wir den unmöglichen Fall annehmen, er hätte das Eintreten einer bestimmten Sache vorhergesagt und sie würde nicht eintreten, so würde Gott doch auch in diesem Fall dafür sorgen, dass sie sich erfüllt, um seinen geliebten Propheten nicht als Lügner erscheinen zu lassen.

Sogar in Bezug auf einen der bekanntesten Gefährten, Berā bin Mālik – möge Gott an ihm Gefallen finden – wurde gesagt: „*Wenn er in Bezug auf irgendeine Sache schwört, wird Gott dafür sorgen, dass er nicht als Lügner erscheint.*“[202] Hätte also Berā bin Mālik irgendwelche unmöglichen Dinge geschworen, Gott hätte dafür gesorgt, dass sie dennoch eintreten. In der Tat stellten die Gefährten ihn in den Schlachten an die vorderste Front, um so ihren Sieg zu garantieren.[203] Wenn Gott nun einem der Gefährten eine solch besondere Gabe verleiht, würde er sie seinem geliebten Propheten etwa vorenthalten? Eines steht fest: Er verkündete das,

201 Aḥmed ibn Ḥanbel, *Musned* 4/303; Nesā'ī, *Sunenu'l-Kubrā* 5/269; Ibn Keṯīr, *Bidaye we'n-Nihāye* 4/116.

202 Tirmiḏī, *Menāqib* 54. Der in dem Hadith erwähnte Gefährte ist Berā bin Mālik, der leibliche Bruder des Enes bin Mālik.

203 Ḥakīm, *Mustedrak* 3/331; Beyhaqī, *Schu'abu'l-Īmān* 7/331; Ibn Ḥadjar, *Iṣābe* 1/281.

was er sah, denn es war Gott, der ihm die Kenntnisse vermittelte, über die er verfügte.

2. Die gute Botschaft über Sicherheit und Wohlstand

Die nun folgende Begebenheit wird uns durch Adiy bin Hātim überliefert. Adiy war der Sohn Hātim-i Tāis. Er war ein Christ, bevor er den Gesandten Gottes suchte, fand und errettet wurde. Er berichtet uns Folgendes: „Eines Tages wurde in der Gegenwart des Gesandten Gottes über Armut, Bedürftigkeit und Überfälle von Räubern gesprochen. Der Gesandte Gottes verfügte: *‚Es wird der Tag kommen, an dem eine Frau ganz allein den Weg von Hirā zur Kaaba zurücklegen wird und sich vor niemandem zu fürchten hat als vor Gott allein.‘“*

Adiy berichtet weiter: „Als ich dies hörte, wunderte ich mich sehr. Ich dachte bei mir, wie soll das möglich sein, solange es die Räuber vom Stamm der Tay gibt? Der Gesandte Gottes fuhr fort: *‚Es wird der Tag kommen, an dem die Schätze des Chosrau unter euch aufgeteilt werden.‘* Ich fragte: ‚O Gesandter Gottes, meinst du die Schätze des Sassanidenherrschers Chosrau?‘ Er bejahte diese Frage. Meine Verwunderung wuchs nun noch mehr, denn der Reichtum und Prunk des Sassanidenreiches war zu jener Zeit auf seinem Höhepunkt. Er fuhr fort: *‚Es wird der Tag kommen, an dem die Menschen mit Almosen in ihren Händen umhergehen, aber niemanden finden, dem sie sie geben könnten.‘“* Adiy sagt hierzu: „Die Erfüllung der ersten beiden Voraussagen habe ich bereits gesehen, wenn ich noch länger am Leben bleibe, werde ich auch die dritte erleben.“[204]

Adiy sollte jedoch diese dritte Phase nicht mehr erleben. Es gab jedoch andere, die sie erlebten: In der Zeit des Umar bin

204 El-Buḫārī, *Menāqib* 25; Aḥmed ibn Ḥanbel, *Musned* 4/257.

Abdulaziz bewahrheiteten sich die Worte des Gesandten Gottes haargenau.[205] Dieses große Reich, das dreißig Länder in sich vereinte, erreichte ein solches Einkommensniveau, dass niemand übrigblieb, den man als mittellos bezeichnen müsste. Es wäre keine Übertreibung, zu behaupten, dass im Gegensatz dazu der Lebensstandard der heuten USA und einiger europäischer Länder vergleichsweise niedrig ist. Zudem ist die Verteilung des Einkommens in den reicheren Ländern heute so unausgewogen, dass neben Menschen, die wohlhabend und sorglos in Palästen leben, andere in feuchten und schmutzigen Hütten hausen. Damals hatte man jedoch dieses Ungleichgewicht aus der Welt geschafft.

3. Das Zeugnis des Ammār

Die Prophetenmoschee wird gebaut und jeder ist emsig bei der Arbeit. Der eine macht Lehmziegel, ein anderer trägt sie. Natürlich war auch der Gesandte Gottes unter den Arbeitenden. Auch er trug Ziegel auf seinem Rücken. Ammār näherte sich einmal dem Gesandten Gottes, er trug zwei Ziegelsteine auf dem Rücken und sagte wohl kokettierend: „Gesandter Gottes, schau, sie haben mir zwei Ziegelsteine aufgeladen." Der Gesandte Gottes lächelte, und während er ihm mit seiner gesegneten Hand Staub und Erde aus dem Gesicht wischte, kündigte er warnend ein bitteres Geschehnis an, das sich exakt 30 Jahre später zutragen sollte: „Wehe dir Ammār, dich wird eine aufständische Gemeinschaft töten."[206] Eine rebellische Gemeinde würde aufstehen und den ehrwürdigen Ali töten.[207]

In der Tat, bei der Schlacht von Siffin kämpfte Ammār an der Seite des ehrwürdigen Ali, der in dieser Schlacht fiel und zum

205 Ibn Keṯīr, *El-Bidāye we'n-Nihāye* 6/194; Ibn Ḥadjar, *Fetḥu'l-Bārī* 13/87.

206 Tirmiḏī, *Menāqib* 34.

207 Ibn Hischām, *Sīratu'n-Nebewiyye* 3/25; Ibn Keṯīr, *El-Bidāye we'n-Nihāye* 3/217.

Märtyrer wurde. Um auf das widerrechtliche Vorgehen der gegnerischen Seite hinzuweisen, sagten die Anhänger des ehrwürdigen Ali sogar als Beleg: „Ihr seid Rebellen."[208] Auch wenn das Blut des ehrwürdigen Ammār bei der Schlacht von Siffin vergossen wurde, so ruft doch jeder Blutstropfen in Bezug auf den Gesandten Gottes aus: „Du hast die Wahrheit gesagt!"

Lieber Leser, wie könnte ein Mensch all dies wissen, ohne dass Gott es ihm offenbarte? In modernen Science-Fiction-Filmen werden auch manche Aussagen über die Zukunft getroffen. Das ist nicht weiter schwer, denn es gibt einen Ausgangspunkt, und mit ein wenig Vorstellungskraft kann man absehen, wie sich die Geschehnisse entwickeln werden. Bei den Ereignissen, die der Prophet aus dem Verborgenen vorhersagte, gab es keinen Ausgangspunkt oder Vorspiel. Von daher wäre es auch für den genialsten und intelligentesten Menschen unmöglich, auch nur ein Zehntel dessen vorherzusehen, was der Gesandte Gottes vorhersagte. Schließlich handelt es sich hierbei um Dinge, die uns und die Grenzen unseres Verstandes übersteigen. Dazu ist ein dem Verborgenen gegenüber geöffnetes Auge und die Bestätigung durch die Offenbarung nötig. Daher stammte das Wissen des Gesandten Gottes um die Zukunft nicht aus ihm selbst, sondern von Gott und alles, was er sagte, traf ein.

4. Im Namen der Religion ein gottloses Volk

Der Prophet war gerade dabei, die Beute aufzuteilen, als unvermittelt ein Mann auf ihn zukam, mit platter Nase, tiefliegenden Augen und eingefallenen Wangen. Er sah aus wie der Vertreter einer noch künftigen menschlichen Gesellschaft. Dreist wandte er sich an den Gesandten Gottes: „Die Aufteilung der Beute

208 Ibn Keṯīr, *El-Bidāye we'n-Nihāye* 7/267.

ist ungerecht. Sei gerecht!“ Wahrscheinlich war dieser Mann ein unruhestiftender Heuchler, so wie er den Gesandten Gottes ansprach … Der Gesandte Gottes erwiderte ihm: *„Wenn ich nicht gerecht handelte, wer würde dann gerecht handeln? Wenn ich nicht gerecht wäre, würde ich Mangel und Entbehrung erleiden.“*[209] Lesen wir hingegen den arabischen Buchstaben „t“ in diesem Satz im Sinne einer Anrede, bedeutet der Satz: „Ihr würdet Mangel und Entbehrung erleiden.“

Der Gesandte Gottes möchte damit Folgendes ausdrücken: Von wem würden die Menschen Gerechtigkeit lernen, wenn schon ein Prophet nicht gerecht ist? Ohne die Grundlage der Gerechtigkeit würden die Menschen Mangel und Entbehrung erleiden. Also würdet auch ihr Mangel und Entbehrung erleiden. Und auch ich hätte verloren, wenn ich nicht gerecht wäre. Allerdings hat Gott mich als Propheten gesandt, also habe ich nicht verloren. Somit bin ich gerecht.

Der ehrwürdige Umar – möge Gott an ihm Gefallen finden – bat den Gesandten Gottes um Erlaubnis, diesem frechen Menschen seine Grenzen zu zeigen: „Lass mich diesem Heuchler den Kopf abschlagen!“ Der Gesandte Gottes jedoch erlaubte ihm dies nicht; stattdessen hörte man seine gesegneten Lippen folgende Botschaft aus dem Verborgenen übermitteln:

„In Zukunft wird ein Volk aufstehen von pausbäckigem Aussehen, mit platter Nase und tiefliegenden Schlitzaugen. Wenn sie den Koran lesen, fühlt ihr euch ihnen unterlegen. Das, was sie lesen, dringt jedoch nicht tiefer als ihre Kehle.[210] *So wie ein Pfeil den Bogen*

---

209 El-Buḫārī, *Menāqib* 25; *Edeb* 95; *Istitābe* 4; Muslim, *Zekāt* 148.

210 Damit sind auch die IS-Terroristen gemeint. Sie rezitieren den Koran zwar korrekt, jedoch dringt dessen Sinn nicht tiefer als zu ihrer Kehle (Anm. d. Hrsg.).

verlässt, so verlassen sie die Religion. Auf dem Arm des einen befindet sich überdies ein großer Leberfleck.“[211]

Die Jahre ziehen schnell ins Land und die Tage wetteifern förmlich darum, den Gesandten Gottes zu bestätigen: In Nahrawan tötet der ehrwürdige Ali alle Charidjiten[212] mit dem Schwert. Ein Mann wird zu ihm gebracht, der genau auf die Beschreibung des Gesandten Gottes passt. Es war eine gute Botschaft, denn dies waren also die Menschen, die die Religion verlassen und die Religion bekämpfen würden.[213]

Gemäß einem schwachen Hadith sagte der Prophet zum ehrwürdigen Ali: „*Ich habe für die Herabsendung des Korans gekämpft, du wirst dich für seine Auslegung einsetzen.*“[214] Mit anderen Worten: Als der Koran geoffenbart wurde, haben sich alle Menschen gegen mich gewandt; damit musste ich kämpfen. Es wird der Tag kommen, an dem Menschen den Koran falsch deuten und kommentieren werden; mit ihnen wirst du zu kämpfen haben. Zu seiner Zeit erfüllte sich auch das und der ehrwürdige Ali kämpfte gegen die Charidjiten, die, wie ein Pfeil den Bogen verlässt, den Islam verlassen hatten.

Es scheint, als ob der Mann mit der platten Nase, den tiefliegenden Augen und den eingefallenen Wangen nur dazu erschaffen wurde, um den Gesandten Gottes zu bestätigen. Sein negatives Auftreten diente im positiven Sinne dazu, die Wahrhaftigkeit

---

211 El-Buḫārī, *Edeb* 95; *Menāqib* 25; Muslim, *Zekāt* 142–148. Die Begebenheit findet sich in allen Einzelheiten in den Überlieferungen Muslims.

212 Die erste politisch motivierte anarchistische Spaltung im frühen Islam. Charidjiten zufolge brauche man in Friedenszeiten überhaupt keine Regierung. In Kriegszeiten könnte man einen Führer gebrauchen, der aber nur in dieser Phase fungieren sollte (Anm. d. Hrsg.).

213 El-Buḫārī, *Edeb* 95; Muslim, *Zekāt* 148; Ibn Keṯīr, *Bidaye we'n-Nihāye* 7/290.

214 Aḥmed ibn Ḥanbel, *Musned* 3/82; Ebū Ya'lā, *Musned* 2/341; Ḥakīm, *Mustedrak* 3/132.

des Gesandten Gottes zu bekräftigen. So wie der Kampf eines Gläubigen gegen die Angriffe des Satans dazu führen, dass er den Gotteslohn erhält und der Satan leer ausgeht, so hat auch dieser Mann nichts gewonnen, als er so getötet wurde und dadurch den Gesandten Gottes bestätigte. Wir lesen zwar förmlich in diesem Buch hässlichen Angesichts von der Wahrhaftigkeit des Propheten, aber er selbst trug keinen Gewinn davon. Er war schließlich in dieser Angelegenheit nur ein unseliges Mittel zum Zweck.

5. Eine Schiffsreise und Ummu Harām

Ummu Harām binti Milhan war einer Überlieferung zufolge die Schwester der Amme des Gesandten Gottes; einer anderen Überlieferung zufolge war sie eine nahe Verwandte seiner Mutter und so zählte sie als seine Tante. Der Gesandte Gottes ging in ihrem Haus frei ein und aus und manchmal zog er sich dorthin zurück, um sich zu erholen. Eines Tages, er hatte sich hingelegt, um sich auszuruhen, fragte ihn Ummu Harām, als er lächelnd wieder aufstand: „Gesandter Gottes, warum lächelst du?" Er antwortete: *„Ich habe gesehen wie eine Gruppe meiner Umma wie Könige mit Schiffen in die Schlacht zog."* Als die Frau in bat, für sie zu beten, damit sie auch zu diesen gehöre, verfügte er: *„Du gehörst zu ihnen."* Daraufhin zog er sich wieder zurück. Etwas später erwachte er erneut mit einem Lächeln auf dem Gesicht und wiederholte seine Worte gegenüber Ummu Harām. Als sie ihn erneut bat, für sie zu beten, damit sie auch zu diesen gehöre, sagte er: *„Du wirst zu den Vorherigen gehören."*

Die Jahre ziehen ins Land. Ummu Harām und ihr Mann Ubāde bin Sāmit ziehen in die Schlacht nach Zypern, wo sie von ihrem Reittier stürzt und stirbt.[215]

---

215 El-Buḫārī, *Djihad* 3, 8; Muslim, *Imāre* 160–162.

Seit jenem Tag erweisen Muslime ihr an ihrem Grab unter Tränen die Ehre. Natürlich belegt jede vergossene Träne auch die Wahrhaftigkeit des Gesandten Gottes, denn er überbrachte eine Botschaft aus dem Verborgenen, die sich haargenau erfüllte. Zypern, die Geschichte Zyperns und ihr Grab dort legen ein unwiderlegbares Zeugnis ab.

Wir sehen, wie die Worte des Gesandten Gottes alle zu ihrer Zeit eintreffen und bezeugen im Lichte der Geschichte stets aufs Neue, ja so oft, wie es Atome in unserem Körper gibt: „Du hast die Wahrheit gesagt, o Gesandter Gottes!"

Unsere Worte reichen nicht aus, um dies ausreichend zu erläutern, aber jeder Gläubige vernimmt in seinem Innern den unüberhörbaren und nicht zu verleugnenden Laut der Bestätigung.

6. Benū Qantūrā

Der Gesandte Gottes sagte über ein Volk, das die islamische Welt belästigen würde, Folgendes voraus: *„In der Endzeit wird das Volk der Benū Qantūrā auftreten. Sie haben pausbäckige Gesichter, kleine Augen und platte Nasen.*"[216]

Einige Geschichtswerke identifizieren sie mit den Mongolen. Passend zur Beschreibung des Gesandten Gottes gab es für die islamische Welt zwei hauptsächliche Ursachen gewaltsamer Bedrängnis: Die eine war Andalusien, die Bedrückung unter Ferdinand, die als gänzlich barbarisch zu bezeichnen ist. Menschen wurden getötet, Bibliotheken wurden zerstört und Bücher verbrannt. An zweiter Stelle steht das Leid, das durch die Mongolen kam. Alle Kulturzentren in Ägypten, Syrien und Anatolien wurden dem Erdboden gleichgemacht; hatten sie alles zerstört, zogen sie sich zurück.

---

216 El-Buḫārī, *Djihad* 95, 96; Ebū Dāwūd, *Melāḥim* 9–10.

Der Gesandte Gottes war sehr am Schicksal seiner Umma interessiert, daher erregten solche Botschaften seine Aufmerksamkeit und sagte förmlich: ‚Wenn die Gemeinschaft Muhammeds es verdient, bestraft zu werden, benutzt Gott der Erhabene Tyrannen als Werkzeug der Züchtigung. In der Tat ist der Tyrann das Schwert Gottes. Zunächst ahndet er damit, danach wendet er sich um und übt Rache am Tyrannen. Die Tyrannei wird nicht von Dauer sein.[217] Zunächst benutzt Gott der Allmächtige den Grausamen, um die Muslime zu bedrängen. Anschließend nimmt er die Tyrannen, rüttelt und schüttelt sie förmlich, um sie in Grund und Boden zu stampfen.

Um sie also vor solch einem schlechten Ausgang zu bewahren, warnt der Gesandte Gottes als Inbegriff der Fürsorglichkeit seine Umma und rät ihnen, von Handlungen abzusehen, die Gottes Unmut heraufbeschwören, indem er das Leid und das Unglück beschreibt, dass sie sonst heimsuchen würde. Ja, diese Botschaften, die 600 bis 700 Jahre später ihre Erfüllung fanden, verkünden ihn als wahren Propheten.

7. Die Eroberung Konstantinopels

Konstantinopel – so wurde Istanbul seinerzeit genannt – würde eingenommen werden und gewiss in die Hände der Muslime fallen. Hākim überliefert in seinem *Mustedrek* das Wunder dieser Voraussage des Gesandten Gottes mit folgenden Worten: *„Natürlich wird Konstantinopel eines Tages erobert. Die Soldaten, die es einnehmen, sind vortreffliche Soldaten und der Befehlshaber ist ein vortrefflicher Befehlshaber.“*[218]

---

217 „Die Gewalt hat ein Ende, die Gottesleugnung nicht.“ Siehe: Munāwī, *Feyḍu'l-Qadīr* 2/107. Bzgl. des Hadith mit der Bedeutung „Gott gibt dem Tyrannen eine Chance, wenn Er ihn aber erwischt, dann wird er nicht entrinnen können“ siehe El-Buḫārī, *Tefsīru Sūre* (11) 5; Muslim, Birr 62; Tirmiḏī, *Tefsīru Sūre* (8) 11.

218 Aḥmed ibn Ḥanbel, *Musned* 4/335; Ṭaberānī, *El-Mu'djemu'l-Kebīr* 2/38; Ḥakīm,

Seit der Zeit der Gefährten haben die großen Befehlshaber und heldenhaften Welteneroberer einer jeden Epoche wiederholt Versuche unternommen, diese gesegnete Botschaft zu bestätigen, und kamen bis vor die Tore Konstantinopels, mussten jedoch unverrichteter Dinge wieder abziehen. Ebū Eyyub el-Ensarī jedoch kehrte nicht wieder zurück, er blieb wie eine Perle im Herzen Istanbuls. Ohne unnötig allgemein bekannte Tatsachen zu wiederholen, komme ich doch nicht umhin, auf zwei Aspekte hinzuweisen:

Hassan von Ulubat, der am Tag der Eroberung Konstantinopels auf der Stadtmauer die Flagge der Eroberer hisste, war kein einfacher Soldat; er war ein Offizier, der am Enderun ausgebildet wurde und ein Studienfreund Mehmet II., des Eroberers von Konstantinopel, war.

Sie waren nicht allein: Der erste Qadi von Istanbul, Chidr Tschelebi, Hassan von Ulubat und der Welteroberer Mehmet II. waren nur drei von ihnen. Sie drückten gemeinsam die Schulbank, genossen die gleiche Ausbildung und lernten in den gleichen Studienkreisen.

Hassan von Ulubat nahm in Kauf, beim Erklimmen der Stadtmauer von Kugeln durchsiebt zu werden, und vermochte es, trotz seiner zahlreichen Wunden die Fahne der Eroberer zu hissen. Einige Zeit später kam Mehmet II. an das Krankenbett dieses gutaussehenden Mannes von hohem Wuchs. Hassan von Ulubat sollte nicht mehr lange leben. Sein Lächeln verwunderte Mehmet II. Er fragte ihn: „Warum lächelst du?“ Hassan von Ulubat antwortete: „Vor kurzem kam der Gesandte Gottes und inspizierte das Lazarett. Ich sah sein rosengleiches schönes Antlitz. Daher rührt meine Freude.“

Mustedrak 4/468.

Neun Jahrhunderte zuvor wurde dies angekündigt. Neunhundert Jahre später gehörte er zu der Streitmacht, die die Stadt einnahm. Daher sagte ich schon immer und werde nicht müde dies zu betonen: „Wenn Menschen reinen Herzens, sollten es auch nur drei oder vier sein, zusammenkommen, um der Religion zu dienen, wird gewiss der Geist des Gesandten Gottes bei ihnen sein, um sie und den Ort zu beehren."

So war die Eroberung Konstantinopels wie die anderen beispielhaften Zeugnisse ein weiterer Beweis für die Wahrhaftigkeit des Gesandten Gottes. Ebū Eyyub el-Ensarī war ebenfalls ein glaubhafter Zeuge, schließlich war er einer der Ersten, der von der Eroberung hörte. Das ist auch der Grund, weshalb er in seinem Vermächtnis bestimmte, dass sein Leichnam von Medina nach Istanbul überführt werden solle.[219]

III. Ferne Zukunft

1. Liebe zur Welt und Angst vor dem Tod („wehen")

Der Prophet Muhammed – Friede sei mit ihm – kündigte auch Ereignisse an, die in unserer heutigen Zeit geschehen. Ein Beispiel:

„‚Völker und Völkerschaften werden so, wie Menschen sich zu einem Gelage versammeln, sich gegenseitig auf eure Kosten zusammenfinden und sich über euch hermachen.' Einer fragte: ‚Liegt das daran, dass wir so wenige sind?' Der Gesandte Gottes antwortete: ‚Nein, im Gegenteil, ihr werdet an jenem Tag viele sein. Aber ihr werdet wie vom Wind verwehter Kehricht sein. Gott wird die Furcht vor euch aus den Herzen eurer Widersacher hinwegnehmen und die Liebe zur Welt und Angst vor dem Tod (wehen) in eure Herzen pflanzen.' Auf die Frage eines anderen, was ‚wehen' bedeute, ant-

---

219 Ibn Ḥadjar, *Iṣābe* 1/405.

wortete der Gesandte Gottes: ‚Widerwillen dem Tod gegenüber und Liebe zur Welt!'"[220]

Aus diesen Worten können wir zunächst Folgendes ableiten: Es wird der Tag kommen, an dem die Nationen sich über uns hermachen werden. So wie man das Essen einer Mahlzeit aufteilt, so werden sie unser Vermögen im Dies- und Jenseits beschlagnahmen und unsere Tafel plündern, während sie uns geradewegs in die Augen blicken. Wir werden ihnen die Bissen vorbereiten und vorsetzen; sie werden mit unermesslicher Gier alles hinunterschlingen, was ihnen vorgesetzt wird.

Weshalb das Ganze? Weil wir zu jener Zeit kein fest verwurzelter Baum mehr sein werden. Deshalb gleichen wir auch vom Wind verwehtem Kehricht. Ja, sie sehen, wie wir uns aufgrund unseres Charakters, unserer Lebensart, unserer Herkunft und aufgrund von Unterschieden in unseren Ansichten gegenseitig zerfleischen. Daraufhin unterdrücken sie uns, indem sie sich um ihres weltlichen Vorteils willen gegen uns verbünden. Früher fürchteten sie sich vor uns, denn wir fürchteten uns im Gegensatz zu ihnen nicht vor dem Tod, sondern blickten ihm mutig ins Auge; die Welt stellte für uns nichts von Wert dar. Jetzt bietet sich uns ein anderes Bild: Wir fliehen vor dem Tod und lieben die Welt mehr als sie. Sie nutzen unsere Schwäche aus und treffen uns an unserer verwundbarsten Stelle.

Dieses Hadith, das zunächst an die Kreuzzüge erinnert, weist aber bei näherer Betrachtung auch auf Entwicklungen in unserer heutigen Zeit hin.

Raif Karadağ ist der Autor des Buches „Petrol Fırtınası" [Benzinsturm]. Er wurde von denjenigen ermordet, die diesen

---

220 Ebū Dāwūd, *Melāḥim* 5; Aḥmed ibn Ḥanbel, *Musned* 2/359, 5/278.

Sturm entfesselten, weil er in seinem Buch das große Hallo der Aggressoren im Gegensatz zum Schicksal der drangsalierten und leidenden Türken des 19. und 20. Jahrhunderts beschrieb.

2. Der Schatz im Euphrat

Der Gesandte Gottes sagte: *„Es besteht die Wahrscheinlichkeit, dass sich die Wasser des Euphrat zurückziehen und ein Berg aus Gold sichtbar wird. Wer auch immer sich dort aufhält, soll nichts davon nehmen."*[221]

An den Ufern des Euphrat kam es bis zum heutigen Tag zu unzähligen Massakern. In jüngerer Vergangenheit bekriegten sich der Iran und der Irak in der Nähe des Euphrat. Im Jahr 1958 kam es ebenfalls zu einem furchtbaren Pogrom, als die Enkel des Gesandten Gottes abgeschlachtet wurden. Allerdings scheint es nicht angemessen, das oben erwähnte Hadith auf eines dieser beiden Ereignisse anzuwenden. Wahrscheinlich ist es passender, Hinweise auf spätere Ereignisse zu suchen:

Beispielsweise kann das Wasser des Euphrat als Metapher für eine Zeit dienen, in der es wertvoll wie Gold sein wird, sich das „Gold" auf die Erträge bezieht, die durch den Bau von Staudämmen erzielt werden. Außerdem mag es eine Voraussage in Bezug auf die Ölfelder und das Gold sein, die zutage treten, wenn sich das Wasser des Euphrat zurückzieht. Zudem können solche Metalle als Folge von Erdrutschen gefunden werden. Wie auch immer, es besteht kein Zweifel daran, dass diese Region im Gefüge der islamischen Welt eine dynamitgleiche potenzielle Gefahr darstellt und dass dies in dem Hadith ausgedrückt wird. Das sind keine Dinge, die sich in der Vergangenheit zugetragen haben,

---

221 El-Buḫārī, *Fiten* 24; Muslim, *Fiten* 30–32.

sondern Ereignisse, die noch in der Zukunft liegen. Die Menschen, die dereinst die Erfüllung seiner Worte erleben, werden ein weiteres Mal von Herzen zum Gesandten Gottes „Du hast die Wahrheit gesprochen" sagen und sich in ihrem Glauben bestätigt und erneuert fühlen.

3. Das Christentum entledigt sich fremder Elemente und verbindet sich mit dem Geist Muhammeds

Das Haupt der zwei Welten sagt, dass sich das Christentum fremder Elemente entledigen und mit dem Geist Muhammeds verbinden werde.[222] In der Tat werden an jenem Tag, genau zu der Zeit, wenn sich Vertreter der Leugnung der Gläubigen bemächtigen, diejenigen, die die Kräfte des Himmels in ihren Händen halten, mit Gottes Hilfe das Schicksal der Muslime ein weiteres Mal wenden und dem Atheismus den Garaus machen. In dieser universellen Schlacht werden beide Seiten schwere Verluste erleiden und die Adler werden die Leichen, die die Erde erfüllen, hinwegtragen.[223]

4. Reformen in der Landwirtschaft

Infolge von Reformen in der Landwirtschaft wird es Granatäpfel geben, die so groß sind, dass zwanzig Personen davon satt werden und ihre Schale wird Schatten spenden.[224] Des Weiteren wird es Weizenkörner geben, die ebenfalls eine solche Größe erreichen. Dies sind Entwicklungen, die wir momentan noch nicht beobachten können, die aber in Zukunft bestimmt zu sehen sein werden. Dann wird die Bindung zum Gesandten Gottes

---

222 Siehe folgende Hadithen, die sich darauf beziehen: El-Buḫārī, *Enbiyā*ʾ 49; Muslim, *Īmān* 244–247.

223 Muslim, *Fiten* 110; Tirmiḏī, *Fiten* 59.

224 Muslim, *Fiten* 110; Tirmiḏī, *Fiten* 59.

erneut gefestigt und bekräftigt werden, denn über Jahrhunderte hinweg haben sich alle seine Voraussagen zur bestimmten Zeit genau erfüllt.

Wir staunen angesichts einer Zukunft, die dabei ist, geboren so werden; eine Zukunft, die uns einzigartiges Licht bescheren wird! Wird dieses Licht einst ausgelöscht, verdunkelt sich das Leben und wird zur längsten Nacht. Âkif, möge dein Geist frohgemut sein![225]

5. Heutige Instabilität

Wenden wir uns wieder den Zeichen für unsere heutige Zeit zu. Der Gesandte Gottes verfügte: „*Kurz vor dem Jüngsten Tag wird es spezielle Begrüßungen geben (man wird also bei der Begrüßung die Person bestimmen) und der Handel wird blühen. Dies wird so weit gehen, dass sogar eine Frau ihrem Mann beim Handel helfen wird. Familiäre Bande werden aufgelöst. Während falsches Zeugnis abgelegt wird, wird das Zeugnis für die Wahrheit verheimlicht. Das Schreibgerät gewinnt an Bedeutung.*“[226]

Man braucht keine Interpretationen oder Kommentare zu diesem Hadith, es legt unsere heutige Zeit in aller Deutlichkeit dar.

Der Handel blüht, es werden Investitionen in Milliarden-, gar in Trilliardenhöhe getätigt. Millionen und Abermillionen werden in die Werbung investiert. Und in vielen Fällen wird die Frau als Werbeobjekt eingesetzt. Manchmal bringt sich die Frau auch direkt in die Wirtschaft ein und wirbt selbst auf Messen und

---

225 Diese Ausführungen sind von dem berühmten türkischen Dichter Mehmet Akif inspiriert (Anm. d. Hrsg.).

226 Aḥmed ibn Ḥanbel, *Musned* 1/407–408, 419–420; El-Buḫārī, *Edebu'l-Mufred* 360; Ḥakīm, *Mustedrak* 4/98.

Märkten für ihre Produkte. Aus diesen Worten sollte man nicht schlussfolgern, ich sei gegen den Handel. Ich möchte lediglich die Wahrhaftigkeit der Worte des Propheten aufzeigen.

Familiäre Bande werden aufgelöst. Eltern und nahe Verwandte werden grob behandelt. Alt gewordene Eltern werden als nicht mehr nütze abgestempelt und in einer Zeit, in der sie besonderer Aufmerksamkeit und Zuwendung bedürfen, in Altersheime abgeschoben. So verlieren diese älteren Menschen die Ruhe des trauten Heims, die sie in den Altersheimen vergeblich wiederzufinden suchen.

Obgleich Gott ihnen, in der Rangfolge nach Ihm selbst, die größte Ehre zuteilwerden lässt,[227] schenkt man diesem Gebot keine Aufmerksamkeit und hält in ihrem Fall eine so unverschämte Behandlung für angemessen, die sogar die wildesten Barbaren zu Tränen rühren würde. Beurteilen Sie selbst, ob diese Beschreibungen auf die heutige Zeit zutreffen oder nicht.

Das Schreibgerät wird an Bedeutung gewinnen, Druckereien werden ununterbrochen Zeitungen, Zeitschriften und Bücher produzieren. Buchverlage werden unaufhörlich Bücher und Nachschlagewerke auf den Markt bringen; die Regale der Bibliotheken werden sich unter der Last Tausender neuer Bücher biegen. Das Schreiben wird zu einem Berufszweig werden und die Schriftstellerei an Beliebtheit zunehmen.

Falsche Zeugenaussagen werden überhandnehmen; niemand wird sich mehr trauen, wahrheitsgemäß auszusagen. Die Gesellschaft wird förmlich zu einer Lügenfabrik und das Leben wird sich größtenteils um Lügen, Verrat und Betrug drehen.

---

227 Siehe Sure El-Baqara 2:83; Sure An-Nisā, 4:36; Sure Al-An'ām, 6:151; Sure Al-Isrā', 17:23; Sure Luqman, 31:14.

Die Dinge werden derart klar und deutlich angesprochen, sodass manche sich fragen, ob diese Aussagen tatsächlich vom Propheten stammen.

Die Antwort ist denkbar einfach: Diese Worte finden sich in den Hadith-Büchern, die vor über 1300 Jahren zusammengestellt wurden. Wenn nicht der Gesandte Gottes diese Worte äußerte, wer dann? Wer könnte Ereignisse, die sich Jahrhunderte nach ihm zutragen würden, so beschreiben, als hätte er sie direkt vor Augen? Und: Wenn dies nicht die Worte des Propheten sein sollten, bräuchte dann derjenige, der sie äußerte, nicht einen ebensolchen leuchtenden Blick in die Zukunft, wie der Prophet? Gibt es in der Geschichte einen zweiten, dem Gesandten Gottes ähnlichen Menschen, dem man diese Worte zuschreiben könnte? Nein, diese Beschreibungen des Verborgenen stammen vom Gesandten Gottes. Sein Herr hatte sie ihn gelehrt und er gab sie an uns weiter. Die Ereignisse, die wir heute erleben, zeigen ganz offensichtlich, wie wahr die Worte des Gesandten Gottes sind.

6. Die Verbreitung der Wissenschaft

In einem heiligen Hadith[228] *(hadīth qudsī)* gibt der Prophet ein Gebot Gottes wie folgt wieder: *„In der Endzeit werde Ich für die Verbreitung der Wissenschaft sorgen, sodass sowohl Mann als auch Frau, sowohl Freier als auch Sklave, sowohl Klein als auch Groß sie studieren werden.“*[229]

In Schulen jeglichen Niveaus wird Menschen aus allen Schichten der Gesellschaft die Möglichkeit gegeben, die Wissen-

---

228 *Hadīth qudsī* sind Überlieferungen des Propheten, deren Wortlaut zwar vom Propheten formuliert wurde, deren Sinn hingegen ursprünglich von Gott stammt (Anm. d. Hrsg.).

229 Dārimī, *Muqaddime* 27; Ebū Nuʿaym, *Ḥilyetu'l-Ewliyā* 6/100.

schaft zu studieren und auf diesem Gebiet förmlich in einen Wettstreit miteinander zu treten. Die weite Verbreitung von Schulen und Universitäten sowie die Tatsache, dass Kommunikationswege und Mittel, sich die Wissenschaften zugänglich zu machen, jedem offenstehen, bestätigen die Worte des Gesandten Gottes, die er von Gott überliefert, wenn er auf ein Zeitalter der Erkenntnis und der Wissenschaft hinweist. Es ist, als ob jede Bildungseinrichtung dem Gesandten Gottes zuruft: „Du hast die Wahrheit gesprochen!" Wenn die Wissenschaft sich zu ihrer eigentlichen Quelle, nämlich Gott, bekennt, wird sie dies auch selbst so ausdrücken.

7. Flucht vor dem Koran

Erneut sehr passend in Bezug auf unsere heutige Zeit verfügte der Gesandte Gottes: *„Solange der Koran nicht ein Gegenstand zur Scham und der Islam nicht eigenartig wird, wird der Jüngste Tag nicht anbrechen."*[230]

Während die Gottesverkenner unverhohlen ihre Ansichten vertreten, scheinen sich die Muslime des Islams zu schämen und melden sich nur zögernd zu Wort. Die Muslime werden ihren Koran nicht aufschlagen und lesen, während die Gottesleugner ihre Ansichten auf Bussen, in Flugzeugen und anderswo reklamieren und publizieren. Die Muslime werden unter solch psychischem Druck stehen, dass sie es verschweigen, Muslime zu sein. Selbst wenn ihre Religionsausübung augenscheinlich nicht verboten wäre, würden sie sich ihrer schämen.

Könnte man diese Tatsache irgendwie verleugnen? Ist das nicht eines der Dramen, die die Muslime heute erleben? Wird der Islam nicht als etwas gänzlich Eigenartiges wahrgenommen?

---

230 Ibn Ebi'd-Dunya, Uqūbāt 216.

Schließen wir hiermit die Beschreibung unseres bemitleidenswerten Zustandes ab. Der Gesandte Gottes sagte dies vor Jahrhunderten genau voraus und die Nachrichtenlage heute bestätigt, dass seine Worte zur rechten Zeit bis ins Detail in Erfüllung gehen. Reicht das nicht, um ihn anzuerkennen?

8. Der Zeitbegriff

In einem anderen Hadith, in dem der Gesandte Gottes ebenfalls als Zeichen für die Nähe des Jüngsten Tages anführt, dass man sich des Korans schämen würde, verfügt er weiter Folgendes: *„Solange sich Zeit und Raum nicht annähern, wird der Jüngste Tag nicht anbrechen.“*[231]

Es geht hier um die Annäherung von zwei Dingen. Der Gesandte Gottes deutet sowohl die Relativität der Zeit an als auch, dass man, im Vergleich zur damaligen Zeit, Dinge viel schneller wird erledigen können. Industrielle und technologische Revolutionen haben dazu geführt, dass wir in ein Zeitalter enormen Tempos eingetreten sind; sogar Kinder können dies klar erkennen. So weist dieses Hadith auch darauf hin, dass man sich heute schneller fortbewegt und so die Räume enger werden, Entfernungen enorm schrumpfen. Des Weiteren wird ein Umstand betont, den Menschen, die sich mit Astronomie und Astrophysik beschäftigen, gut nachvollziehen können: Die Erde nimmt im Laufe der Zeit die Form eine Ellipse an. Dies wirkt sich auch auf die Zeit aus, auf die Zeitmessung und die allgemeinen Lebensbedingungen auf der Welt – ohne dass wir dessen gewahr werden!

---

231 Heyṯemī, *Medjme'uz-Zewā'id* 7/324. Zur Annäherung der Zeit als Zeichen für die Nähe des Jüngsten Tages siehe folgende Hadithen: El-Buḫārī, *Edeb* 39; *Fiten* 25; Muslim, *'Ilm* 11,12; Ebū Dāwūd, *Fiten* 1; Tirmiḏī, *Zuhd* 24; Ibn Mādje, *Fiten* 26.

Ich sehe in diesem Hadith noch eine weitere Bedeutung: Die Zeit hat einen nominellen Charakter. Wo immer man sich befindet, Zeit ist Zeit. Nehmen wir an, wir sind zu den Plejaden aufgebrochen und sehen von dort auf einen Sternnebel, der vierzig Millionen Lichtjahre entfernt ist und sich mit einer Geschwindigkeit von hundertfünfzigtausend Kilometern in der Stunde wegbewegt: Wir werden Zeuge unterschiedlicher Tempi. Auch ein Sternnebel, der sich mit der Hälfte der Lichtgeschwindigkeit fortbewegt, besitzt ein Zeitmaß; die Relation bleibt gewahrt und das trifft auch auf diejenigen zu, die sich auf niedrigerem Niveau befinden.

Sollte der Mensch einmal das Sonnensystem verlassen, so wird dort sein momentaner Zeitbegriff völlig über den Haufen geworfen werden.

So weist der Gesandte Gottes mit den Worten „Annäherung der Zeit" auf unser zukünftiges Verständnis von Zeit und alle anderen, völlig unterschiedlichen Zeitmaße hin.

Die Frage lautet daher: Können diese Aussagen einfach Menschenwort sein? Wer sonst, außer der Person, die Zeit, Raum und Macht in ihren Händen hält, könnte diese Wahrheiten wissen? Ich bitte Sie, das sind keine Dinge, die jemand weiß, der des Lesens und Schreibens unkundig ist, in einer Zeit, in der die meisten Menschen nicht lesen und schreiben konnten. Derjenige, der ihm all dies mitteilte, war Gott. Er übermittelte nur die Botschaften, die er von Gott erhielt.

Tage, Monate, Jahre und Jahrzehnte ziehen ins Land. Wissenschaft und Technik entwickeln sich mit Riesenschritten weiter, um am Ende auf die Wahrheiten zu stoßen, die der Gesandte Gottes zu dieser Thematik schon vor Jahrhunderten geäußert hatte.

Wissenschaftler halten ihre Bewunderung hierüber nicht zurück, sondern bestätigen den Gesandten Gottes begeistert aus vollem Herzen: „O Gesandter Gottes, du bist der Inbegriff der Wahrheit!"

9. Ausbreitung des Zinssystems

Eines Tages würde sich das Zinssystem derart ausbreiten, dass sogar diejenigen, die keine Zinsen nehmen, davon angesteckt werden. Der Gesandte Gottes weist mit den folgenden Worten auf eine der größten Seuchen der Moderne hin und zeigt die schreckliche Dimension dieser Tag für Tag weiter um sich greifenden Szenerie auf: *„Es werden Tage über die Menschen kommen, an denen ein jeder Zinsen nehmen wird. Und selbst diejenigen, die keine Zinsen nehmen, werden davon angesteckt."*[232]

Zwei Dinge werden in diesem Hadith betont:

Erstens: Da das gesamte Staatsvermögen im Kessel der Zinsen kocht und Banken mit Institutionen außerhalb des Finanzwesens kooperieren, wird man, ob man will oder nicht, im täglichen Leben mit dieser ansteckenden Krankheit in Berührung kommen. Man wird also auch kontaminiert. Unter diesen Umständen kann nur die Absicht einen Menschen retten und seine Zuflucht sein.

Zweitens: Im Arabischen wird dieser Umstand mit dem Begriff „einstauben" zum Ausdruck gebracht. Diejenigen, die keine Zinsen nehmen, sind Menschen ausgesetzt, die dies tun und „abstauben". Kapitalisten mehren durch Zinsen ihren Besitz und während sie selbst gedeihen, sorgen sie dafür, dass auch das Proletariat in gleicher Weise moralisch verkommt. Der erbitterte

232 Ebū Dāwūd, *Buyū* 3; Nesā'ī, *Buyū* 2; Ibn Mādje, *Ticārāt* 58.

Kampf zwischen diesen beiden Klassen wird die Gesellschaft ins Chaos stürzen – in den Staub des Erdbodens. Eines Tages wird es so weit kommen, dass sich jeder unwohl fühlen wird.

Vermutlich ist es bereits so weit gekommen. Die heutige Menschheit kann in aller Abscheulichkeit die beiden Aspekte, auf die in dem Hadith hingewiesen werden, bezeugen. Es gibt heute wohl keine wirtschaftliche Vereinigung mehr, die nicht direkt oder indirekt mit Zinsen in Berührung kommt. Die globale Wirtschafts- und Finanzwelt dreht sich im Hamsterrad dieser Auffassung. Der Umgang mit Zinsen wird weltweit wie der Austausch von Waren als An- und Verkauf von Geld betrachtet.

Das Haupt der zwei Welten wies seine Umma schon vor langer Zeit auf die Zinskrise hin, der die Menschen heute ausgesetzt sind, und ermahnte sie, wachsam zu sein, um nicht in den Sumpf der Zinspolitik zu fallen. Was sehen wir stattdessen? Die islamische Welt steckt bis zum Hals im Morast der Zinsen, strampelt sich ab und unternimmt kaum Anstalten, sich aus dieser Gosse zu befreien. Und das, wo doch der Islam eine Religion ist, die den Zinsen den Kampf angesagt hat.[233]

Wenn doch die Muslime die bedrohlichen Aussagen des Korans wenigstens zum Teil verstanden hätten, befänden sie sich als Opfer der Zinspolitik heute nicht unter den desolatesten Ländern der Erde!

---

233 *„O ihr, die ihr glaubt! Hütet euch vor Ungehorsam gegenüber Gott und versucht, Frömmigkeit zu erlangen, in angemessener Ehrfurcht vor Ihm, und verzichtet auf das, was noch übrig ist an (euch ausstehenden) Zinsen, wenn ihr (in Wahrheit) Gläubige seid. Und wenn ihr (es) nicht tut (und darauf besteht, Zinsen zu nehmen, egal ob ihr es für gesetzlich erlaubt haltet oder nicht), dann ist euch Krieg angesagt von Gott und Seinem Gesandten. Doch wenn ihr aufrichtig bereut (und alle Zinsgeschäfte vollkommen aufgebt), dann soll euch euer geliehenes Geld ohne Zinsen zustehen, sodass weder ihr Unrecht tut, noch euch Unrecht zugefügt wird“* (Sure El-Baqara 2:278, 279).

10. Eine Zeit, in der sich die Gläubigen verstecken

Ein weiteres Hadith, das unsere heutige Zeit abbildet, lautet: *„Es wird eine Zeit über die Menschen kommen, in der sich die Gläubigen verstecken werden, so wie sich heute die Heuchler in eurer Mitte verstecken.“*[234]

Was zeichnete die Handlungsweise der Heuchler seinerzeit aus? Um nicht aufzufallen, verhielten sie sich wie die Gläubigen. In gleicher Weise werden auch die Gläubigen sich so wie sie verhalten. Sie werden gezwungen sein, Gott heimlich anzubeten, um so ihren Platz zu verteidigen. Eine andere Erlösung wird es nicht geben. Bösartige Despoten haben kein Interesse daran, überzeugten und tugendhaften Gläubigen das Leben leicht zu machen. Man wird versuchen, sie gänzlich vom Staatsdienst fernzuhalten, von ihren Arbeitsplätzen auszuschließen und in der Gesellschaft zu diskreditieren.

Ein weiteres Hadith bekräftigt diese Ausführungen: *„Es wird Zwietracht geben. An jenem Tag wird ein Mensch verachtet werden, weil er betet, so wie man heute Ehebrecher verachtet.“*[235]

Der Vergleich mit einem Ehebrecher basiert natürlich auf den ethischen Ansichten der damaligen Zeit. Heutzutage ist das in manchen Gegenden regelrecht zu einem Beruf geworden.

So wird es also – wenn man Ereignisse einer bestimmten Zeit nicht berücksichtigt – dazu kommen, dass Menschen aufgrund ihrer Gebete diskreditiert und beschuldigt werden, als hätten sie ein Verbrechen begangen. Die Gläubigen werden stöhnend versuchen, diese schwere Zeit unter der Herrschaft böser Mächte zu überstehen, indem sie sich verstecken.

---

234 Ṭaberānī, *Musnedu'sch-Schāmiyyīn* 1/148.

235 Ali el-Muttaqī, *Kenzu'l-'Ummāl* 11/180 (zitiert Nu'aym bin Hammād und Ṭaberānī).

11. Öl in Tāleqan

Der Gesandte Gottes verfügt:

Oh weh, Tāleqan! Dort gibt es Schätze Gottes, die nicht aus Gold und Silber sind."[236]

Im Arabischen wird der Ausdruck „wayh" (oh weh) für Botschaften verwendet, die einen bitteren Beigeschmack haben. Als der Gesandte Gottes den Tod des ehrwürdigen Ammār als Märtyrer vorhersagte, verwendete er den gleichen Ausdruck, wenn er sagte: „*Oh weh, Ammār!*"[237]

„Tāleqan" ist der Name der an Öl reichen iranischen Provinz Ghazwin. In dem Hadith sagte der Prophet:

In Zukunft können dort noch ganz andere Metalle gefunden werden, beispielsweise Uran oder Diamanten. Das würde am Ergebnis nichts ändern. Der Prophet spricht von einem Schatz, der nicht aus Gold oder Silber ist. Heute weiß man, was gemeint war – sogar das Öl von Tāleqan bestätigt den Gesandten Gottes und ruft seine Wahrhaftigkeit aus.

12. Den Schriftbesitzern folgen

Die islamische Welt wird den früheren Gemeinschaften, also den Christen und Juden, Schritt für Schritt folgen und ihnen blind nacheifern. Der Prophet – möge Friede mit ihm sein – brachte diesen Umstand wie folgt prägnant zum Ausdruck:

„Ihr werdet denjenigen, die vor euch waren, nacheifern und ihnen nachfolgen, Schritt für Schritt, Spanne für Spanne. Sogar wenn sie ihren Kopf in das Loch einer Echse steckten, würdet ihr dasselbe tun."

---

236 Ali el-Muttaqī, *Kenzu'l-'Ummāl* 14/591 (zitiert Ebū Ganm el-Kūfī).

237 El-Buḫārī, *Salāt* 63; Aḥmed ibn Ḥanbel, *Musned* 3/5.

Die Gefährten fragten, ob mit „diejenigen, die vor euch waren“ Christen und Juden gemeint seien. Der Gesandte Gottes sagte dazu nur: „*Wer sonst?!*“[238]

Der Zustand der islamischen Welt ist offensichtlich. Fast alle haben ihre Identität verloren oder stecken stöhnend in einer Identitätskrise. Uns ergeht es mit den Worten dieses Hadith nicht anders als einem Schaf, dass zwischen zwei Herden hin und her irrt. Alle negativen Einflüsse, die einst zum Zusammenbruch von anderen Staaten führten, umschlingen uns nun von allen Seiten wie die Arme eines Kraken. Vom blinden Nacheifern ganz benommen halten wir dieses Todesnetz für das Drehkreuz der Erneuerung und der Zivilisation. Keine Nation in der Geschichte hat sich der Leidenschaft des Imitierens derart hingegeben, wie wir es in Bezug auf den Westen tun. Ohne zu hinterfragen, nehmen wir alles an, was die westliche Welt an Neuem aufbringt, und sind hierbei eifriger als so manches westliche Land.

Das ist aber jetzt nicht unser Thema. Stattdessen geht es darum, zu betonen, dass all diese Entwicklungen vom Gesandten Gottes vor Jahrhunderten vorhergesagt wurden und zur bestimmten Zeit eintreffen. Jedes Ereignis manifestiert sich in der Sprache des Propheten als Überbringer einer guten Botschaft und als Warnung. Zur bestimmten Zeit wird diese Sprache klar verständlich und bezeugt die Wahrhaftigkeit des Gesandten Gottes.

C. Diverse Wissenschaftszweige betreffende Botschaften aus dem Verborgenen

In diesem Teil möchten wir uns kurz mit Aussagen des Gesandten Gottes zu verschiedenen Wissenschaftszweigen beschäftigen, die seine Wahrhaftigkeit bezeugen.

---

238 El-Buḫārī, *Enbiyā*ʾ 50; Muslim, *ʿIlm* 6.

Vor vierzehn bis fünfzehn Jahrhunderten traf er eine Aussage und in der Zwischenzeit machten die Wissenschaftszweige, die sich mit der Thematik seiner Worte beschäftigen, enorme Fortschritte und haben einen schwindelerregenden Wissensstand erreicht. Das Ergebnis: Wissenschaftler, die auf ihren Gebieten als Koryphäen gelten, bestätigen sogar in wissenschaftlichen Termini die Aussagen des Wahrhaftigen Überbringers von Botschaften *(muhbir-i sādiq)*. In der Tat konnte bis heute keine einzige Aussage des Gesandten Gottes zu diesem Thema als falsch abgeleugnet werden.

Obgleich die Wissenschaften selbst enorm viele Anhänger haben, die sich wie Wissenschaftsgläubige vor ihnen verneigen, wenden sie sich respektvoll dem Gesandten Gottes zu und verkünden laut und deutlich: „Du hast die Wahrheit gesagt!" Das ist auch angebracht, schließlich ist er der wahre Gesandte Gottes.

Die wissenschaftliche Analyse überlassen wir einschlägigen Büchern und Zeitschriften und wenden uns nun ein paar Beispielen zu:

1. Ein Heilmittel für alle Krankheiten

Bukhārī überliefert folgendes Hadith des Gesandten Gottes:

„Gott sendet keine Krankheit, für die er nicht auch ein Heilmittel erschaffen hat!"[239]

Mit anderen Worten: So viele verschiedene Krankheiten es auch gibt, Gott der Erhabene hat für sie alle eine Lösung und eine Therapieform erschaffen. Diese Aussage des Gesandten Gottes

239 El-Buḫārī, *Ṭibb* 1; Ibn Mādje, *Ṭibb* 1.

ist wohl die umfassendste und kompakteste Aussage zum Thema Medizin und der Förderung der Wissenschaften, die jemals geäußert wurde. Es bedeutet: Wenn es eine Krankheit gibt, gibt es auch eine Behandlungsform. Eines Tages wird es – mit Gottes Hilfe und Seiner Güte – für alle Krankheiten gewiss ein Heilmittel geben.

In einer anderen Überlieferung dieses Hadith heißt es: *„Es gibt ein Mittel gegen jeden Schmerz."*[240]

In einem weiteren Hadith wird gesagt: *„Wählt die Behandlung mit Sorgfalt aus! Schickt Gott eine Krankheit, zeigt er gewiss auch hernach einen Behandlungsweg auf. Es gibt nur eine Krankheit, für die es keine Therapie gibt, und das ist das Alter."*[241]

Selbst wenn man Mittel und Wege fände, den Alterungsprozess zu verlangsamen und vorübergehend zu stoppen, um so den Tod hinauszuzögern, würde man dennoch die schicksalhafte Reise der menschlichen Karawane nicht aufzuhalten vermögen: Ein Weg, der sich von der Welt der Geistesgeschöpfe über die Kindheit, die Jugend bis hin zum Alter erstreckt und schließlich ins Grab führt, um von dort im Paradies oder der Hölle sein Ende zu finden. Diesen Weg zu versperren ist nicht möglich; die Menschen werden geboren, wachsen auf, werden alt und sterben. Allerdings gibt es ein Heilmittel für alles andere Leid, man muss nur danach forschend suchen.

Das Haupt der zwei Welten ermuntert mit diesen und ähnlichen Worten die Menschheit dazu, sich mit den Wissenschaften zu beschäftigen und ruft alle Wissenschaftler, Denker und Forscher dazu auf, neue Heilmittel und Therapieformen zu erforschen:

---

240 Muslim, *Selām* 69; Aḥmed ibn Ḥanbel, *Musned* 3/335.

241 Ebū Dāwūd, *Ṭibb* 1; Tirmiḏī, *Ṭibb* 2; Ibn Mādje, *Ṭibb* 1.

Stellt in euren Budgets Gelder bereit, gründet Forschungszentren, geht bis an die Grenzen des Todes und bringt dieses weite Gebiet unbedingt unter eure Kontrolle!

Ohnehin rät der Koran zu solchen Initiativen und ermuntert zur Wissenschaft, indem er auf die prophetischen Wunder hinweist und dadurch die Arbeit der Forscher zu einem erstrebenswerten Ideal erhebt. So wie ein Prophet die Menschen in ihrem spirituellen Leben anleitet und sie weg von gewundenen Pfaden hin zu friedevollen Ufern geleitet, schultern die positiven Wissenschaften die Wegleitung der Menschheit, leiten sie jeder auf seinem Fachgebiet an und zeigen den Weg auf. Man kann also sagen, dass die Menschheit die Schlüssel zu materiellem und spirituellem Fortschritt aus der Hand der Propheten erhalten hat. Der Koran spornt die Menschheit dazu an, bis an die Grenzen dessen zu gehen, wo Wunder beginnen. Das ist der Grund, weshalb der Koran über die Wunder der Propheten berichtet.

Jesus Christus beispielweise erweckte mit Gottes Hilfe Tote zum Leben. Auch der Koran berichtet davon. Allerdings ist das die letzte Grenze, menschlicher Fortschritt endet hier. Weshalb? Weil hier das Gewöhnliche endet und das Außergewöhnliche beginnt. Menschliche Kraft und Möglichkeiten, alles, was mit dem menschlichen Willen getan werden kann, wird durch die Naturgesetze beschränkt. Daher können die Wissenschaft und die Technologie bei allem erreichten Fortschritt nicht die Grenze zum Wunder überschreiten. Diese Grenzen sind das Hoheitsgebiet von Gott gesandter Propheten und das wird für immer und ewig so bleiben. Nur den Propheten wird Einlass dorthin gewährt. Hinter dieser Grenze beginnen die Wunder, aber bis dorthin wird sich die Menschheit immer ausdehnen können und genau dazu wird sie ermuntert.

Mit der Bezugnahme auf die Wunder Jesu Christi spornt der Koran also dazu an, sogar für Krankheiten wie Krebs oder AIDS, für die es bisher noch keine Abhilfe gibt, Therapiemöglichkeiten zu erforschen und zu finden – der Weg hierfür ist lediglich durch die Grenzen des Todes beschränkt. Schließlich wurden schon jetzt Behandlungsformen für Krankheiten gefunden, die bis dato als unheilbar galten. Mit dem entsprechenden Einsatz kann demnach auch für andere Krankheiten ein Heilmittel gefunden werden!

Ein weiteres Beispiel: Die Wunder Mose – möge Friede mit ihm sein – lehren uns, dass eine Reihe unbelebter Dinge dienstbar gemacht werden können, was heute bis zu einem gewissen Grad möglich geworden ist. Allerdings wird heute oder in Zukunft niemals jemand den Stab in seiner Hand in eine echte Schlange verwandeln können, denn dies ist eine Begebenheit, die sich im Bereich des Außergewöhnlichen zugetragen hat. Das uns Mögliche spielt sich im Bereich des Gewöhnlichen ab.

Es ist wohl passend, an dieser Stelle vom Koran selbst, als einem weiteren Wunder zu sprechen, das einzigartig und unübertrefflich ist. Der Koran stellt von Anfang bis Ende den höchsten Horizont an literarischen Gedankengängen dar und ist unerreichbar. Worte auf höchstem literarischem und dichterischem Niveau und Ankündigungen, die die Menschheit hinter sich herziehen, werden eines Tages bis an die Pforte des Korans herankommen aber dort, wie Lebīd am Horizont des Erstaunens angelangt verharren, denn der Koran ist in seinen Aussagen ein Wunder und alle menschlichen Worte sind nur gewöhnlich, so schön sie auch sein mögen.

Da dieser Aspekt ein eigenes Themengebiet darstellt, werden wir uns ihm hier nicht näher widmen, sondern verweisen auf das entsprechende Kapitel.

Die Wunder der Propheten bilden, wie zuvor schon erwähnt, förmlich eine bestimmte Grenze und den Horizont der menschlichen Wissenschaften. Indem sie im Koran aufgegriffen werden, dienen sie auch dem Ansporn der Menschheit; das weitere Umsetzen wird den Menschen überlassen.[242]

Der Mensch muss sich bemühen. Er muss sich bemühen, das Gewöhnliche hinter sich zu lassen und sich den Grenzen der Wunder zu nähern, sozusagen einen Schritt darüber hinaus gehend an dem Horizont entlanglaufen, an dem sich die Früchte der Wunder befinden.

Der Medizin ist es möglich, sich bis an die Grenzen des Todes fortzuentwickeln. Was den Tod betrifft: dafür gibt es keine Lösung, denn der Tod ist wie das Leben eine Schöpfung Gottes des Erhabenen, dessen, „der Tod und Leben erschaffen hat".[243]

Der Tod ist nicht das Ende, die Verwesung, das Erlöschen und der Zerfall. Er bedeutet vielmehr, durch das Gebot und den Willen Gottes des Erhabenen das zu empfangen, was bis zu jenem Tag gegeben wurde. Förderung im Namen der Wissenschaften kann also nur bis zu diesem Punkt erfolgen. Alle engagierten und hilfsbereiten Menschen sollten sich diese Ermunterung auf jede erdenkliche Weise zunutze machen und ihre Erkenntnisse zum Nutzen der Menschheit einbringen.

---

242 Weitere Einzelheiten siehe: Bediuzzaman, Said Nursi, 20. Wort, 2. Kapitel, Vorwort.

243 Sure Al-Mulk, 67:2.

Der Prophet hat viel zum Thema Medizin im Allgemeinen und Hygiene als Präventionsmedizin im Speziellen geäußert, zumal die Vorsorge einen entscheidenden Teil der Medizin ausmacht und auch ausmachen sollte. Schließlich ist es wesentlich, die Menschen davor zu bewahren, krank zu werden, und das ist eigentlich ganz einfach. Schwer wird es, wenn der Mensch erkrankt ist und eine kostenintensive Behandlung vonnöten ist. Daher legt der Prophet die Priorität auf die Präventionsmedizin und konzentriert sich bei den meisten seiner medizinischen Anregungen darauf.

Zu Lebzeiten des Propheten *(Asr-i Saadet)* fanden insbesondere auswärtige Ärzte in Medina keine Arbeit. Ein Hauptgrund hierfür war die Tatsache, dass sich die Menschen völlig an die vom Propheten zu diesem Thema geäußerten Prinzipien hielten.

Der Gesandte Gottes wirkte einerseits als Arzt für Herz und Seele, andererseits auch gewissermaßen als Arzt für körperliche Gebrechen, und die Menschen um ihn herum trafen Vorsichtsmaßnahmen, die sie vor physischen und psychischen Krankheiten schützten.

Die Pest war zu jener Zeit eine schreckliche Krankheit, der man nicht Herr wurde. Was heute AIDS ist, war damals die Pest. Die Gefährten waren sehr aufmerksam und strikt, wenn es um die Pest ging, denn der Prophet warnte unablässig vor den Gefahren dieser Seuche. Diese erleuchtete Gemeinde lebte in ihrem Land gemäß ihren eigenen Reinlichkeitsprinzipien; verließen sie jedoch auf ihren militärischen Feldzügen nach Damaskus, Syrien, Aleppo und Antiochia heimische Gefilde, litten auch sie unter der Pest, die in der byzantinischen Welt um sich griff. Die Plage von

Amwas war ebendiese Pest, der auf tragische Weise dreißigtausend Gefährten zum Opfer fielen.[244]

Auch Ebū Ubeyde bin Djerrah, eine der vertrauenswürdigsten Persönlichkeiten der Umma, war an jenem Tag in Amwas. Über ebendiesen Ebū Ubeyde sollte einst der ehrwürdige Umar erstochen auf dem Totenbett sagen: „Wäre Ebū Ubeyde noch am Leben, ich würde ihn an meiner Statt vorschlagen."[245]

Die Nedjraner befragten den Gesandten Gottes: „Sende uns jemanden, dem wir vertrauen können." Der Gesandte Gottes schaute Ebū Ubeyde an und sagte: *„Steh auf und geh du mit ihnen."*[246]

Er war eine der vertrauenswürdigsten Persönlichkeiten der Umma und gehörte zu den zehn, denen das Paradies schon zu Lebzeiten verheißen wurde. Ebendieser ehrenvolle Gefährte befand sich an jenem Ort, an dem die Pest die Menschen dahinraffte.

Es waren die Tage des Kalifats des ehrenwerten Umar – möge Gott an ihm Gefallen finden. Der Kalif des Gesandten Gottes besuchte die eroberten Stätten und verfolgte die Entwicklungen sehr genau. Auch nach Amwas würde er gehen. Als er jedoch hörte, dass dort die Pest wüte, entschloss er sich zur Umkehr. Ebū Ubeyde stellte sich ihm in den Weg: „Umar! Fliehst du vor der göttlichen Bestimmung?" Umar erwiderte darauf: „Ja, ich fliehe vor einer göttlichen Bestimmung hin zu einer anderen göttlichen Bestimmung." Umar schaltete immer blitzschnell.

---

244 Ibn Keṯīr, *Bidaye we'n-Nihāye* 7/93.

245 Ibn Keṯīr, *Tefsīru'l-Qur'āni'l-ʿAẓīm* 4/330; Ṭaberī, *Tarihu'l-Umem we'l-Mulūk* 2/580.

246 El-Buḫārī, *Faḍāʾilu Ashabi'n-Nebi* 21; Muslim, *Faḍāʾilu 's-Sahabe* 54–55.

War es richtig, umzukehren? War es wohlüberlegt, umzukehren? Als Umar ins Zweifeln geriet, kam ihm Abdurrahman bin Awf zur Hilfe und überlieferte folgendes Hadith:

„Wenn ihr hört, dass irgendwo die Pest ausgebrochen sei, dann geht unter keinen Umständen dorthin! Wenn die Krankheit in dem Ort auftritt, an dem ihr euch aufhaltet, dann entfernt euch nicht von dort, um zu fliehen.“[247]

Ich frage Sie: Ist das nicht die Vorgehensweise, die wir in der modernen Medizin als Quarantäne bezeichnen? Der Gesandte Gottes sagte das vor Jahrhunderten und die heutige Medizin spricht zu ihm: „Du hast zweifellos die Wahrheit gesprochen!“

2. Lepra und Quarantäne

In einem von Bukhārī und Ahmed ibn Hanbel überlieferten Hadith verfügt der Prophet: *„Halte dich von Lepra fern, so wie du vor einem Löwen fliehst.“*[248]

Diese Analogie bedeutet nicht, wie dies einige denken, dass Lepra oder Leprakranke in irgendeiner Weise einem Löwen gleichen. Wie so oft dürfte es sich auch hier um eine Analogie halten, die von anderen ersonnen wurde. Der Gesandte Gottes hatte gewiss keine solche Absicht und Intention in seinen Worten.

Die Flucht, um die es hier geht, bezieht sich auch nicht auf eine Flucht, bei der man seine Schuhe schnappt und fortrennt. Vielleicht empfiehlt uns das Haupt der zwei Welten mit diesem Hadith, den Kampf gegen Lepra aufzunehmen und Mittel und Wege zu erforschen, um sich davor zu schützen. Die Empfehlung lautet Quarantäne und Präventionsmaßnahmen gegen Ansteckung. So sehr Menschen darauf achten, nicht von einem Löwen überwältigt zu werden, so genau sollten sie es auch mit einer Krankheit wie Lepra nehmen. In allen Worten des Gesandten

---

247 El-Buḫārī, *Ṭibb* 30; Muslim, *Selām* 98.

248 El-Buḫārī, *Ṭibb* 19; Aḥmed ibn Ḥanbel, *Musned* 2/443.

Gottes findet sich eine andere Dimension und eine andere Tiefe. Ja, man kann sich den Wahrheiten seiner Worte nur mit ernsthafter Anstrengung und Bemühen annähern.

3. Vor und nach dem Essen die Hände waschen

In einem von Tirmidhī und Ebū Dāwūd überlieferten Hadith verfügt der Gesandte Gottes Folgendes: *„Der Segen des Essens liegt im Händewaschen vor und nach dem Essen.“*[249]

Liegt einem am Segen des Essens, an Sauberkeit, Reinheit und Hygiene, sollte man unbedingt sowohl vor als auch nach dem Essen die Hände waschen, so als ob man die Gebetswaschung *(wudū / abdest)* durchführte!

Der Gesandte Gottes verkündet mit diesen Worten ein grundsätzliches Prinzip der Sauberkeit. Selbst hätten wir dies niemals wissen können, geschweige denn die Menschen, die seinerzeit lebten und keine Ahnung davon hatten, dass sich unter ihren Nägeln Millionen von Mikroben tummeln. Abgesehen davon: Wie viele Menschen heute kennen die wissenschaftliche Seite dieses Themas?! Oder wissen, dass man um der Sauberkeit willen morgens nach dem Aufstehen erst einmal die Hände waschen sollte? Schließlich weiß man nicht, wo die Hand die Nacht über so alles hingewandert ist – genau darauf weist der Gesandte Gottes immer wieder im Hinblick auf die Sauberkeit der Hände hin.[250]

Die Ärzte verstehen die Zusammenhänge erst heute so richtig und können sie erklären. Die Hand kommt unbewusst während des Schlafes mit Mikroben in Berührung und es bedarf kei-

249 Ebū Dāwūd, *Et'ime* 11; Tirmiḏī, *Et'ime* 39.

250 El-Buḫārī, *Wudū* 26; Muslim, *Taharet* 87–88.

ner weiteren Erklärungen, was passiert, wenn man am Morgen die Hand, ohne sie zu waschen, zum Mund führt.

Gab es zur Zeit des Gesandten Gottes Mikroskope, Röntgenstrahlen oder Labore, sodass er um die Krankheitserreger wüsste, mit der die Hände in Berührung kommen und seine Umma davor warnen könnte? Nein, keines dieser Geräte stand zur Verfügung, aber es gab über allem eine Wahrheit, und das war die Existenz des Einen, der ihm all dies durch die verschiedenen Wellenlängen der Offenbarung übermittelte. Alles, was er wusste, wusste er vom Größten aller Lehrer. Gott lehrte ihn verborgene und deutliche Offenbarungen und er lehrte seine Umma. Aus diesem Grund wird man niemals eine Aussage von ihm finden, die willkürlich erfunden wäre oder nicht den Tatsachen entspräche.

4. Mund- und Zahnhygiene (Miswak)

Die sechs anerkannten und vertrauenswürdigen Hadith-Sammlungen *(el-Kutub es-Sitte)* überliefern übereinstimmend folgendes Hadith des Gesandten Gottes, an dessen Ende die Unterschrift von nahezu vierzig Gefährten steht: *„Wollte ich nicht vermeiden, meiner Umma eine Bürde aufzuerlegen, würde ich ihr gebieten, vor jedem Hauptgebet das Miswak zu verwenden.“*[251]

Er gebot dies nicht, aus Sorge, der Umma dadurch eine Bürde aufzuerlegen. Sonst wäre der Gebrauch des *Miswaks,* wie die Gebetswaschung auch, ein religiös verpflichtender Teil *(fardh)* des Gebets geworden. Das würde jedoch dem Prinzip der Erleichterung widersprechen, das den Geist der Religion ausmacht, denn nicht jeder würde überall das Miswak zur Verfügung haben.

---

251 El-Buḫārī, *Djum'a* 8; Muslim, *Taharet* 42; Ebū Dāwūd, *Taharet* 25; Tirmiḏī, *Taharet* 18; Nesā'ī, *Taharet* 7; Ibn Mādje, *Taharet* 7; Aḥmed ibn Ḥanbel, *Musned* 1/80.

Das *Miswak* ist nicht *fardh*, aber ein wichtiger Teil der Sunna. Gelehrte in alter Zeit haben über diese Angelegenheit Bände verfasst. Forscher in neuerer Zeit haben sich verschiedenen Dimensionen des *Miswak* aus wissenschaftlicher Sicht genähert, analysiert und erkundet. So Gott will, wird man die Ergebnisse dieser Forschungen in Zukunft lesen können.

Das arabische Wort „Siwak" bedeutet Zahnreinigung, die nicht lediglich auf das *Miswak* beschränkt ist; man kann dazu genauso gut die Finger, Salz, Zahncreme oder andere Dinge verwenden. Jeder kann seine Zähne so reinigen, wie er es will, niemand wird etwas dagegen einzuwenden haben. Allerdings weist das *Miswak* einige Besonderheiten auf, die man nicht außer Acht lassen sollte.

Nehmen wir einmal an, es gäbe eine Religion, deren Verkünder (nicht deren Urheber und Gründer, denn der Urheber und Gründer der Religion ist Gott der Erhabene, der Prophet ist der Übermittler) gebieten, man müsse fünfmal am Tag das *Miswak* verwenden, dies sei Bestandteil der Sunna. Wir würden darin erkennen, dass diese Religion das heutige Verständnis von Zahnreinigung und Mundhygiene weit hinter sich gelassen hat. Ich denke nicht, dass es – von der breiten Menschenmasse mal ganz abgesehen – einen Zahnarzt gibt, der sich fünf bis zehn Mal am Tag die Zähne putzen würde. Der Prophet hingegen dürfte mindestens so oft seine Zähne geputzt haben. Er stand nachts häufig auf, betete und verwendete jedes Mal zuvor das *Miswak*.[252] Vor dem Morgengebet, dem Gebet nach Sonnenaufgang und am späten Vormittag, sowie vor dem Nachmittagsgebet, dem Abendgebet und dem Nachtgebet verwendete er bei der Gebetswaschung ständig

252 El-Buḫārī, *Wuḍū* 73; Muslim, *Taharet* 42–48.

das *Miswak* und vernachlässigte auch nicht die Zahnreinigung nach den Mahlzeiten. Betrachtet man diese Aufzählung, wird man Zeuge davon, wie häufig der Gesandte Gottes das *Miswak* verwendete, sich also um seine Zahnhygiene kümmerte.

5. Ausgeglichenheit beim Essen und Trinken

In Verbindung mit der Präventionsmedizin verfügt der Gesandte Gottes des Weiteren: „*Achtet beim Essen darauf, ein Drittel des Magens für das Essen, ein Drittel für das Wasser und ein Drittel leer zu lassen. Das Gefäß, das den Unmut Gottes am meisten heraufbeschwört, ist ein voller Magen.*“[253]

Andere Hadithen ergänzen diese Überlieferung. In einer von ihnen verfügt der Gesandte Gottes:

„*In Verbindung mit meiner Umma mache ich mir am meisten Sorgen darüber, dass sie dick werden, viel schlafen, saumselig werden und an sicherer Erkenntnis (yaqīn) abnehmen.*“[254]

Die in dem Hadith erwähnten Aspekte laufen auf das Gleiche hinaus. Es ist unvermeidlich, dass ein Mensch, der sein Leben ohne Kontrolle, ohne Überlegung und unbedacht führt, der den größten Teil seines Lebens schlafend verbringt, dick und fett wird. Je dicker ein Mensch wird, umso mehr isst er, je mehr er isst, umso mehr lässt er sich gehen. Wenn wir mit dem ersten Grund beginnen, könnte man auch sagen: ein Mensch, der viel isst, wird ohne Zweifel viel schlafen, wer viel schläft, wird keinesfalls sichere Erkenntnisse erwerben. Wie auch immer wir uns dem Thema nähern, dies sind Aspekte, die dem Gesandten Gottes in Bezug auf seine Umma Sorge bereiteten.

---

253 Tirmiḏī, *Zuhd* 47; Ibn Mādje, *Et'ime* 50; Aḥmed ibn Ḥanbel, *Musned* 4/132.

254 Suyūṭī, *El-Djāmiʿu ṣ-Ṣaghīr* 1/24 (Zitat aus dem *Efrād* des Dārakutnī).

Die weitere wissenschaftliche Analyse überlasse ich den Gelehrten auf dem Gebiet der Medizin und verweise auf deren Expertisen. Sie zu lesen und zu bewerten wird zeigen, dass die Worte, die der Gesandte Gottes vor Jahrhunderten sprach, genau der Wahrheit entsprechen und dass sich nicht im Geringsten Unwahrheiten darin finden.

6. Schminke

An dieser Stelle möchte ich ein weiteres Hadith zitieren. Der Gesandte Gottes verfügte: *„Schminkt euch die Augen. Denn dies wird eure Augen öffnen und eure Wimpern nähren.“*[255]

Ärzte, deren Herz und Verstand aufgeklärt sind, sagen, dass die wirkungsvollste aller bisher verwendeten Mittel, um Augenlider und Wimpern mit Nährstoffen zu versorgen, die vom Gesandten Gottes empfohlene Schminke ist. Wir können davon ausgehen, dass die kommenden Jahre im Zeichen der Schminke stehen werden. Ein weiteres Mittel, das antibiotische Wirkung hat und die Haut schützt, ist Henna – ebenfalls vom Propheten empfohlen.[256] Die keimtötende Wirkung von Henna ist stärker als die der heute gebräuchlichen Jodtinkturen und ist wissenschaftlich bestätigt.

7. Schwarzkümmel

Bukhārī dokumentiert folgendes, von Ebū Hurayra überliefertes Hadith: *„Dieser Schwarzkümmel, ihr wisst schon, lindert jedes Leid, außer den Tod.“*[257]

Der Ausdruck „jedes Leid“ wird im Arabischen meist als Metonymie verwendet. Nichtsdestotrotz wird man erstaunt sein, gegen welche Krankheiten Schwarzkümmel hilft, wenn man ihn

255 Tirmiḏī, *Libās* 23; Ibn Mādje, *Ṭibb* 25.

256 Tirmiḏī, *Libās* 20; Ṭibb 13; Ebū Dāwūd, *Teredjjul* 18.

257 El-Buḫārī, *Ṭibb* 7; Muslim, *Selām* 88–89.

einer genaueren Analyse unterziehen und ernsthaft erforschen würde.

In diesem Hadith wird insbesondere auf zwei Aspekte hingewiesen:

Erstens: Der gesundheitliche Nutzen von Schwarzkümmel.

Zweitens: Auch er ist kein Mittel, den Tod abzuwenden.

Erneut überlassen wir die wissenschaftliche Analyse den Experten auf diesem Gebiet und weisen nur auf einige wenige Aspekte hin:

Besonders in der Rekonvaleszenz braucht der Kranke viel Protein. Gleichzeitig ist es auch wichtig, dass er ausreichend mit Kalorien und Vitaminen versorgt und seine Verdauung gefördert wird. Das, was Ärzte bei einer Krankheit verordnen, dürfte in etwa diesem entsprechen. Der Kranke muss einerseits seine verlorene Kraft wiedergewinnen, ohne andererseits Verdauungsprobleme zu bekommen. Das heißt, die Nahrung, die er zu sich nimmt, muss reich an Proteinen und Kalorien und gleichzeitig leicht verdaulich sein.

Die moderne wissenschaftliche Forschung belegt, dass all diese Aspekte beim Schwarzkümmel gegeben sind. Es gibt hierzu so viele konkrete Beispiele und Untersuchungen, die erfolgreich waren, man könnte sie gar nicht alle aufzählen. Das zeigt, dass der Gesandte Gottes niemals etwas nur so dahergeredet hat. Alles, was er sagte, erfüllt sich und die Forschungsergebnisse geben ihm recht.

8. Die Fliege

Fahren wir mit einem Hadith von Bukhārī mit unserem Thema fort. Der Gesandte Gottes verfügt: *„Wenn eine Fliege in ein Ess-*

oder Trinkgefäß fällt, soll die Person sie vollständig eintauchen und sie anschließend wegwerfen, denn auf einem seiner Flügel befindet sich Krankheit, auf dem anderen Heilung."[258]

Zunächst einmal sei festzuhalten, dass es damals nicht bekannt war, dass Fliegen Träger von Krankheitserregern sind. Fällt die Fliege in eine Flüssigkeit, so achtet sie darauf, vorsichtshalber einen Flügel oben zu halten. Es taucht also nicht beide Flügel in die Flüssigkeit, denn mit dem trocken gebliebenen Flügel wird sie sich später befreien können. Sie wird anschließend wegfliegen, aber hinterlässt in unserem Essen und Trinken Mikroben, die Krankheiten übertragen.

Zweitens wird in solch einer Situation Folgendes empfohlen: Die Fliege wird vollständig in das Gefäß eingetaucht und anschließend weggeworfen. Denn auf dem einen Flügel befinden sich die Mikroben, auf dem anderen das Gegenmittel. Wenn man, während die Fliege im Todeskampf zuckt, ihren Rücken berührt, lässt sie das Säckchen mit dem Gegenmittel platzen und sorgt so dafür, dass die Mikroben, die sie mit ihrem anderen Flügel verbreitet, desinfiziert werden.

Wissenschaftler, die sich eingehend mit diesem Phänomen beschäftigen, sagen, sie hätten unter dem Mikroskop gesehen, wie Mikrolebewesen hin und her rennen, wenn man der Fliege auf den Rücken drückt. Später habe man festgestellt, dass diese Helfer sterilisierende Wirkung haben.

9. Nicht-menstruale Blutungen (istichāda)

Die ehrwürdige Āische – möge Gotte an ihr Gefallen finden – berichtet: „Eines Tages trat Fatima binti Ebī Hubeysch vor den

258 El-Buḫārī, *Bed'u'l-Ḫalq* 17; Ṭibb 58; Ebū Dāwūd, *Et'ime* 48.

Gesandten Gottes und sagte: ‚Gesandter Gottes, meine Blutung hört gar nicht mehr auf, soll ich das Hauptgebet beenden?‘ Der Gesandte Gottes antwortete: ‚*Nein, das ist nicht die Monatsblutung, das kommt von einem Defekt in den Blutgefäßen.*‘“[259]

Jahrhunderte gehen ins Land und wir sehen, dass nichtmenstruale Blutungen auf innere Blutungen zurückzuführen sind und staunen verzückt ein weiteres Mal. Wie konnte der Gesandte Gottes – Friede sei mit ihm – seinerzeit etwas wissen, was erst die wissenschaftlichen Entdeckungen der Neuzeit ans Tageslicht brachten? Natürlich weil es ihm sein Herr offenbarte. Der Herr offenbarte es ihm und er gab es weiter. Im Laufe der Zeit haben diese brillanten Worte an Tiefe gewonnen, sodass Wissenschaftler sagen, nur ein Prophet konnte diese Aussage treffen.

10. Kein Heilmittel im Alkohol

Tāriq bin Suwayd – möge Gott an ihm Gefallen finden – berichtet: Bevor Alkohol verboten wurde, nahmen wir Alkohol zu uns, um unsere Krankheiten zu behandeln. Als Alkohol verboten wurde, trat ich vor den Gesandten Gottes, erzählte ihm davon und fragte ihn, ob er dem Alkohol als Heilmittel die Erlaubnis erteile. Er antwortete: „*Nein, Alkohol ist selbst eine Krankheit und niemals ein Heilmittel.*“[260]

In der Türkei wurden wie auch in anderen Teilen der Welt Tagungen zum Thema Alkohol abgehalten. Wissenschaftler kamen zu Wort und alle waren sich an einem Punkt einig: Bereits ein Tropfen Alkohol genügt, um gewisse Deformationen an der Physis und Psyche des Menschen hervorzurufen. Genau darauf wies der Gesandte Gottes vor Jahrhunderten mit Nachdruck hin, indem er den Alkohol selbst als Krankheit bezeichnete.

---

259 El-Buḫārī, *Wuḍū* 63; Muslim, *Hayz* 62.

260 Muslim, *Eschribe* 12; Tirmiḏī, *Ṭibb* 8; Ṭaḥāwī, *Scherhu Meʿāniʾl Āṯār* 1/108.

11. Die Beschneidung

Der Gesandte Gottes betrachtet fünf Dinge als natürlichen Urzustand. Eines davon ist die Beschneidung.[261]

Was sagen die Wissenschaftler heute dazu? Auch sie bestätigen das, indem sie sagen, dass die Vorhaut ein Hort für Unreinheit und Mikroben ist, immer das Risiko von Verletzungen und Krebs in sich trägt und daher die Beschneidung die einzige Präventivmaßahme darstellt.

Der Westen hat manchen von uns auf diesem Gebiet einiges voraus. In Amerika und England lassen sich heute Millionen von Männern beschneiden.

Bis hierher haben wir uns auf die Wahrhaftigkeit und die Rechtschaffenheit des Gesandten Gottes und der anderen Propheten konzentriert. Jeder Prophet war auf dem Zenit der Wahrhaftigkeit und die Rechtschaffenheit. Lüge fand keinen Eingang in ihr Leben. Fände sich in ihrem Leben auch nur die kleinste Schieflage, so hätten sie niemanden zum wahren Weg leiten können. Aber genau dafür waren sie gesandt worden: um die Menschen auf den wahren Weg zu führen und den ihren den Königsweg zum Paradies zu beschreiben.

Hierbei ist erneut klar zu erkennen, dass die Rechtschaffenheit des Propheten mit Tausenden von Beweisen bekräftigt wird, die vor unvorstellbar ewigen Zeiten bis hin in alle Ewigkeit Bestand haben werden. Wir haben versucht, uns diesem Thema auf drei Hauptgebieten zu nähern – eine Art der Klassifizierung und Präsentation, die wir so gewählt haben. Hunderttausende weiterer Beweise in Tausenden von Kategorien könnten seine Rechtschaffenheit bezeugen. Wer könnte angesichts dessen behaupten,

---

261 El-Buḫārī, *Libās* 63; *Isti'zan* 51; Muslim, *Taharet* 49.

hier das letzte Wort gesprochen zu haben? Wir sind überzeugt davon, dass sich bis zum Jüngsten Tag seine Aussprüche stets bewahrheiten werden und Menschen aus jeder Epoche eine weitere Dimension seiner Rechtschaffenheit aufspüren und so immer tiefer mit ihm verbunden sein werden.

In der Tat wird in der Sphäre des Jüngsten Gerichts die Rechtschaffenheit des Gesandten Gottes in aller Deutlichkeit von jedem erkannt werden. Ein jeder wird gewiss im Spiegel seines Geistes die Worte des Propheten über Gott den Herrn, seine Eigenschaften und seine Namen sehen und die Richtigkeit seiner Worte erfassen. Himmel und Hölle, Huris und Jünglinge *(Ghulam)* werden so, wie vom Gesandten Gottes beschrieben, in Erscheinung treten, und auch sie werden in der Sprache der Ewigkeit zu ihm sagen: *„Du hast die Wahrheit gesprochen!"*

2. *EMĀNE* – VERTRAUENSWÜRDIGKEIT

Die zweite hervorstechende Eigenschaft der Propheten ist ihre Vertrauenswürdigkeit. Der arabische Ausdruck für Vertrauenswürdigkeit – *emāne* – leitet sich von der gleichen Wurzel ab, wie das Wort für Glaube – *iman.* Ein *Mu'min* ist ein Gläubiger, der anderen Vertrauen einflößt. Die Propheten waren nicht nur als Gläubige, als *Mu'min,* auf dem Zenit, sondern auch im Hinblick auf ihre Vertrauenswürdigkeit. Sie flößten Vertrauen ein. Der Koran weist in einer Reihe von Versen auf diese Eigenschaft hin. Hier einige Beispiele dafür:

„Das Volk Noahs verwarf (Noah als Lügner und beabsichtigte damit) alle Gesandten (als Lügner zu verwerfen). (Gedenke der Zeit) als ihr Bruder Noah zu ihnen sagte (um sie dadurch rechtzeitig zu warnen): ‚Wollt ihr euch nicht vor Ungehorsam gegen Gott in Ehrfurcht vor Ihm hüten und Zuflucht unter Seinem Schutz suchen? Ich bin wahrlich ein vertrauenswürdiger Gesandter für euch,

darum hütet euch vor Ungehorsam gegen Gott in Ehrfurcht vor Ihm, und gehorcht mir.'"[262]

Noah sagt seinem Volk: Weigert ihr euch immer noch, euch vor Ungehorsam zu hüten? Ich bin ein Gesandter, der Vertrauen einflößt, der vertrauenswürdig ist, der sich nicht dazu herablassen würde, treulos zu handeln. In diesem Vers wird mit den Worten eines Propheten genau diese Vertrauenswürdigkeit als herausragendes Merkmal der Propheten ausgedrückt. Ein weiteres Beispiel:

„Die 'Ād verwarfen (Hūd als Lügner und beabsichtigten damit) alle Gesandten (als Lügner zu verwerfen). (Gedenke der Zeit) als ihr Bruder Hūd zu ihnen sagte (um sie dadurch rechtzeitig zu warnen): ‚Wollt ihr euch nicht vor Ungehorsam gegen Gott in Ehrfurcht vor Ihm hüten und Zuflucht unter Seinem Schutz suchen? Ich bin wahrlich ein vertrauenswürdiger Gesandter für euch.'"[263]

Des Weiteren:

„Die Thamūd verwarfen (Salih als Lügner und beabsichtigten damit) alle Gesandten (als Lügner zu verwerfen). (Gedenke der Zeit) als ihr Bruder Salih zu ihnen sagte (um sie dadurch rechtzeitig zu warnen): ‚Wollt ihr euch nicht vor Ungehorsam gegen Gott in Ehrfurcht vor Ihm hüten und Zuflucht unter Seinem Schutz suchen? Ich bin wahrlich ein vertrauenswürdiger Gesandter für euch.'"[264]

Ein anderes Beispiel:

„Und das Volk von Lot verwarf (Lot als Lügner und beabsichtigte damit) alle Gesandten (als Lügner zu verwerfen). (Gedenke der Zeit) als ihr Bruder Lot zu ihnen sagte (um sie dadurch rechtzei-

---

262 Sure Asch-Schu'arā, 26:105–108.

263 Sure Asch-Schu'arā, 26:123–125.

264 Sure Asch-Schu'arā, 26:141–143.

tig zu warnen): ‚Wollt ihr euch nicht vor Ungehorsam gegen Gott in Ehrfurcht vor Ihm hüten und Zuflucht unter Seinem Schutz suchen? Ich bin wahrlich ein vertrauenswürdiger Gesandter für euch.‘“[265]

Man könnte noch viele weitere exemplarische Verse anführen, die sich mit dem Thema Vertrauenswürdigkeit befassen. Da wir jedoch nur eine Vorstellung vermitteln wollen, lassen wir es mit den hier zitierten Textstellen bewenden.

„El-Mu'min“ ist sowohl einer der Namen Gottes als auch eine der wichtigsten Bezeichnungen für diejenigen, die an Ihn glauben. Warum wird Gott der Erhabene als „El-Mu'min“ bezeichnet? Weil er die Quelle des Vertrauens ist. Er ist es auch, der uns Sein Vertrauen schenkt – sei es Tropfen für Tropfen oder gleich einem Wasserfall. Erneut ist es Er, der die Propheten zu vertrauenswürdigen Personen macht und sie mit dieser Eigenschaft ehrt. Daher verbindet uns das Thema Vertrauenswürdigkeit, Vertrauen, Anvertrautes und Glauben unweigerlich mit den Propheten und die Propheten in außergewöhnlichem Maß mit Gott. Diese allumfassende Verbundenheit mündet schließlich in einem Verhältnis zwischen Schöpfer und Geschöpf. All diese Bedeutungen verbergen sich hinter dem Begriff Vertrauenswürdigkeit und ein wichtiger Aspekt dieser Thematik ist es, ebendieses Verhältnis zu verstehen.

So wie die Vertrauenswürdigkeit die wichtigste Eigenschaft der Propheten und auch des Gesandten Gottes war, war sie auch das wichtigste Merkmal des Engels Gabriel, des Vertrauenswürdigen *(Djibrīl-i ul-Emīn)*, dem mit den Worten des Korans *„Gehorsam entgegengebracht wird und der vertrauenswürdig ist.“*[266] In der

---

265 Sure Asch-Schu'arā, 26:160–162.

266 Sure At-Takwīr, 81:21.

Tat war der Engel Gabriel Gott dem Erhabenen gegenüber gehorsam und stets ein vertrauenswürdiger Gesandter in der Erfüllung seines Auftrages vor Ihm. Der Koran kam eben aus dieser Quelle der Vertrauenswürdigen. Gott ist „Mu'min". Seine Verkündungen flößen Vertrauen ein. Der Koran wurde durch Gabriel übermittelt, den Gott als vertrauenswürdig bezeichnet. Und ebendieser Koran wurde jenem vertrauenswürdigen Propheten und seiner heiligen Gemeinschaft der Umma herabgesandt, die darauf harrt, Sein Vertrauen zu erlangen.

Sicherlich war jeder auf die eine oder andere Weise Nutznießer des Korans. Auch Gabriel gehörte zu diesen Nutznießern. Er sagte einmal zum Gesandten Gottes: *„Ich fürchtete um mein Schicksal, bis Gott der Erhabene mich als vertrauenswürdig (emīn) bezeichnete. Als ich diesen Ausdruck hörte, wurde ich bis ins Mark mit Vertrauen erfüllt.*"[267]

DIE VERTRAUENSWÜRDIGKEIT DES PROPHETEN MUHAMMED

Der Prophet Muhammed behandelte zuallererst die Botschaften, die er von Gott erhielt, vertrauenswürdig. Man kann sich unter keinen Umständen vorstellen, dass er sich diesem kostbaren anvertrauten Gut gegenüber untreu verhalten würde. Des Weiteren war er gegenüber allen Geschöpfen vertrauenswürdig. Jeder vertraute ihm, denn er war es, der zuerst Vertrauen zeigte und Vertrauen einflößte. Er zeigte uns ferner, wie unerlässlich Sicherheit und Vertrauen sind, und überzeugte uns davon. Wenden wir uns dieser Thematik Punkt für Punkt zu:

---

267 Qāḍī ʿIyāḍ, *Schifāʾ* 1/17.

A. Vertrauenswürdigkeit gegenüber seinem Auftrag als Gesandter

Gott der Erhabene wählte seinen Gesandten als einen Menschen aus, der das ihm Anvertraute mit Respekt behandeln würde, was er auch mit aller Hingabe und Begeisterung sein Leben lang tat. Er war daher eifrig darauf bedacht, kein einziges Wort zu verpassen, und um sie sich zu merken, wiederholte er ständig die Worte des Engels Gabriel, noch ehe dieser seine Rede beendet hatte. Er war hierbei so begierig, dass der Koran eines Tages über ihn sagen würde: *„(Oh du Prophet!) Bewege nicht deine Zunge vorschnell (um ihn in deinem Herzen sicher festzuhalten). Es obliegt Uns, ihn (in deinem Herzen) zu sammeln, damit du imstande bist, ihn (auswendig) vorzutragen. Wenn Wir ihn also vortragen, dann folge seiner Lesung. Danach obliegt Uns fürwahr seine Erläuterung.“*[268]

Der Koran wurde ihm als anvertrautes Gut übergeben. Er befürchtete, diesem heiligen Gut gegenüber nicht vertrauenswürdig genug zu sein und zitterte angesichts dieses Auftrages. Daher tröstete Gott der Erhabene ihn und versicherte ihm, für seine Vertrauenswürdigkeit gegenüber dem Anvertrauten Sorge zu tragen.

Der Gesandte Gottes lebte sein Leben lang in dieser Anspannung und bemühte sich mehr als jeder andere, sich dem Anvertrauten gegenüber als vertrauenswürdig zu erweisen. Er spürte förmlich die ganze Last der Verantwortung, die auf seinen Schultern ruhte. Daher erhob er bei Sonnenuntergang erneut seine Stimme und verabschiedete sich eingedenk seiner schweren Verantwortung und im Bewusstsein dessen, dass sich nun auch sein erhabenes Leben dem Ende zuneigt, auf dem „Abschieds-Hadj“

268 Sure Al-Qiyāma, 75:16–19.

von seiner Umma und seinen treuen Freunden mit den Worten: „*In Kürze werden sie euch über mich befragen.*“ Mit anderen Worten: Bevor sie euch fragen, frage ich euch: „*Habe ich meinen Auftrag erfüllt?*“ Sofort erhoben alle dort Anwesenden in Eintracht ihre Stimme und Himmel und Erde erbebten beim Laut ihrer Antwort: „Ja, du hast deinen Auftrag gründlich und vollkommen ausgeführt!“ Daraufhin erhob das Haupt der zwei Welten seine Hände und sagte: „*Mein Gott, sei Zeuge!*“[269]

Vertrauenswürdigkeit gegenüber dem Anvertrauten begann bei Gott, suchte den Engel Gabriel auf, ließ sich auf dem Gesandten Gottes nieder, um schließlich auf die Umma überzugehen. Auf dem Abschieds-Hadj kehrte sie mit dem Zeugnis der Umma wieder zu ihrer Ausgangsquelle Gott zurück.

Gemäß den Überlieferungen der angesehensten Hadithbücher sagte die ehrwürdige Āische – möge Gott an ihr Gefallen finden – in Bezug auf die Haltung des Gesandten Gottes zu ihm Anvertrautem Folgendes: „Angenommen der Gesandte Gottes wollte einen der Verse, der ihm offenbart wurde, verheimlichen, dann sicherlich diesen: ‚*(Gedenke) als du (o Gesandter) zu dem sagtest, dem Gott die Gnade (der Rechtleitung zum Islam und der engen Zugehörigkeit zum Propheten) zuteilwerden ließ und dem auch du (durch freundliche Behandlung, Berücksichtigung seiner Belange und Freilassung) Gutes getan hast: „Behalte deine Ehefrau, und beweise deine Gottesfurcht (indem du sie angemessen behandelst).“ Du verbargst in deiner Seele, was Gott (bereits entschieden hatte und) ganz gewiss ans Licht bringen würde: Du hast Angst vor den Menschen verspürt (dass sie sich womöglich auf eine Weise verhalten könnten, die schädlich sein würde für ihren Glauben), wäh-*

269 El-Buḫārī, *Hadj* 132; Muslim, *Hadj* 147; Ebū Dāwūd, *Menāsik* 57.

rend Gott doch mehr Anrecht darauf hat, dass du Angst vor Ihm verspürst (solltest du in der Umsetzung Seiner Gebote einen Irrtum begehen).“[270]

Dieser Vers wurde unter folgendem Hintergrund offenbart: Der Gesandte Gottes verheiratete Zeyd bin Hārise, einen freigelassenen Sklaven, den er großzog und später adoptierte, mit Zeynep binti Djahsch, der Tochter seiner Tante. Diese Ehe verlief jedoch nicht so glücklich wie erhofft. Zeynep – möge Gott an ihr Gefallen finden – ging diese Ehe nur ein, weil sie sich dem Gebot des Gesandten Gottes unterordnete. Da die Ehe von vornherein auf Widerwillen gegründet war, bekundete sie ihrem Mann gegenüber nicht den gebotenen Respekt und die gebotene Achtung. Ohnehin hatte Gott schon vor langer Zeit bestimmt, dass sie von Zeyd geschieden und eine der reinen Ehefrauen des Propheten *(ezwādj et-tāhirāt)* werden würde. Allerdings war es bis zu jenem Tag unter den Arabern üblich, dass eine Person, die als „mein Kind“ bezeichnet wurde, auch als eigenes Kind angenommen wurde. So zählte also seine Frau als die Braut des anderen. Zeynep wurde schon früher von ihrer Mutter dem Gesandten Gottes zur Frau angetragen, was der Gesandte Gottes jedoch ablehnte. Nun war es Gott der Erhabene direkt, der diese Ehe gebot. Diese Ehe mit Zeynep einzugehen fiel dem Haupt der zwei Welten äußerst schwer. Es gab keinen Ausweg, die Anweisung kam von ganz oben.

Auf genau diesen Umstand geht die ehrwürdige Āische – möge Gott an ihr Gefallen finden – ein, wenn sie sagt: „Wollte der Gesandte Gottes irgendeinen Vers, der ihm offenbart wurde, verheimlichen, dann die Verse, bei denen es um diese Heirat geht.“

---

270 Sure Al-Ahzāb, 33:37; El-Buḫārī, *Tewhid* 22; Muslim, *Īmān* 288.

Er jedoch war der Offenbarung gegenüber vertrauenswürdig. Es wäre ihm nie in den Sinn gekommen, auch nur die kleinste Angelegenheit zu verheimlichen.

Eine weitere Begebenheit, die seine Vertrauenswürdigkeit zeigt: In Bedr wurden Gottesleugner gefangengenommen. Der Gesandte Gottes beriet sich mit den ehrwürdigen Ebū Bekr und Umar. Der ehrwürdige Ebū Bekr – möge Gott an ihm Gefallen finden – war der Ansicht, die Gefangenen gegen Zahlung eines Lösegeldes freizulassen. Der ehrwürdige Umar – möge Gott an ihm Gefallen finden – jedoch vertrat den Standpunkt, sie alle mit dem Schwert zu töten. Er wollte sogar, dass jeder seine eigenen Verwandten und Bekannten tötete. Der Gesandte Gottes – möge Friede mit ihm sein – schloss sich der Meinung des ehrwürdigen Ebū Bekr an und ließ die Gefangenen gegen Lösegeld frei. Der ehrwürdige Umar berichtet uns über die darauffolgenden Ereignisse:

„Als ich am nächsten Tag zum Gesandten Gottes kam, sah ich den ehrwürdigen Ebū Bekr weinen. Ja, beide hatten ihre Häupter zur Erde geneigt und weinten bitterlich. Ich fragte sie nach dem Grund, aber keiner der beiden hatte die Kraft, mir zu antworten. Ich drängte auf eine Antwort, denn wenn es etwas gab, worüber geweint werden musste, dann wollte ich mit ihnen weinen. Schließlich sagte der Gesandte Gottes unter Tränen, dass Gott der Erhabene ihm soeben folgenden Vers offenbart habe:

‚Es steht einem Propheten nicht an, dass er Kriegsgefangene hat, ehe er die Feinde im Land nicht weitgehend niedergekämpft hat. Ihr (o ihr Gläubigen) wünscht euch die vergänglichen Glücksgüter des gegenwärtigen, irdischen Lebens. Doch Gott wünscht Sich,

dass das Jenseits für euch sei. Gott ist ruhmreich, von unwiderstehlicher Macht, weise."[271]

Käme es dem Gesandten Gottes in den Sinn, einen Vers zu verhehlen, dann wäre dies wohl der zweite Vers, den er verheimlichen müsste. Der Gesandte Gottes verhielt sich jedoch der Offenbarung gegenüber äußerst vertrauenswürdig. Wir werden im weiteren Verlauf noch einmal auf diese beiden Verse zu sprechen kommen, wenn wir im Detail auf die Sündenlosigkeit *(isme)* des Propheten eingehen.

B. Vertrauenswürdigkeit gegenüber allem Existierenden

Der Gesandte Gottes war nicht nur seinem Auftrag als Prophet und hinsichtlich der Botschaften, die ihm sein Herr übermittelte, vertrauenswürdig, sondern diese tief verwurzelte Eigenschaft zeigt sich auch in seiner Haltung gegenüber allem Existierenden:

Als er sich für eine Zeit zurückzog, um sich dem Gebet zu widmen, besuchte ihn eines Tages die ehrwürdige Safiye – möge Gott an ihr Gefallen finden. Nachdem sie eine Weile bei ihm gesessen hatte, bat sie darum, wieder nach Hause gehen zu dürfen. Der Gesandte Gottes begleitete seine Frau hinaus. Sie hatten noch keine zehn Schritte zurückgelegt, als sich zwei Gefährten, ohne anzuhalten, von ihnen entfernten. Das Haupt der zwei Welten hielt sie sofort auf, lüftete das Gesicht der ehrwürdigen Safiye und sagte: „*Seht, das ist Safiye, meine Frau.*" Die Gefährten waren wie vom Blick getroffen: „Gott behüte, o Gesandter Gottes! Wie hätten wir je schlecht über dich denken können?" Der Gesandte Gottes wollte ihnen jedoch eine Lektion erteilen, wie er es mit jeder seiner Handlungen beabsichtigte. Er sagte: „*Der Satan*

271 Sure Al-Anfāl, 8:67; Muslim, *Djihad* 58; Aḥmed ibn Ḥanbel, *Musned* 1/30–33.

läuft unentwegt in den Adern der Menschen umher.“[272] Da der Satan den Menschen derart nahesteht, kann er auch ohne weiteres Zweifel säen. Sollte er es trotz aller Wahrscheinlichkeit schaffen, den Menschen Gedanken wie: „Wer ist wohl diese Frau neben dem Gesandten Gottes“, in den Sinn zu setzen, wäre – Gott bewahre – dessen ewiges Leben zerstört und das Licht seines Glaubens gelöscht. Aus ebendiesem Grund griff der erhabene Prophet als Inbegriff der Fürsorglichkeit, ohne zu zögern, ein, zeigte seine Vertrauenswürdigkeit und schützte den Glauben seiner Gemeinschaft.

Er legte in der Tat viel Wert auf Vertrauenswürdigkeit und Glaubwürdigkeit. Gab man ihm nicht schon vor seiner Berufung als Prophet den Namen „Emīn“ (Vertrauenswürdiger)?[273] Kannten später nicht sogar seine erbittertsten Gegner ihn ebenfalls so? Seine Vertrauenswürdigkeit war außergewöhnlich und man dachte hierbei stets zuerst an ihn: Selbst, wenn man zu Ebū Djehl gegangen wäre, um ihn zu fragen, wem man das Wertvollste wie seine Ehre und die Ehre seiner Familie anvertrauen könne, hätte man wohl „el-Emīn“, Muhammed der Vertrauenswürdige, zur Antwort bekommen. Der Gesandte Gottes lebte sein ganzes Leben im Geist der Vertrauenswürdigkeit.

Er war derart vertrauenswürdig, dass er sofort eingriff und zu einer Frau, die ihrem Kind zurief: „Komm und sieh, was ich für dich habe“, sagte: „*Was wirst du dem Kind geben?*“ Als die Frau antwortete: „Ich wollte ihm ein paar Datteln geben, o Ge-

---

272 El-Buḫārī, *I'tikāf* 8; *Bed'u'l-Ḫalq* 11; Muslim, *Selām* 24–25; Ṭaberānī, *El-Mu'djemu'l-Kebīr* 24/72.

273 Aḥmed ibn Ḥanbel, *Musned* 3/425; Ḥakīm, *Mustedrak* 1/628; Ibn Hischām, *Sīratu'n-Nebewiyye* 1/323; Ibn Sa'd, *Ṭabaqātu'l-Kubrā* 1/121.

sandter Gottes“, verfügte er: *„Würdest du ihm nichts geben, hättest du gelogen.“*[274]

Der Gesandte Gottes war streng darauf bedacht, sich von Lüge fernzuhalten, zumal er sie für eines der drei Zeichen der Heuchler hielt. Die anderen beiden sind: nicht zu seinem Wort stehen und Verrat am Anvertrauten üben – alles Sünden und Abkehr vom wahren Glauben.[275] Heuchelei lag dem Gesandten Gottes so fern wie Verrat am Anvertrauten.

Die Vertrauenswürdigkeit des Gesandten Gottes beschränkte sich nicht lediglich auf Menschen, es umfasste alles Lebende. Als beispielweise ein Gefährte so tat, als hätte er etwas zu fressen in der Hand, um sein Pferd dazu zu bewegen, zu ihm kommen, war der Gesandte Gottes so aufgebracht, dass er den Gefährten zu sich rief und ihn rügte. Er sagte, dass man auch Tieren gegenüber nicht davon ablassen solle, vertrauenswürdig zu sein.

Ein anderes Mal kam er von einem Militäreinsatz zurück. Zwei der Gefährten hatten Küken aus dem Nest eines Vogels entnommen und streichelten sie. Genau in diesem Moment kam die Vogelmutter, die ganz aufgeregt zu flattern begann, als sie ihre Küken nicht im Nest sah. Sie flog unentwegt hin und her. Als der Gesandte Gottes davon hörte, gebot er, die Küken umgehend wieder in das Nest zurückzulegen und der Vogelmutter keinen weiteren Schmerz zu bereiten. Es war, als ob er zum Ausdruck brachte, dass sich ein solches Verhalten für Menschen, die auf Erden die Repräsentanten der Vertrauenswürdigkeit sein sollten, nicht geziemt.[276]

---

274 Ebū Dāwūd, *Edeb* 80; Aḥmed ibn Ḥanbel, *Musned* 3/447.

275 El-Buḫārī, *Īmān* 24; Muslim, *Īmān* 107.

276 Ebū Dāwūd, *Djihad* 112; *Edeb* 164; Aḥmed ibn Ḥanbel, *Musned* 1/404.

Die Gefährten wurden durch das Licht, das von ihm ausstrahlte, erleuchtet und strahlten im Schein dieses Lichtes selbst ebenfalls. Einer von ihnen war Ebū Ubeyde bin Djerrāh, der „Vertrauenswürdige der Umma". Er war zu Zeiten des ehrwürdigen Kalifen Umar Gouverneur *(Wālī)* von Damaskus. Als Herakleios mit seinem Heer kam, um Damaskus zurückzuerobern, standen Ebū Ubeyde nur wenige zur Seite. So war es unmöglich, die Stadt zu verteidigen. Sofort versammelte er die Bewohner der Stadt und sagte: „Wir erhielten die *Djizye-Steuer*[277] von euch. Als Gegenleistung müssten wir euch beschützen. Aber wir haben im Augenblick die Macht dazu nicht und daher erhaltet ihr die *Djizye* zurück. Es wäre ungerecht und nicht statthaft, sie einzubehalten."

So gab man ihnen die *Djizye* wieder zurück. Die Geistlichkeit und Priesterschaft war angesichts dessen zutiefst erstaunt und versammelte sich in den Kirchen, um Gott flehentlich zu bitten, er möge dafür sorgen, dass die Muslime immer in ihrer Mitte blieben. Als sie die Muslime ein Stück auf ihrem Weg begleiteten, sagten sie: „So Gott will, kehrt ihr wieder zurück und befreit uns aus der Hand des Tyrannen Herakleios."[278]

Ebū Ubeyde war ein Gott ergebener Mensch, der Vertrauen einflößte, diese Eigenschaft lebte und sogar die Herzen der Christen eroberte. Es liegt ausschließlich an uns selbst, wenn der Westen uns heute nicht mehr zuhört und die Botschaften derjenigen, die wir nach Europa aussandten, kein Gehör finden. Zweifelsohne liegt unser größter Mangel auf dem Gebiet, das wir hier erörtern: Vertrauenswürdigkeit und Vertrauen. An dem Tag, an dem wir diese uns eigentlich innewohnende Eigenschaft wieder zum Vor-

---

277 Die vorgesehene Steuer für die schutzbefohlenen Nichtmuslime, die als Militärersatzsteuer entrichtet wurde. Das Osmanische Reich hob die *Djizye* im Jahre 1856 auf (Anm. d. Hrsg.).

278 Belāzurī, *Futūhu'l-Buldān* 1/143.

schein bringen, wird die gesamte Menschheit eine Gemeinschaft gefunden haben, der sie vertrauen kann. Und wir werden voller Selbstbewusstsein wieder unseren Platz im Gleichgewicht der Staaten eingenommen haben.

Die Auswirkungen der gleichen vertrauensvollen Atmosphäre waren schon zu Zeiten der Weltherrschaft der Osmanen zu beobachten. Wenn sie mit ihrem Heer durch Wein- und Obstgärten zogen, haben sie stets für das Obst, das sie aßen, bezahlt, indem sie den Betrag an den Ast hefteten, von dem sie aßen. Diese edlen Menschen als Repräsentanten der Vertrauenswürdigkeit eroberten so die Herzen der Menschen, bevor sie die Länder mit dem Schwert einnahmen. Andernfalls wäre es ihnen unmöglich gewesen, gegen die grausame Geisteshaltung der Kreuzritter ankämpfend nach Europa zu gelangen, geschweige denn, dort Fuß zu fassen. Das, was sich beispielhaft in Damaskus zur Zeit des Ebū Ubeyde ereignete, konnte man 400 Jahre lang auf dem Balkan und in Europa erleben. Über Jahrhunderte waren sie die Repräsentanten des Friedens und der Sicherheit. Vermutlich wurde in den vergangenen 50 Jahren in der Türkei im Namen der Sicherheit mehr Blut vergossen als in den 500 Jahren unter den Osmanen, und das trotz der Tatsache, dass man damals Frieden und Sicherheit zwischen fremden Nationen stiften musste. In der Tat zeigen alle Forschungen und Statistiken, dass in den bewaffneten Auseinandersetzungen während 600 Jahren osmanischer Herrschaft weniger Menschen getötet wurden als in den vergangenen 50 Jahren. Daher ist es völlig abwegig und falsch zu behaupten, die Eroberungen der Osmanen fußten lediglich auf roher Gewalt. Wenn man zudem noch die Transportmittel der damaligen Zeit in Betracht zieht, ist es offensichtlich, dass die Verwaltung eines derart ausgedehnten Gebietes rein auf staatlicher Autorität und militärischer Stärke basierend unmöglich wäre.

Da sie die Herzen der Menschen eroberten, waren sie in der Lage, Menschen unterschiedlichster ethnischer Herkunft unter dem Dach des gleichen Staates über einen langen Zeitraum, ohne dass ernste Probleme auftraten, zu verwalten. Den *Helden der Liebe* von heute obliegt es, die Herzen und den Verstand der Menschen zu erobern.

C. Er rief seine Umma zur Vertrauenswürdigkeit auf

Der Sultan der Propheten verwahrte die göttlichen Botschaften sicher und in dieser Atmosphäre des Vertrauens war Platz für alles Existierende. Er rief seine Umma auf, den gleichen sittlichen Prinzipien zu folgen, und riet ihnen, vertrauenswürdig unter den Menschen zu leben. Bei ihm war nicht im Geringsten an Verrat zu denken und er ließ nicht zu, dass über einen Gläubigen auch nur schlecht geredet wurde. Sofort rügte er sein Gegenüber und ließ nicht zu, dass sich auch nur der Staub übler Nachrede auf seinem Geist niederließ.

Auf den Ausruf der ehrwürdigen Āische „Wie lang doch der Rock dieser Frau ist!“ reagierte der Gesandte Gottes wie folgt: *„Du hast übel über sie geredet (ghiybe) und deine Zähne in ihr Fleisch geschlagen.“*[279] Auch einem anderen Gefährten, der schlecht über Mā‘iz sprach[280], widersprach er in ähnlicher Manier, was daher rührte, dass er stets darauf bedacht war, vertrauenswürdig zu sein, und wusste, dass eine Atmosphäre des Vertrauens in den Menschen innere Ruhe hervorbringt.

Er selbst betete folgende Worte und regte auch seine Umma dazu an: *„Mein Gott, ich suche Zuflucht bei Dir vor dem Hunger;*

---

279 Siehe Tirmiḏī, *Qiyāme* 51; Ebū Dāwūd, *Edeb* 35; Aḥmed ibn Ḥanbel, *Musned* 6/189.

280 Ebū Dāwūd, *Hudūd* 23.

welch schlechter Freund er doch ist. Auch vor dem Verrat suche ich Zuflucht bei Dir; welch schlechter Vertrauter er doch ist.“[281]

So wichtig es ist, sich als vertrauenswürdig zu erweisen, so wichtig ist es auch, dem Verrat nicht zuzuneigen; beide Eigenschaften bedingen einander.

Folgende Schauder erregende Aussage über Menschen, die Bündnissen gegenüber untreu sind und Verrat üben, stammt ebenfalls vom Gesandten Gottes: *„Während des Jüngsten Tages werden alle Menschen versammelt, für jeden untreuen Menschen wird ein Banner gehisst und es wird gesagt: ‚Dieser hat jene Treulosigkeit begangen.*‘“[282]

Der Geist des Gesandten Gottes war jeglichem Übel gegenüber verschlossen und versiegelt. Dem kleinsten Guten hingegen, und sei es auch noch so winzig, öffnete er sein Herz so weit wie möglich und in diesem Gefühl des Guten setzte er sich nieder und stand auf – er führte sein Leben stets in einer Atmosphäre des Vertrauens. Und die Menschheit vertraute ihm und verließ sich auf ihn. Was diejenigen betrifft, die ihm den Rücken kehrten: Sie wurden irregeführt und kamen auf ihrem Weg nicht voran. Andererseits kümmerte er sich fürsorglich wie ein Schutzengel um seine Umma. Ganz gleich wer zu welcher Zeit und mit welchem Anliegen auch immer zu ihm kam, er hörte ein herzliches „Herein! Wie kann ich behilflich sein?“.

Er war nicht nur selbst ein vertrauenswürdiger Mensch, sondern er vertraute in gleicher Weise auf Gott und verließ sich auf Ihn. Sein Vertrauen zu Gott bedeutete den Aufstieg dieser Eigenschaft vom Propheten hin zu Gott. Die Vertrauenswürdigkeit

281 Ebū Dāwūd, *Witr* 32; Nesā'ī, *Istiāze* 19, 20.

282 El-Buḫārī, *Edeb* 99; Muslim, *Djihad* 9–16. Das Zitat ist von Muslim.

kam von Gott herab und wurde offenbar in der Vertrauenswürdigkeit und der inneren Ruhe der Propheten. Berühren sich die Enden dieser beiden Bögen, entsteht allgemeine Sicherheit und universelles Vertrauen.

Jeder Prophet wurde mit Vertrauen in Gott geehrt. Das war eines ihrer unabdingbaren Merkmale und erhabenen Eigenschaften. Der Koran weist ganz offen in folgenden Versen auf diesen Umstand hin:

„Trage ihnen die lehrreiche Geschichte von Noah vor, als er zu seinem Volk sagte: ‚O mein Volk! Wenn meine Anwesenheit (unter euch) und meine Ermahnung (an euch) durch Gottes Offenbarung euch ärgerlich macht – nun, so habe ich mein Vertrauen in Gott gesetzt. So kommt zusammen und stimmt eure Vorgehensweise miteinander ab, und (ruft) eure (sogenannten) Teilhaber Gottes (zu Hilfe), dann lasst euch in eurer Vorgehensweise nicht beirren, und führt gegen mich aus (wozu ihr euch entschieden habt), und gewährt mir keinen Aufschub.'"[283]

Der ehrwürdige Noah – Friede sei mit ihm – vertraute auf seinen Herrn, verließ sich auf Ihn und sagte zur Menge der Gottesleugner, die sich gegen ihn versammelten: „Wenn ich euch zur Last falle mit meiner Anwesenheit, meiner Haltung, meiner Stellung und der Verkündung der Gebote Gottes und ihr dies nicht mehr ertragen könnt, tut, was ihr für richtig erachtet. Ich verlasse mich in meiner Situation auf Gott den Erhabenen und vertraue Ihm. Das ist der Unterschied zwischen uns. Ihr seid eine Menge Menschen, ich jedoch bin ganz allein. Wisst aber, dass Gott der Erhabene mich vor euch nicht Schaden erleiden lassen wird. Kommt daher zusammen und steckt die Köpfe zusammen, haltet

283 Sure Yūnus, 10:71.

Rat und schmiedet Pläne gegen mich. Versammelt alle eure Bundesgenossen und Unterstützer um euch, tut alles euch Mögliche und verwirklicht alle eure Gedanken, damit ihr nicht sagen werdet: ‚Ach hätten wir doch dieses oder jenes noch getan!'. Ich bin bereit für alles, was von euch kommt." So forderte er sie heraus.

Mit diesen Worten kam das außergewöhnliche Vertrauen des ehrwürdigen Noah – Friede sei mit ihm – zu Gott zum Ausdruck. Er wusste ohne den geringsten Zweifel, dass sein Herr ihn beschützen und bewahren würde. Wir wissen nicht, wie viele Menschen in die Arche gingen, aber wir wissen, dass viele Propheten, auch der ehrwürdige Abraham – Friede sie mit ihm – von ihm abstammen, denn der Koran zählt den ehrwürdigen Abraham zu seinem Volk, indem er sagt: *„Abraham war ganz gewiss jemand, der denselben Weg wie er befolgte."*[284]

Ja, auch Abraham und diejenigen, die mit ihm waren, stellten sich dem Götzendienst entgegen und forderten die Gottesleugner heraus. Sie sagten: „Wir sind von den Dingen, die ihr anstelle Gottes anbetet, meilenweit entfernt. Wir haben euch und alle eure Götzen verleugnet. Die Gräben zwischen uns werden immer tiefer." Diese Feindschaft besteht seit den Tagen des ehrwürdigen Adam und reicht bis in unsere heutige Zeit hinein. Glaube und Götzendienst sind seit jeher unvereinbare Gegensätze, die unmöglich zusammenfinden werden. Daher ist es ganz natürlich, dass der Götzendienst den Glauben zum Straucheln bringen will und sich in seiner Gegenwart unwohl fühlt. So wie Licht das Auge der Fledermaus stört, weil sie es nicht gewohnt ist, so würden sich die Götzendiener am Licht des Glaubens und der Prophetenschaft stören.

---

284 Sure As-Sāffāt, 37:83.

Anschließend bringt der ehrwürdige Abraham mit den Worten: *„Du bist es, in den wir unser Vertrauen gesetzt haben, und Du bist es, zu dem wir uns in größter Aufrichtigkeit und Hingabe wenden“*, sein Vertrauen und seine Ergebenheit Gott gegenüber zum Ausdruck. Untersucht man eingehend das Leben aller Propheten, wird man feststellen, dass das Vertrauen in Gott und die Ergebenheit Ihm gegenüber eine entscheidende Rolle spielen. Dieses Vertrauen und diese Ergebenheit unterscheiden sich von denen gewöhnlicher Menschen, besonders wenn wir die Ergebenheit des Sultans der Propheten betrachten. In der Tat waren die Ergebenheit und das Vertrauen des Hauptes der zwei Welten im Vergleich zum Vertrauen und der Ergebenheit aller Propheten weit umfangreicher und weit tiefer.

Gott der Erhabene lehrte ihn einmal „Hasbiyallah“ zu sagen: Gott genügt uns.[285] Der Gesandte Gottes lebte sein Leben lang in diesem Vertrauen zu Gott, in dieser Ergebenheit und dieser Sicherheit. Es sollte uns zum Nachdenken bringen, wenn schon ein heldenhafter und kühner Mensch wie der ehrwürdige Ali, der Löwe Gottes – möge Gott an ihm Gefallen finden – sagt: „Wenn wir auf dem Schlachtfeld in die Enge getrieben wurden und uns zu fürchten begannen, zogen wir uns sofort hinter den Gesandten Gottes zurück und waren geborgen und in Sicherheit.“[286]

D. Vertrauen während der Hidjra

Als sein Haus während der Hidjra von allen Seiten von Leuten umzingelt war, die nur darauf warteten, ihn zu töten, übermittelte er ihnen den Vers: *„Und Wir haben eine Scheidewand vor ihnen und eine Scheidewand hinter ihnen errichtet“*[287], woraufhin

285 Siehe Sure At-Tauba, 9:129.

286 Aḥmed ibn Ḥanbel, *Musned* 1/156; Ebū Ya῾lā, *Musned* 1/258.

287 Sure Yā. Sīn, 36:9.

er eine Handvoll Erde auf ihre Häupter warf und ohne das geringste Anzeichen von Furcht mitten durch sie hindurch seines Weges ging.[288] Ja, so unbeirrt und furchtlos war er.

Später führte ihn sein Weg zur Höhle von Thaur. Thaur befand sich auf einem sogar für junge Menschen schwer zu erklimmenden Gipfel. Er bestieg mit seinen 53 Jahren diesen Gipfel. Ohnehin ertrug er sein ganzes Leben lang Mühe und Pein, dies war nun der Abschluss. Er folgte jetzt der Einladung der glücklichen Höhle, die sie in der ihr eigenen Sprache ausdrückte, übernachtete einige Tage und ehrte diese Höhle mit seiner Anwesenheit über die Maßen.

Die Götzendiener aus Mekka versammelten sich vor dem Eingang der Höhle und warteten auf ihn. Es lag nicht einmal ein Meter zwischen ihnen. Der ehrwürdige Ebū Bekr – möge Gott an ihm Gefallen finden – wurde nervös und bekam Angst, denn er dachte, es oblag ihm, auf den Gesandten Gottes Acht zu geben: „Und wenn dem mir Anvertrauten etwas zustößt, bevor ich ihn an den Ort führe, an den er zu gehen beabsichtigt?“ Er wurde beim Gedanken daran ganz bleich im Gesicht. Im Gesicht des Gesandten Gottes hingegen stand immer noch das gleiche Lächeln. Dieser Mensch des Vertrauens und der Zuversicht redete seinem Freund, dem ehrwürdigen Ebū Bekr, tröstend zu: *„Sei nicht traurig! Gott ist fürwahr mit uns.“*[289] Und wieder: *„Wie denkst du über zwei Personen, bei denen Gott der Dritte ist?“*[290]

---

288 Ibn Hischām, *Sīratu'n-Nebewiyye* 3/8–9; Ṭaberī, *Tārīhu'l-Umem we'l-Mulūk* 1/567.

289 Sure At-Tauba, 9:40.

290 El-Buḫārī, *Tefsīr* (9) 9; Muslim, *Fedailu's-Sahābe* 1.

E. Vertrauen auf dem Schlachtfeld

Zu Beginn der Schlacht von Huneyn (630) zeigte das islamische Heer Auflösungserscheinungen. Alle Gefährten stoben davon und jedem war bewusst, dass sie eine Niederlage erleiden würden. Genau in dieser Phase ereignete sich etwas Unerwartetes Der Gesandte Gottes – möge Friede mit ihm sein – saß auf seinem Reittier, das der ehrwürdige Abbas kaum zu zähmen wusste, und warf sich in die Schlachtreihen des gegnerischen Heeres. Mit Ehrfurcht gebietender Stimme rief er dabei aus: „Ich bin fürwahr der Gesandte Gottes! *„Ich bin der Gesandter Gottes ohne Zweifel! Ich bin doch Abdulmuttalib Enkel!*“

Infolge dieser Haltung und dieses heldenhaften Auftretens sammelte und ordnete sich das islamische Heer in kürzester Zeit und das Schicksal wendete sich zu ihren Gunsten.[291]

F. Schwindelerregende Ergebenheit

Der Gesandte Gottes ruht sich unter einem Baum aus. Ein Gottesleugner namens Ghawrath will dies ausnutzen und bemächtigt sich des Schwertes, das an einem Ast im Baum hängt und geht dem Gesandten Gottes an die Kehle. Voll Hohn sagt er: *„Und wer wird dich jetzt aus meiner Hand befreien?*“ Der Gesandte Gottes hingegen zeigt keine Anzeichen von Panik, denn sein Vertrauen in Gott ist vollkommen. Ohne einen Zweifel in der Stimme antwortet er laut: „Gott“. Den Götzenanbeter trifft förmlich der Schlag, das Schwert fällt ihm aus der Hand und er steht wie angewurzelt da. Nun ist es der Gesandte Gottes, der das Schwert in die Hand nimmt und fragt: „Und wer wird dich jetzt befreien?“

291 El-Buḫārī, *Djihad* 52; Muslim, *Djihad* 76–80.

Der Mann fängt wie im Fieber an zu zittern. In der Zwischenzeit kamen auch andere hinzu, die die Stimme des Gesandten Gottes gehört hatten. Das, was sie sahen, erstaunte auch sie. Als sie später erfuhren, was sich zugetragen hatte, wuchs ihr Glaube und ihr Vertrauen in Gott noch mehr. Auch Ghawrath sprach voll Zuversicht „el-Emīn" sein Vertrauen aus und zog seines Weges.[292]

Der Literaturnobelpreisträger Bernard Shaw sagte einmal sinngemäß: „Muhammed war aus vielerlei Sicht ein Mensch mit überlegenen Eigenschaften, die schwindelerregend sind. Dieses Geheimnis vollständig zu ergründen ist unmöglich. Ein unergründliches Gebiet, auf dem sich seine Überlegenheit zeigte, ist sein Vertrauen und sein Zutrauen in Gott." Wie recht Shaw doch hat.

Sein Vertrauen in Gott und seine Ergebenheit sind mit uns bekannten Kriterien und Maßstäben nicht zu messen und nicht zu bewerten. Seine Stellung vor Gott und der Wert, den Er ihm beimisst, entspricht seinem Vertrauen und seiner Zuversicht in Gott. Zurecht verwandelt sich Nacht in Tag, Finsternis in Licht, Kohle in Diamanten und Bettlern wird der Reichtum von Sultanen zuteil – einzig und allein aufgrund der besonderen Gunst, die der Gesandte Gottes in den Augen Gottes besaß, seiner Wünsche und seiner Bitten.

Sogar ein Mann, der kaum mit dem Propheten verbunden war, blieb nicht ohne Belohnung: Im Moment größter Bedürftigkeit nahm sich der Gesandte Gottes fürbittend seiner an. Als er die Nachricht von seinem Tod erhielt, war sein Geist mit der Ermächtigung Gottes augenblicklich zur Stelle.

---

292 El-Buḫārī, *Djihad* 84; *Meğāzī* 31; Muslim, *Faḍā'il* 13; Ḥakīm, *Mustedrak* 3/29.

Der Gesandte Gottes war die Persönlichkeit, die unter den Menschen das größte Vertrauen genoss. Auch seine Umma sollte sich des Vertrauens würdig erweisen. Deshalb sagt der Koran:

„Gott gebietet euch, dass ihr (euch) Anvertrautes (einschließlich öffentlicher und beruflicher Dienstpflichten) denen zukommen lasst, die zum Entgegennehmen berechtigt sind, und wenn ihr zwischen Menschen richtet, dass ihr eine gerechte Entscheidung trefft. Was für eine herrliche Ermahnung ist es, die Gott euch zu beachten aufträgt. Wahrlich, Gott ist hörend, sehend."[293]

Der Hintergrund dieses Verses wird in den Kommentaren so geschildert: *„Nach der Eroberung Mekkas übernahm der Prophet die Schlüssel der Kaaba von Uthman bin Talha, der kurz zuvor Muslim geworden war und schloss die Kaaba selbst auf. Als der ehrwürdige Abbas dies sah, forderte er die Schlüssel für sich selbst. Vermutlich war jedoch Uthman bin Talha würdiger, dass ihm die Schlüssel anvertraut wurden, und es würde sein Herz auch noch mehr dem Islam zuneigen lassen. Und genau so kam es. Als dieser Vers offenbart wurde, übergab man die Schlüssel der Kaaba erneut Uthman bin Talha."*[294] Allerdings ist der Beschluss dieses Verses von allgemeiner Bedeutung, denn der Gesandte Gottes zählt das Verlorengehen der Vertrauenswürdigkeit zu den Zeichen des Jüngsten Tages und verfügt: *„Verschwindet die Vertrauenswürdigkeit, dann erwartet den Jüngsten Tag!"* Die Gefährten fragen: „O Gesandter Gottes, wie könnte die Vertrauenswürdigkeit verloren gehen?" Als Antwort sagte er: *„Wenn die Aufgabe jemandem gegeben wird, der dazu nicht berechtigt ist!"*[295]

---

293 Sure An-Nisā', 4:58.

294 Ibn Keṯīr, *Tefsīru'l-Qur'āni'l-ʿAẓīm* 1/516–517.

295 El-Buḫārī, *ʿIlm* 2; Aḥmed ibn Ḥanbel, *Musned* 2/361.

Ja, Vertrauenswürdigkeit ist von großer Bedeutung. Die Aufgabe jemandem zu übertragen, der dazu berechtigt ist, bedeutet, ihm etwas anzuvertrauen. Dies ist einer der wichtigsten Aspekte, die die Ordnung der Welt aufrechterhalten. Das Verschwinden der Vertrauenswürdigkeit ist gleichbedeutend mit dem Zusammenbruch des allgemeinen Gleichgewichts und der allgemeinen Ordnung. Die Existenz einer solchen Welt ist unter diesen Umständen gleichbedeutend mit ihrer Nichtexistenz. Diesbezüglich sagte der Gesandte Gottes gemäß einem weiteren Hadith Folgendes:

„Ich alle seid Hirten und verantwortlich für das euch Obliegende: Das Staatsoberhaupt ist ein Hirte und verantwortlich für seine Untertanen. Jedes Individuum ist der Hirte seiner Hausgemeinschaft und für sie verantwortlich. Die Frau ist die Hüterin ihres Hauses und verantwortlich für all ihre Obliegenheiten. Der Diener ist der Hüter des Besitzes seines Herrn und verantwortlich für das ihm Anvertraute. Ihr alle seid Hirten und verantwortlich für das euch Anvertraute."[296]

Die Kernaussage dieser perspektivischen Aussage lautet: Jeder ist jedem anvertraut. Alles Existierende ist umfassend Gott anvertraut. Der Korans wurde zuerst Gabriel und dann dem ehrwürdigen Muhammed – möge Friede mit ihm sein – anvertraut. Die Wahrheiten des Korans und die Sache der Prophetenschaft des ehrwürdigen Muhammed – möge Friede mit ihm sein – wurden der Umma anvertraut. Die ganze Umma ist wiederum Gott dem Erhabenen anvertraut.

Alle Faktoren, die das Leben ins Dasein bringen und das soziale Leben am Leben erhalten, sind wie ineinander verwobene Kreise. Der kleinste Fehler bei einem dieser potenziert sich und

296 El-Buḫārī, *Djum'a* 11; *Wesāyā* 9; Muslim, *Imāre* 20.

überträgt sich auf die anderen Kreise. Dem wird wohl jeder zustimmen. Wenn auf der Ebene des Individuums ein Fehler entsteht und dieser nicht umgehend beseitigt wird, besteht kein Zweifel, dass er sich innerhalb kürzester Zeit wie Gangrän verbreitet und eine Heilung unmöglich wird. Daher muss jeder Kreis darauf bedacht sein, die ihm übertragene Verantwortung rechtmäßig zu erfüllen, sodass etwaigen Fehlern jeglicher Art vorgebeugt werden kann.

Genau auf diese Beziehung und diese Einheit weist dieses Hadith hin. Ist sich in diesem Beziehungsrahmen vom Hausmeister bis zum Staatsoberhaupt jedes Individuum seiner Verantwortung für das ihm Anvertraute bewusst, wird die Menschheit die Gemeinschaft von Vertrauenswürdigen finden, die sie in ihren Utopien sucht.

Vertrauenswürdigkeit ist alles. Der Gesandte Gottes verfügt: *„Wer nicht vertrauenswürdig ist, der hat auch keinen Glauben."*[297] Wer sich nicht um das ihm Anvertraute kümmert und es nicht rechtmäßig behandelt, dessen Glaube ist nicht vollständig und nicht vollkommen.

Das Verhältnis von Glaube zu Vertrauenswürdigkeit ist in gewisser Weise eine Beziehung von Ursache und Wirkung: Ein Mensch, der sich nicht um das ihm Anvertraute kümmert, kann nicht als vortrefflicher Gläubiger zählen; außerhalb der Gemeinschaft vortrefflicher Gläubiger kann man kaum den Gedanken der Vertrauenswürdigkeit finden. Ja, ist der Mensch ein vollkommener Gläubiger, so wird er auch in Bezug auf das ihm Anvertraute vertrauenswürdig sein; kann er nicht vertrauenswürdig sein, bedeutet das, dass auch sein Glaube nicht vollkommen ist.

---

297 Aḥmed ibn Ḥanbel, *Musned* 3/135; Ṭaberānī, *El-Muʿdjemu'l-Kebīr* 8/195; Beyhaqī, *Sunenu'l-Kubrā* 4/97.

In einem weiteren Hadith beschreibt der Gesandte Gottes einen Gläubigen und führt aus: „*Ein wahrer Gläubiger ist der, bei dem die Menschen ihren Besitz und ihr Leben in Sicherheit wissen.*“[298]

Ich möchte auf ein Hadith zurückkommen, auf das wir schon in Verbindung mit der Wahrhaftigkeit des Propheten zu sprechen kamen. Der Gesandte Gottes verfügte auszugsweise Folgendes: „*Gelobt ihr, euch an diese sechs Dinge zu halten, dann verspreche ich euch das Paradies:*“[299]

1. „*Sprecht stets die Wahrheit!*“ Alles, was wir sagen und tun, sollte absolut der Wahrheit entsprechen, so gerade wie ein Pfeil.

2. „*Haltet eure Versprechungen!*“ Wir hatten bereits angedeutet, dass das Gegenteil zu den Zeichen der Heuchler zählt.

3. „*Behandelt das euch Anvertraute vertrauenswürdig!*“ Geltet ihr als vertrauenswürdig und überlässt man etwas in eurer Obhut, achtet sehr darauf, diejenigen, die euch vertrauen, nicht Lügen zu strafen. Und achtet besonders im Hinblick auf den Jüngsten Tag darauf, ihre gute Meinung über euch nicht Lügen zu strafen.

4. „*Verhaltet euch züchtig!*“ Schützt eure Ehre und sittliche Reinheit und bewahrt gleichermaßen die Ehre und sittliche Reinheit anderer. (Auf diesen Aspekt werden wir später in Verbindung mit unseren Ausführungen über die Züchtigkeit *[iffe]* detailliert eingehen.)

5. „*Verbergt eure Blicke vor Verbotenem!*“ Lasst euren Blick nicht auf Dingen ruhen, die euch nicht gehören und richtet euren Blick nicht auf Dinge, deren Gebrauch euch nicht gestattet ist!

---

298 Tirmiḏī, *Īmān* 12; Nesāʾī, *Īmān* 8.

299 Aḥmed ibn Ḥanbel, *Musned* 5/323; Ṭaberānī, *El-Muʿdjemuʾl-Kebīr* 8/262; *El-Muʿdjemuʾl-Ewṣaṭ* 3/77; Beyhaqī, *Sunenuʾl-Kubrā* 6/288.

Den Blick auf Verbotenes zu richten, versetzt das Herz in Aufruhr. In einem heiligen Hadith heißt es: „*Verbotenes anzusehen gleicht einem vergifteten Pfeil des Satans. (Er entspringt eurem Willen und dringt in euer Herz ein. Oder: Dieser Pfeil des Satans ist in den Händen eures Willens.) Wer aus Respekt vor Mir seinen Blick abwendet, in dessen Herz werde ich einen solchen Glauben pflanzen, dessen Freude er im ganzen Herzen spüren wird.*“[300]

6. „*Haltet eure Hände von Verbotenem fern!*“ Fügt niemandem auf irgendeine Weise Böses zu!

Diese Punkte sind gewissermaßen die Bedingungen, die an einen vertrauenswürdigen Menschen gestellt werden, und wenn er sich danach richtet, wird er in Sicherheit leben und kann auf diese Weise auch dem Jüngsten Tag vertrauensvoll und zuversichtlich entgegenblicken. Demjenigen, der so dem Gesandten Gottes sein Wort gibt, verheißt er im Gegenzug das Paradies.

Damit die Erde im Vertrauen auf Dauer bestehen kann, bedarf es vertrauenswürdiger Menschen, die Mitspracherecht besitzen. Nimmt sich die gesamte islamische Welt des Auftrages an, der ihnen anvertraut wurde, und werden sie zu Repräsentanten der Sicherheit und des Vertrauens auf Erden, wird die Welt ihr Gleichgewicht und ihre innere Ordnung zurückgewinnen. Allerdings zerreißt einem die Lage in der Türkei wie in der gesamten Welt das Herz. Der türkische Nationaldichter Mehmet Ākif Ersoy drückte dies sehr schön wie folgt aus:

> *Die Schande losgerissen und herabgekommen: So eine Unverfrorenheit allerorten …*
>
> *Welch hässliche Gesichter doch dieser dünne Vorhang einst verhüllte!*[301]

---

300 Ṭaberānī, *El-Muʿdjemuʾl-Kebīr* 10/173; Ḥakīm, *Mustedrak* 4/349.

301 Damit wird auf die – während der osmanischen Zeit übliche – durchsichtige

Keine Treue, kein Respekt vorm Bunde, das Wort vom Anvertrauten bedeutungslos;

Die Lüge hoch im Kurs, Verrat allenthalben unabdingbar, das Recht unerkannt.

Die Haare stehen uns zu Berge, o Herr, welch schrecklich Aufbegehren!

Weder Religion noch Glaube bleibt, die Religion am Ende, der Glaube zu Staub zerfallen!

G. O ihr Knospen der Hoffnung!

Ihr[302] seid diejenigen, die die Wahrheit der Religion erneut auf die Erde bringen und an ihren rechten Platz setzen. Ihr seid gleich den Trieben einer Wurzel, gleich den Lichtstrahlen, die von einer Lichtquelle ausgehen. Ihr hüllt in einer historisch finsteren Zeit die Welt in Licht und wie der Paradiesbaum haben sich ihre Zweige, Blätter und Blüten allerorten ausgebreitet. Einst war unsere edle Gemeinschaft eine führende Macht, deren Wort man auf der internationalen Bühne Folge leistete. Ich trage die Hoffnung in mir, dass in nicht allzu ferner Zukunft – so Gott will – die heutigen finsteren Tage überwunden werden und ihr das Zeitalter der Erleuchtung wiederaufleben lasst. Himmel und Erde erwarten dies von euch. Auch der ehrwürdige Muhammed – möge Friede mit ihm sein – erwartet dies mit hoffnungsvollem Blick und einem Lächeln voller Herzensgüte von euch; er, der mit sei-

Bedeckung der Frauen mit Burka-ähnlichem Kopftuch *(yaschmak)* angespielt. Obwohl sie ein Kopftuch mit Vorhang trugen, verübten sie abscheuliche Taten (Anm. d. Hrsg.).

302 Da dieses Buch die Verschriftlichung einer Serie von Predigten des Lehrmeisters Gülen ist, folgt hier die direkte Rede an die Anwesenden in der Moschee (Anm. d. Hrsg.).

ner Spiritualität stets unter euch weilt und euch, ohne dass ihr es bemerkt, fürsorglich und liebevoll zur Seite steht.

Verbreitet ihr als vertrauenswürdige Menschen stets Botschaften von Sicherheit und Vertrauen und verlasst den Weg der Geradheit nicht, dann werden euch die Herzen aller Menschen völlig offenstehen und ihr werdet wie ehedem diese Herzen erobern. Aber vergesst nicht: Die Grundvoraussetzung zum Erreichen dieses Ergebnisses, oder besser: dieses Zenits, ist, dass ihr euch dem Anvertrauten gegenüber als vertrauenswürdig erweist.

Wollt ihr zu einer Gemeinschaft werden, der man bei der Entscheidungsfindung zu globalen Schicksalsfragen Beachtung schenkt als einem Faktor, der zum Gleichgewicht beiträgt, kommen wir nicht umhin, Repräsentanten des Rechts, der Gerechtigkeit, der Geradheit und des Vertrauens zu sein.

3. *TEBLİGH* – ÜBERMITTLUNG DER BOTSCHAFT GOTTES

Die Übermittlung der göttlichen Botschaft ist das dritte Attribut der Propheten, dem wir uns nun widmen werden. Man kann es wahlweise auch die Übermittlung der Wahrheit des Islams nennen oder das Gebieten des Guten und das Verbieten des Bösen *(emr bi'l-ma'rūf nehy 'ani'l-munkar).*

Die Übermittlung der Botschaft Gottes ist Ziel der Existenz eines jeden Propheten, ohne dies wäre es absurd und zwecklos, Propheten zu entsenden. Die Propheten lassen uns Gottes Güte und Seine großzügige Gnade erleben, und Sein Erbarmen und Seine Barmherzigkeit manifestierten sich im Leben der Propheten. Dies widerzuspiegeln geschieht durch die Übermittlung der Botschaft Gottes.

Gott der Erhabene zeigt uns jeden Tag aufs Neue die Anmut seines Erbarmens, in dem er die Sonne mit ihrem Lächeln im Himmel fest verankert; die Sonne, die wie ein Ofen zum Wärmen und wie ein Herd zum Kochen dient und mit ihrem farbenfrohen wunderschönen Antlitz dem Pinsel eines Künstlers gleicht. Wie die Sonne zeigen uns die von Gott gesandten Propheten Sein Erbarmen und Seine Barmherzigkeit. Sie alle dienten als Repräsentanten des göttlichen Erbarmens und Seiner Barmherzigkeit. Der ehrwürdige, auserwählte Muhammed – möge Friede mit ihm sein – nahm jedoch eine besondere Stellung ein, denn der Koran sagt über ihn: *„Wir haben dich (o Muhammed) nur als unvergleichliche Barmherzigkeit für alle Welten entsandt.“*[303] Wäre er nicht gekommen, um die Sache der anderen Propheten zu erneuern, hätten wir niemals erfahren, was Gottes Barmherzigkeit für uns bedeutet und wir wären immer noch in den unwirtlichen Wüsten der Unwissenheit, der Gottesleugnung und der Abkehr von Gott hilflos, verwirrt und verwundert gefangen.

Während sich die Menschheit noch in Einsamkeit windet, vernimmt sie den Atem des Gesandten Gottes und durch ihn auch den lebenspendenden Odem der anderen Propheten. Unversehens fanden sie sich im Garten des Paradieses mit seiner Anmut von Tausend Lenzen wieder. Andernfalls wären sie in Einsamkeit und Vereinsamung zugrunde gegangen.

Wer sind wir? Woher kommen wir und wohin gehen wir? Über diese bedeutenden Fragen würden wir immer noch unser Hirn zermartern, keine Antwort finden und müssten diesen Schmerz ein Leben lang ertragen. Ganz zu schweigen von den erstarrten Gebeinen im Grab. Der Gedanke an sie würde uns er-

303 Sure Al-’Anbiyā’, 21:107.

schaudern lassen und unser Inneres mit finsteren Befürchtungen erfüllen. Mehr noch: Der Gedanke an die Nichtexistenz und die Furcht, sich ihr mit jeder Minute, die vergeht, ein weiteres Stück zu nähern, würde unser Leben vergiften.

Die Propheten kamen und berichteten uns vom Sinn des Lebens und der Wahrheit rund um den Tod. Auf diese Weise haben wir verstanden, welche Weisheit darin besteht, dass wir auf die Erde kamen und damit im Zusammenhang auch, dass wir von hier weggehen. Der Tod ist keine Nichtexistenz und kein Nichts, er gleicht lediglich einem Ortswechsel oder einer Entlassung aus dem Dienst. Das Grab hingegen ist ein Tor, das sich zum Jenseits hin öffnet und einem Wartesaal gleicht. Als wir dies von den Propheten erfuhren, wich unsere Einsamkeit der Vertrautheit. Alle Ängste und Befürchtungen, die unser Herz und unseren Sinn erfüllten, waren wie weggewischt und an ihrer Stelle schufen sich Vertrautheit und Freude Raum.

Mit ebendiesen und ähnlichen Botschaften kamen die Propheten zu uns. Uns diese Botschaften zu Gehör zu bringen, war der Sinn und Zweck ihres Daseins. Für uns ist die Übermittlung der Botschaft Gottes eine Sache von Recht und Verpflichtung, die wir ernst nehmen. Für die Propheten hingegen war es der Sinn ihres Lebens und sie erfüllten ihn in tiefer Weisheit. Sie sagen förmlich:

„Unser Kommen auf die Erde verfolgt kein anderes Ziel. Gott hat uns zu diesen Menschen entsandt, um sie zu erhellen und aus allen Finsternissen zu befreien, die sie ringsherum umgeben. Sie mögen nun auf dem erleuchteten Weg wandeln, ohne abzuirren, auf dass der Satan niemals einen Weg finde, sich ihres Geistes zu bemächtigen, und sie auf dieser langen Reise nicht strauchelnd zurückbleiben.“

Um es noch einmal zu betonen: Für uns ist die Übermittlung der Botschaft Gottes eine Dienstpflicht. Die Propheten hingegen erfüllten diese Aufgabe, weil es der Sinn und Zweck war, weshalb sie erschaffen wurden.

A. DREI GRUNDPRINZIPIEN BEI DER ÜBERMITTLUNG DER BOTSCHAFT GOTTES

Die Übermittlung der prophetischen Botschaften unterschied sich natürlich grundsätzlich von der anderer Menschen, schließlich ist niemand den Propheten gleich, was die Übermittlung von Botschaften betrifft. Sie lehren uns zudem, was es heißt, die Botschaft Gottes zu übermitteln, und dies macht einen weiteren Aspekt ihres Auftrages aus. Befassen wir uns nun mit folgenden drei Grundprinzipien:

I. Das Ganzheitsprinzip

Die Propheten gingen in der Art und Weise angemessen, geradezu fachmännisch dabei vor, den Menschen Gottes Botschaften zu vermitteln und ihnen aufzuzeigen, was die Gesandtschaft bedingt. Die Propheten nähern sich den Menschen in ihrer Ganzheit und übermitteln ihre Botschaften in ebendiesem Sinn. Daher lassen sie dabei unter keinen Umständen Verstand, Vernunft, Herz, Seele oder irgendeine andere Emotion außerhalb des Strahlenbereichs der erhellenden Offenbarung. Schließlich gleicht jeder Prophet angesichts der Offenbarung einer Rohrflöte in der Hand des Künstlers. Die Offenbarung gibt ihnen die Richtung vor und dreht und wendet sie ganz nach Belieben. Daher richten sie sich bereitwillig auch in noch so kleinen Angelegenheiten und Details nach dem Willen Gottes. Auch wenn sie dazu verpflichtet sind, richten sie sich mit außergewöhnlicher Sensibilität danach aus.

Daher werden diejenigen, die sich beim Übermitteln der Botschaft Gottes nicht am Beispiel der Propheten orientieren, kein Gelingen haben. Lässt man beispielsweise den Verstand außer Acht, wird die Übermittlung der Botschaft Gottes kein Ergebnis zeitigen. Dasselbe trifft auch zu, ließe man die Emotionen außen vor. Ganz zu schweigen von jenen, die die Grenzen der Offenbarung verlassen – sie werden ihr Ziel niemals erreichen. Man betrachte nur den Zustand der menschlichen Systeme, die sich ohne die göttliche Offenbarung auf den Weg gemacht haben, und welche Strecke sie zurückgelegt haben. Der Kommunismus konnte sich trotz zahlreicher Reformen nicht vor dem Zerfall retten, wo er doch seinerzeit irregeführte Menschenmassen, die in Elend und Ausschweifung getrieben wurden, hinter sich her fortzog und in vielen armen Ländern das Ziel aller Träume war. Die Gründer dieses und ähnlicher Systeme traten seinerzeit wie Heilsbringer auf. Jetzt müssen ihre getäuschten Anhänger eingestehen:

„O weh, es hat in diesem Spiel wieder uns erwischt,

Der Verlust ist offensichtlich, keine Ahnung, was wir gewonnen haben!“

(Ziya Pascha)

Diejenigen, die darauf beharren, Systemen Folge zu leisten, die von menschlichen Launen gespeist werden, werden letztlich immer das Gleiche zu sagen haben. Auch sie werden eines Tages gewiss nicht umhinkommen, offen einzugestehen, dass sie getäuscht wurden!

Bei der Übermittlung der Botschaft Gottes durch die Propheten gehen Verstand und Emotionen Hand in Hand. Die Propheten dachten weder daran, die Gefühle der Menschen auszunutzen, um sie auf die Straßen zu treiben, genauso wenig wie sie es als reine Theoretiker beabsichtigten, die Menschen zu Einsiedlern zu machen, die zu keiner Aktion mehr fähig sind und keinen Elan mehr haben.

Auch haben die Propheten die Menschen weder wie Anarchisten auf die Straßen getrieben noch sie rein an ihrer emotionalen Seite packend zu wilden und derben Menschen gemacht. Sie lassen die göttlichen Botschaften in die Herzen der Menschen hinabgleiten, erwecken in ihnen den Tatendrang zu leben, erhöhen sie in den Himmel der Menschlichkeit – Seite an Seite mit den Engeln, von Angesicht zu Angesicht.

Der Koran geht auf diese Thematik ein und richtet seine Worte an den Gesandten Gottes: *„Sprich (zu ihnen, o Gesandter): ‚Dies ist mein Weg: Ich rufe zu Gott auf aufgrund deutlicher Beweise und sicheren Wissens – ich und jene, die mir folgen.‘“*[304]

Dieser Weg ist der Weg der Propheten, ein Weg, auf dem weder der Verstand noch die Vernunft, Emotionen, Herz oder Gewissen vernachlässigt werden, sondern jedes seinen Platz hat. Dieser Weg der Propheten und all jener, die ihnen ergeben folgen, ruft die Menschheit auf der Grundlage solcher Besonnenheit zu Gott auf.

II. Keine Gegenleistung erwarten

Die Propheten erwarteten keine Gegenleistung für die Übermittlung der Botschaft Gottes, sie sahen es als ihre Pflicht an, dies zu tun. Alle Propheten weisen mit folgenden Worten auf diese

---

304 Sure Yūsuf, 12:108.

Tatsache hin: „*Mein Lohn steht mir von niemand anderem als Gott zu.*“[305]

III. Den Ausgang Gott überlassen

Die Propheten überlassen das Ergebnis und die positive Aufnahme ihrer Übermittlung der Botschaft Gottes dem Willen Gottes und mischen sich niemals in den Ausgang ein, denn sie wissen, dass ihre Aufgabe lediglich darin besteht, die Botschaft Gottes zu übermitteln, den Ausgang hingegen überlassen sie völlig Gott.

Nach diesen drei Aspekten wenden wir uns nun dem prophetischen Merkmal der Übermittlung der Botschaft Gottes zu, in welcher Form und mit welchen Methoden Menschen dies zu jeder Zeit getan haben und tun mussten. Unser Wunsch besteht darin, den Auftrag der Übermittlung der Botschaft Gottes Seinem Willen entsprechend zu versehen. Wenn auch die Begeisterung für die Übermittlung der Botschaft Gottes unser Inneres erfüllt, ist es doch Gott alleine, der uns einst Erfolg bescheiden wird. Ihm vertrauen wir und auf Ihn verlassen wir uns.

B. DIE METHODE DER ÜBERMITTLUNG DER BOTSCHAFT GOTTES

Wir sagten bereits, dass sich die Propheten ausschließlich auf ihre Aufgabe konzentrierten. Es gab Propheten, die sich ihr ganzen Leben darum bemühten, die Botschaft Gottes zu übermitteln, und doch glaubte ihnen nicht ein Mensch.[306] Sie ließen

305 Siehe: Sure Hūd, 11:29; Sure Asch-Schu‘arā, 26:109, 127, 145, 164, 180; Sure Sabā’, 34:47.

306 El-Buḫārī, *Rikak* 50; Muslim, *Īmān* 374–375.

sich jedoch in ihrem Vertrauen nicht erschüttern, denn sie hatten ihren Auftrag gewissenhaft erfüllt. Keinen Augenblick ermächtigten sich Zweifel ihrer: Warum konnte ich nicht dienen? Warum glaubt mir niemand? Warum endete mein Auftrag mit einem Fiasko? Warum erlebe ich ständig nur Misstöne?

Stattdessen denkt jeder Prophet nur darüber nach, wie er seinen Auftrag ausführt. Er berücksichtigt alle Bedingungen und führt seine Aufgabe entsprechend durch. Andere zur Annahme seiner Botschaft zu bewegen gehört nicht zu seinen Aufgaben. Das Urteil hierzu unterliegt dem Willen Gottes. Ein Vers sagt zum Gesandten Gottes: *„Du vermagst nicht zur Wahrheit zu leiten, wen immer du möchtest, doch Gott leitet, wen immer Er will.“*[307] Daher war die Botschaft der Propheten etwas Besonderes. Selbst wenn sie niemand annahm, Respekt und Interesse bekundete, fuhren sie ohne Hemmungen, Zweifel oder Panik und ohne andere verurteilend zu beschuldigen, mit ihrem Auftrag fort. Daher ließ keiner der Propheten, trotz allem Hohn und aller Geringschätzung, die sie erdulden mussten, auch nur ein Jota nach.

Die Botschaft Gottes auf diese Art und Weise und in dieser Qualität zu übermitteln, ist ein Merkmal, das einzig und allein den Propheten zu eigen ist. Bei anderen würde man in solchen Situationen meist Unzufriedenheit und Groll beobachten. Wie reif sie auch immer sein mögen, sie schaffen es nicht, sich von einer ergebnisorientierten Haltung freizumachen. Befriedigen die Ergebnisse sie nicht, werden sie unzufrieden und ärgerlich. Lediglich die Propheten sind frei von Verbitterung und Groll – eine den Propheten eigene Besonderheit.

Sogar all die äußerst schmerzlichen Erfahrungen am Uhud brachten den Gesandten Gottes nicht dazu, zu grollen oder bitter

307 Sure Al-Qasas, 28:56.

zu werden. Ein Zahn wurde ihm gebrochen, die Ketten des Helms drangen in sein Gesicht ein, so sehr, dass Ebū Ubeyde bei dem Versuch, sie mit seinen Zähnen aus dem Gesicht des Gesandten Gottes zu entfernen, seine eigenen Zähne verlor.[308] Trotz alledem hörte man das Haupt der zwei Welten mit blutüberströmten Gesicht lediglich Folgendes sagen:

„Mein Gott, führe meine Gemeinschaft auf den rechten Weg, denn sie wissen nicht!“[309] (Sie wissen nicht – wenn sie mich als Propheten erkannt hätten, hätten sie nicht so gehandelt.) Als sie ihn schließlich erkannten, waren sie bereit, für den Gesandten Gottes sogar ihre Seelen hinzugeben. Damals jedoch erkannten sie ihn noch nicht. Diese und ähnliche Begebenheiten zeigen uns, wie von Herzen zugeneigt und standhaft der Gesandte Gottes war. Er und die anderen Propheten verhielten sich, wie es der anatolische Humanist Yunus Emre ausdrückte: „Ohne Hände gegen den Schlag, ohne Zunge gegen den Fluch, nicht übel nehmend die Ignoranz.“ Zertrümmerte man ihnen den Schädel oder schlug ihnen die Zähne ein – nie hörte man auch nur ein leises Stöhnen der Beschwerde über ihre Lippen kommen.

„Glühte ich auch wie ein Ofen, niemals zeigte ich es,

Verbrenne mich nicht im Feuer, o Rad der Qual!“

In der Tat sagte jeder Prophet gewissermaßen: „Solange du mich nicht im Feuer der Liebe zum Sonstigen brennen lässt, kannst du tun mit mir, was du willst, ich werde meinen Kummer nicht zeigen.“ Unbeirrt verfolgten sie ihren Weg.

---

308 Ḏehebī, *Musned* 3; Ibn Hischām, *Sīratu'n-Nebewiyye* 4/29.

309 Qāḍī ʿIyāḍ, *Schifāʾ* 1/105. Ähnliche Hadithen siehe: El-Buḫārī, *Enbiyāʾ* 54; Muslim, *Djihad* 105.

Der ehrwürdige Noah richtete gemäß dem Koran folgende Worte an sein Volk: „*O mein Volk! Ich befinde mich keineswegs im Irrtum, sondern ich bin ein Gesandter des Herrn der Welten.*“[310]

Was den ehrwürdigen Noah zu diesen Worten veranlasste, war sicherlich die Tatsache, dass sein Volk ihm Irrtum zuschrieb. Sie handelten respektlos gegenüber diesem großen Propheten, indem sie sagten: „*Wir sehen dich fürwahr in offenkundigem Irrtum verloren.*“[311]

Heute ist es nicht anders, die gleichen Unterstellungen. Du bist im Irrtum, du stehst dem Fortschritt im Wege, du bist extrem rückständig und was sonst nicht alles!

Im weiteren Verlauf richtet der ehrwürdige Noah folgende Worte an sein Volk: „*Ich überbringe euch die Botschaft meines Herrn und bringe euch wohlmeinenden Rat, und ich weiß von Gott, was ihr nicht wisst.*“[312]

Ich bin nicht im Irrtum, im Gegenteil: Ich möchte euch von Irrtum und Trugschlüssen befreien. Denn ich bin als ein vom Herrn der Welten entsandter Prophet ein Ausdruck Seiner Gnade für euch. Ich überbringe euch eine Botschaft und erhelle eure Wege, denn ich weiß Dinge, die ihr nicht wisst.

Jahrhunderte vergehen, aber die Gottesleugner ändern sich nicht. Diesmal ist es der ehrwürdige Hūd, der sich mit folgenden Worten an sein Volk wendet: „*O mein Volk! Ich bin weder töricht noch schwachsinnig, vielmehr bin ich ein Gesandter des Herrn der Welten. Ich überbringe euch die Botschaft meines Herrn, und ich bin euch ein wohlmeinender, vertrauenswürdiger Ratgeber.*“[313]

---

310 Sure Al-A‘rāf, 7:61.

311 Sure Al-A‘rāf, 7:60.

312 Sure Al-A‘rāf, 7:62.

313 Sure Al-A‘rāf, 7:67–68.

Es ist immer das Gleiche: die Propheten und ihre Völker. Das, was den Propheten unterstellt wird, und ihre Erwiderungen darauf. Im Prinzip die gleichen Worte, die gleichen Sätze.

Nachdem wir bisher allgemein die anderen Propheten zitierten, wenden wir uns nun dem Sultan der Propheten zu. Gott der Erhabene richtet das Wort an ihn:

„O du Bedeckter (der du dich für die Einsamkeit entschieden hast)! Erhebe dich, und warne! Und verkünde die (unbeschreibliche und unvergleichliche) Größe deines Herrn!“[314]

„O du Eingehüllter (dem die schwere Bürde obliegt, als Gesandter zu den Menschen zu sprechen). Erhebe dich, um Gebete während der Nacht zu verrichten, bis auf ein Weniges; die Hälfte davon, oder verringere sie ein wenig oder füge etwas hinzu; und bete und trage den Koran langsam und deutlich vor (indem du Geist und Seele darauf ausrichtest).“[315]

Mit anderen Worten: Jetzt ist nicht die Zeit, sich in eine Decke zu hüllen und zu schlafen – steh auf und eile denen zu Hilfe, die in Finsternis weilen. Warne die irregeleiteten und verwirrten Menschenmassen vor den erschreckenden Folgen krummer Pfade und des Irrtums. Und verkünde aus voller Kehle die Größe deines Herrn, auf dass Himmel und Erde erbeben! Mögen Himmel und Erde unter dem Laut deiner Stimme erschallen! Mögen Engel und Menschen durch deinen Ruf ein weiteres Mal vernehmen, wie groß und erhaben dein Herr ist.

O Freund, der du dich nachts in eine Decke hüllst: Die schwere Bürde des Prophetentums wartet auf dich, steh auf und bete! Du musst in Gott zu neuer Energie finden, denn es stehen dir

---

314 Sure El-Muddeththir, 74:1–3.

315 Sure El-Muzzemmil, 73:1–4.

große Aufgaben bevor. Du wirst alles, was ich dir offenbare, den Menschen übermitteln. Dies wird dich viel Energie kosten, also sorge ich dafür, dass du deine Reserven zunächst auffüllst. Denn um dies alles zu bewältigen, bedarf es der Gottergebenheit und der Bereitschaft zu dienen.

So wie der Gesandte Gottes haben auch alle Propheten vor ihm kundgegeben, dass sie gekommen waren, um die Botschaft Gottes zu übermitteln. Ohne Erwartungshaltung, ohne sich ablenken zu lassen oder anderen Dingen ihr Herz hinzugeben, ohne dass ihre Augen abglitten oder ihr Blick trübe wurde, haben sie ohne Unterlass der Menschheit diese Botschaften übermittelt. Gäbe es diese erleuchtenden Botschaften nicht, wäre die Menschheit in der Finsternis gefangen und es bestünde kein Unterschied zwischen ihnen und Tieren.

Das Schicksal der Menschheit ist mit der Gesandtschaft der Propheten derart eng verknüpft, dass die Menschen in Regionen, in die kein Prophet entsandt wurde, für manche ihrer Handlungen nicht zur Verantwortung gezogen werden können. Wurde jedoch ein Prophet gesandt, den sie aber nicht anhörten, so besteht kein Zweifel daran, dass sie Rechenschaft ablegen werden müssen. Hier das göttliche Dekret: *„Niemals würden Wir bestrafen, ehe Wir nicht einen Gesandten geschickt haben.“*[316]

Ein weiteres Dekret:

„Doch dein Herr zerstört niemals Städte, ohne zuvor in ihrer Muttergemeinde einen Gesandten erweckt zu haben, der ihnen Unsere Botschaften überbringt. Wir zerstören keine Städte, es sei denn ihre Bewohner sind Frevler.“[317]

---

316 Sure Al-Isrā’, 17:15.

317 Sure Al-Qasas, 28:59.

Gott der Erhabene entsendet also zunächst Propheten. Leugnen die Menschen den Warnungen der Propheten zum Trotz weiter, wird Gott der Erhabene sie zur Rechenschaft ziehen. Das war zu allen Zeiten so. Inwieweit Gott der Wahre heute gewisse Menschen bestraft, hängt davon ab, ob die Gläubigen ihrem Auftrag, die Botschaft Gottes zu übermitteln, vollständig nachgekommen sind oder nicht. Verharren Menschen in ihrem Widerstand, obwohl ihnen die Botschaft Gottes übermittelt wurde, so gehören sie zu jenen, die Strafe verdienen.

Daher hat jeder Prophet, ohne müde und der Sache leid oder überdrüssig zu werden, auf jegliche der Offenbarung angemessene Art und Weise den rechten Weg aufgezeigt. Mit den Worten des Korans sagt der ehrwürdige Noah:

„Mein Herr, ich habe fürwahr mein Volk bei Nacht und bei Tag aufgerufen; aber mein Aufruf hat sie nur dazu veranlasst, mehr und mehr davor zu fliehen (die Wahrheit anzunehmen). Und jedes Mal, wenn ich ihnen zurief, dass Du ihnen Vergebung gewähren würdest, haben sie ihre Finger in die Ohren gesteckt und sich in ihre Gewänder gehüllt und sind immer widersetzlicher und noch hochmütiger geworden (indem sie nicht auf meinen Ruf hörten). Dann habe ich laut (und deutlich) aufgerufen; daraufhin habe ich mich offen vor allen Leuten und vertraulich im persönlichen Gespräch an sie gewandt. Ich habe gesagt: 'Bittet euren Herrn um Vergebung, denn Er ist wahrlich stets vergebend gewesen.'“[318]

Noah sagte sinngemäß: „Mein Herr, ohne Unterlass rief ich meine Gemeinde Tag und Nacht. Ständig klopfte ich an ihre Türen. Nur bewirkte meine Einladung das Gegenteil: Sie flohen und flüchteten mehr denn je. Sie waren halsstarrig und hörten nicht

318 Sure Nūh, 71:5–10.

auf mich. Sie erfanden immer neue Mittel und Wege, um nicht auf mich zu hören. Manchmal stopften sie sich die Ohren zu und überhörten meine Rede, ein anderes Mal hüllten sie sich in ihre Gewänder ein und machten sich unsichtbar."

I. Das Überbringen der Botschaft Gottes lag in seiner Natur

Das Überbringen der Botschaft Gottes lag in der Natur des Hauptes der zwei Welten, es war Teil seines Charakters. Fand er kein reines Herz, dem er die göttliche Botschaft überbringen konnte, ging es ihm so schlecht, wie es uns ergeht, wenn wir nichts zu essen haben oder nichts zu trinken finden oder keine Luft zum Atmen haben. Er wollte dann nicht einmal etwas essen oder trinken. Manchmal fastete er tagelang.[319] Manchmal aß er nur gerade so viel, um nicht zu sterben. Als ob der Schmerz der Übermittlung der Botschaft Gottes ihm die Freude am Essen raubte. So wie die Engel davon leben, Gott zu preisen, so lebte der ehrwürdige Muhammed – möge Friede mit ihm sein – von der Übermittlung der Botschaft Gottes. Fand er ein reines Herz, dem er die Botschaft übermitteln konnte, war er an jenem Tag frisch und munter. Der Koran schildert seine Situation wie folgt: „*Womöglich wirst du (o Gesandter) dich noch zu Tode grämen, weil sie sich weigern zu glauben.*"[320]

Und in einem weiteren Vers verfügt Er: „*Womöglich wirst du (o Muhammed) dich noch zu Tode grämen vor Kummer, indem du ihren Spuren folgst, wenn sie nicht an diese Botschaft glauben.*"[321]

In der Tat, wenn er irgendwo eine rabenschwarze Stirn sah, die sich nicht zur Anbetung verneigte, krümmte er sich förmlich

---

319 El-Buḫārī, *Ṣawm* 20; Muslim, *Ṣiyām* 55–61.

320 Sure Asch-Schu'arā', 26:3.

321 Sure Al-Kahf, 18:6.

vor Schmerz und jeder ungläubige Mensch, den er sah, löste in ihm Stürme der Traurigkeit aus. Das lag in seiner Natur, wurde jedoch durch das Prophetentum noch vertieft und gewann eine weitere Dimension hinzu.

Man sollte von den Geboten der Religion nicht ein Jota abweichen. Hier ist nun einer seiner Schüler und jemand, der das Leid des Jahrhunderts auf seinen Schultern trug. Auf die Frage, weshalb er nie heiratete, sagte Bediuzzaman: „*Mir blieb keine Zeit und Gelegenheit, ans Heiraten zu denken, angesichts der großen Sorgen und Leiden der Umma Muhammeds.*" Genau das ist die Haltung der Propheten und der Anwärter auf die Gesandtschaft! Ich vermute, dass auch die Welt heute auf solche Leidenden wartet.

II. Leidenschaft bei der Übermittlung der Botschaft Gottes

Der Gesandte Gottes nahm sich der Übermittlung der Botschaft Gottes mit großer Leidenschaft an. Er wollte, dass es keinen einzigen Menschen mehr gibt, dem das Recht und die Wahrheit nicht erläutert wurde. Aus diesem Grund war er emsig damit beschäftigt, auf angemessene Art und Weise die Botschaft Gottes jedem, dem er begegnete, zu übermitteln. Hier die letzten Minuten im Leben seines Onkels, die er an dessen Sterbebett verbrachte:

Seine Einladung an Ebū Talib

Ebū Talib hatte den Gesandten Gottes mehr als 40 Jahre lang beschützt. Er stellte sich den Götzendienern von Mekka erstmals wie eine unüberwindbare Mauer entgegen, als der Prophet seine Gesandtschaft verkündete. Ohne ihn vorher zu überwinden, würde man dem Gesandten Gottes nichts anhaben können.

Ebū Talib lag auf dem Sterbebett und war dabei, seinen letzten Atem auszuhauchen. Er stellte sich dem Gesandten Gottes zuliebe aller Unbill mutig entgegen, trotzte dem Alter, der Mittellosigkeit und zudem auch noch einem dreijährigen Embargo. Der Gesandte Gottes besuchte ihn bei jeder Gelegenheit und drängte ihn, *„Lā ilāhe illallah"* zu sagen: *„Sprich dies aus und ich werde am Jüngsten Tag Fürbitte für dich einlegen."* Zu jener Zeit jedoch verhinderten Menschen finsterer Seele aus seinem Umfeld, dass er sich auf den rechten Weg des Islams begab. Seine letzten Worte waren: *„Auf die Religion Abdulmuttalibs!"* Der Gesandte Gottes konnte seine Tränen nicht mehr zurückhalten und weinte bitterlich: *„Ich werde Fürbitte für dich einlegen, solange man mich nicht daran hindert."* Der Vers, der daraufhin offenbart wurde, untersagte ihm jedoch den Schmerz in seiner Brust.[322] Er würde für Ebū Talib keine Fürbitte einlegen können, denn der Vers besagt:

> *„Es steht dem Propheten und denen, die gläubig sind, nicht zu, Gott um Vergebung zu bitten für jene, die Gott Teilhaber zur Seite stellen, selbst wenn es nahe Verwandte sein sollten, nachdem ihnen klar geworden ist, dass sie (als Götzenanbeter gestorben sind und deshalb) zur lodernden Flamme verdammt sind."*[323]

Ebū Bekr war derjenige, der am besten um den starken Wunsch des Gesandten Gottes wusste, dass [sein Onkel] Ebū Talib auf den rechten Weg gelangen möge. Bei der Eroberung Mekkas führte Ebū Bekr seinen betagten Vater Ebū Kuhāfe zum Gesandten Gottes. Als dieser betagte Mann, dessen Augenlicht erloschen war, seinen Glauben bekannte, zog sich Ebū Bekr in

---

322 El-Buḫārī, *Djenāiz* 81; Muslim, *Īmān* 39–40.

323 Sure At-Tauba, 9:113.

eine Ecke zurück und brach in Tränen aus. Auf die Frage des Gesandten Gottes, weshalb er weine, antworte sein Höhlengenosse: „O Gesandter Gottes, ich wünschte mir sehr, dass mein Vater auf den rechten Weg gelange, und nun hat Gott der Erhabene ihm den Zugang zu diesem Weg gewährt. Allerdings wünschte ich mir noch mehr, dass [dein Onkel] Ebū Talib den rechten Weg des Islams finde, denn das ist auch dein innigster Wunsch. Aber es wurde ihm nicht gewährt. Daran erinnerte ich mich und weinte daher.“[324]

Seine Einladung an Wahschī

Der Gesandte Gottes hegte nicht nur den starken Wunsch, dass sein Onkel Ebū Talib auf den rechten Weg gelange, sondern auch in Bezug auf Wahschī, der seinen Onkel, den Löwen Gottes, den ehrwürdigen Hamza zum Märtyrer machte. Der Hintergrund dieses historischen Ereignisses wirft Licht auf unser Thema:[325]

Der Gesandte Gottes ruft Wahschī, den Mörder seines Onkels, dazu auf, den rechten Weg zu betreten, schickt ihm durch die Hand eines Kuriers einen Brief und lädt ihn ein, ihn zu besuchen, um die wahre Religion, den Islam anzunehmen. Wahschī antwortet per Brief, in dem folgender Vers geschrieben steht:

„*Und die keine anderen Gottheiten neben Gott anrufen und niemanden töten – dessen Leben Gott unantastbar gemacht hat –, es sei denn mit Recht (aus gerechtem Anlass und nach einem ordnungsgemäßen Gerichtsverfahren), und die sich nicht auf unrechtmäßigen Geschlechtsverkehr einlassen. Wer immer irgendetwas von diesem begeht, dem wird eine strenge Strafe zuteil. Doch am Tag der*

324 Ṭaberānī, *El-Mu'djemu'l-Kebīr* 9/40; Ibn Ḥadjar, *İsābe* 7/237–240.

325 Ṭaberānī, *El-Mu'djemu'l-Kebīr* 11/197.

Wiederauferstehung wird seine Strafe noch schwerer sein, und er wird darin in Schande verweilen.“[326]

Wahschī hat es nicht versäumt unter diesen Vers folgende Zeilen zu schreiben: Du rufst mich zwar dazu auf, Muslim zu werden, doch habe ich alle in diesem Vers angeführten Sünden begangen. Ich lebte als Götzendiener, hatte unrechtmäßigen Geschlechtsverkehr und habe das Licht deiner Augen, deinen Onkel, getötet. Kann jemandem wie mir vergeben werden, auf dass ich Muslim werden könnte?

Der Gesandte Gottes lässt ihm einen weiteren Brief zukommen, in dem er dieses Mal folgenden Vers zitiert: *„Wahrlich, Gott vergibt nicht, dass Ihm Teilhaber zur Seite gestellt werden. Doch Er vergibt das, was weniger schlimm ist, wem Er will. Wer immer Gott Teilhaber zur Seite stellt, der hat fürwahr eine höchst verabscheuungswürdige Verleumdung und eine große Sünde begangen.*“ [327]

Wahschī erwidert darauf, dass gemäß diesem Vers die Vergebung nicht definitiv bestimmt sei, sondern vom Willen Gottes abhänge. Daraufhin sendet der barmherzige Prophet einen weiteren Brief, in dem er folgenden Vers anführt: *„Sprich: ‚(Gott gibt euch Hoffnung): O Meine Diener, die ihr (eure euch von Gott gewährten Möglichkeiten und Fähigkeiten) vergeudet habt, (dem Wohl) eurer eigenen Seelen zum Trotz! Verzweifelt nicht an Gottes Barmherzigkeit. Wahrlich, Gott vergibt alle Sünden. Er ist fürwahr der Vergebende, der Barmherzige.*‘“[328]

Wahschī kommt erst nach diesem dritten Brief zum Gesandten Gottes, um ihn als Propheten anzuerkennen. So zählt auch er

326 Sure Al-Furqān, 25:68–69.

327 Sure An-Nisā’, 4:48.

328 Sure Az-Zumar, 39:53.

nun zu den Gefährten *(sahabe)* und seines Namens wird fortan nicht mehr ohne den Zusatz „möge Gott an ihm Gefallen finden" *(radiyallāhu anh)* gedacht. Dennoch ist er der Mörder des ehrwürdigen Hamza. Niemand wird dies je vergessen können, weder er selbst noch andere. Vielleicht muss Wahschī am Jüngsten Tag für diese Sünde gar keine Rechenschaft ablegen, denn als er dieses Verbrechen beging, war er noch kein Muslim und mit der Annahme des Islams wurden ihm alle vergangenen Sünden vergeben.[329] Von daher gesehen kann er sich glücklich schätzen; und dennoch: Die Person, die er tötete, war der ehrwürdige Hamza!

Jener Hamza, der als jemand, der die Löwen des Waldes das Fürchten lehrte, zur Legende wurde, der vor dem überaus großmütigen Gesandten niederkniete und Muslim wurde, und dem die Ehre zuteilwurde, der Milchbruder des Gesandten Gottes zu sein …[330] Bis zu dem Moment, als er den Islam annahm, sorgte er für Angst und Schrecken unter den Muslimen. Nachdem er Muslim wurde, versetzte sein Schrei die Arabische Halbinsel in Aufruhr. In ebenjener Zeit, in der viele Gräueltaten verübt wurden, tötete Wahschī Hamza, indem er am Uhud Hamza die unsägliche Lanze in die Brust stieß. Hamza, der zeit seines Lebens zu allem außer Gott „لا" (nein) sagte, bildete, als er in die Lanze fiel, ein solches „لا" und brach wie ein „لا" zusammen. Kurze Zeit später würde der Gesandte Gottes zu seinem Haupt niedersitzen und angesichts seiner zerschmetterten Gliedmaßen wie ein Kind bitterlich weinen. Man wusch Märtyrer nicht; der Gesandte Gottes jedoch wusch Hamza förmlich mit seinen Tränen, kostbarer als das Wasser der Paradiesquelle – so tief erschüttert war der Ge-

---

329 *„Der Islam schneidet alle früheren (Götzendienereien und Sünden) ab und wirft sie fort"* (Aḥmed ibn Ḥanbel, Musned 4/199).

330 El-Buḫārī, *Schehādāt* 7; Muslim, *Radā'* 11–14; Ibn Hischām, *Sīratu'n-Nebewiyye* 4/45.

sandte Gottes ob dessen grausamen Todes.[331] Nun beugt sich jener Mörder, Wahschī, vor dem Gesandten Gottes nieder, streckt seine blutige Hand aus und bekundet, er habe ihn als Propheten angenommen. Man beachte nun die Haltung des Propheten als Übermittler der Botschaft Gottes: Es nimmt diese Hand und beglückwünscht Wahschī dazu, den Islam angenommen zu haben. Der Gesandte Gottes war es sogar selbst, der darauf drang, Wahschī zu sich einzuladen.

Nachdem Wahschī zum Glauben gefunden hatte, flüsterte ihm der Gesandte Gottes folgende Worte ins Ohr: „*Bemüh dich, wenn möglich, mir nicht allzu oft unter die Augen zu kommen! Denn jedes Mal, wenn ich dich sehe, erinnerst du mich an Hamza und es kann sein, dass ich dir nicht die nötige Freundlichkeit erweisen kann, was dich ins Unglück stürzen würde und für mich bedeutete, meiner Aufgabe nicht vollständig nachgekommen zu sein.*“[332]

Wahschī widersprach niemals einem Wunsch oder einem Gebot des Gesandten Gottes, er lebte ganz im Bewusstsein eines Gefährten. Er hielt sich stets vom Gesandten Gottes fern und bemühte sich, ihm nicht unter die Augen zu kommen.[333] Allerdings wartete er jede Minute und jede Sekunde darauf, eine zweite Einladung vom Gesandten Gottes zu erhalten. Er steht hinter einem Mast und versucht, den Blick des Gesandten Gottes zu erhaschen. Ob er wohl eines Tages kommen und „*Du kannst dich jetzt wieder blicken lassen*“ sagen wird? Während Wahschī auf diesen glücklichen Tag wartete, erreichte ihn die bittere und niederschmetternde Nachricht: Der Gesandte Gottes war von uns gegangen. Es war,

---

331 Ṭaberānī, *El-Muʿdjemu'l-Kebīr* 3/142; Ḥakīm, *Mustedrak* 2/130, 3/218–219.

332 Ṭaberānī, *El-Muʿdjemu'l-Ewṣaṭ* 2/222; Ibn Hischām, *Sīratu'n-Nebewiyye* 4/20; Ibn ʿAbdilberr, *Istīʿāb* 4/1565.

333 Ibn Hischām, *Sīratu'n-Nebewiyye* 3/76-77; Ibn Ḥadjar, *Fetḥu'l-Bārī* 7/370.

als ob Wahschī der Schlag traf, denn nun gab es keine Hoffnung mehr für ihn, noch einmal gerufen zu werden.

Die nun folgenden Tage sollte Wahschī damit verbringen, einen Weg zu finden, um Sühne für seine Sünde zu leisten. Schließlich kam es zur Schlacht von Yemāme. Er schloss sich umgehend dem Heer von Khalid an und wurde nach Yemāme geschickt. Das war eine Gelegenheit, die er sich nicht entgehen lassen sollte. Er hatte einen der tapfersten Helden des Islams getötet und war so in Sünde gefallen. Obwohl ihm diese Sünde vergeben worden war, brannte doch sein Gewissen wie das Feuer der Hölle. Nun eröffnete sich ihm eine Gelegenheit: Den größten Feind des Islams, Museylime, zu vernichten.

Wahschī nahm die verrostete Lanze, die er einst aus der Brust Hamzas zog und seitdem verborgen hielt, und machte sich auf zur Schlacht von Yemāme. Die Schlacht zog sich über Tage hin. Museylime und sein Heer kämpften um ihr Leben. Einmal wurde Museylime von einem Gefährten dabei beobachtet, wie er sich von der Burg stehlen und fliehen wollte. Der Gefährte rief Wahschī zu: „*Schau! Der Feind Gottes geht!*" Als Wahschī dies hörte, schnappte er sich sofort seine verrostete Lanze und stieß sie in die Brust Museylimes – wie er es einst bei Hamza tat.[334] Als er sah, wie Museylime von seinem Pferd fiel, warf er sich zu Boden und rief unter Tränen gleichsam zum Geist des Gesandten Gottes: „*Darf ich jetzt endlich zu dir kommen, o Gesandter Gottes?*"

Wir wissen nicht, wie der Gesandte Gottes darauf antwortete. Aber es ist wahrscheinlich, dass auch der Geist des Gesandten Gottes bei der Schlacht von Yemāme zugegen war und die herzzerreißende Bitte Wahschīs auch ihn tief berührte, ihn an

334 Ibn ʿAbdilberr, *Istīʿāb* 4/1563–1564; Ḏehebī, *Siyaru Aʿlāmi'n-Nubelā* 1/178; Ibn Keṯīr, *El-Bidāye we'n-Nihāye* 6/268, 325.

sich drückte und, um ihn zu seinem heldenhaften Mut zu beglückwünschen, zu ihm sagte: *„Du kannst mir wieder unter die Augen treten.“* Wir wissen es aber nicht. Das ist eine Frage der Dimension. Uns geht es hierbei darum, einen Eindruck davon zu vermitteln, was der Gesandte Gottes unter dem Übermitteln der Botschaft Gottes verstand.

Wir sehen, dass sich der Gesandte Gottes sogar als Erbarmer eines Menschen erwies, der einen so großen Geist wie den ehrwürdigen Hamza ermordete, obwohl der Gesandte Gottes diesen wie seinen eigenen Vater liebte und um den er sich sorgte, wie um seinen eigenen Bruder. Er unternahm alles in seiner Macht stehende, um Wahschī den Weg zum Islam zu eröffnen, und schließlich wurde sogar ein Mensch wie Wahschī zum Gefährten des Propheten. Wäre die Übermittlung der Botschaft Gottes nicht ein untrennbarer Teil seiner Natur und seines Charakters geworden, hätte er dann einen Menschen wie Wahschī derart vehement zum Islam einladen können? Nein, dieser innige Wunsch beruhte auf der Tatsache, dass die Übermittlung der Botschaft Gottes zu den Attributen der Propheten zählt.

Seine Einladung an ʿIkrime

Die Feindschaft ʿIkrimes war noch ärger als die Wahschīs. Er war der Gegner des Islams als solchen. Er war ein bewusster Gegner des Islams. Alle, die im Haus seiner Familie lebten, hegten von Natur aus eine kollektive Feindschaft gegen den Islam. Der Vorsteher des Hauses war Ebū Djehl. Seine Unwissenheit steckte alle in der Hausgemeinschaft an und sein Haus wurde durch die tiefe Finsternis seines Götzendienstes förmlich zum Höllenschlund *(gayya)*. Ein jeder, der sich in seinem Haus zum Islam bekannte, musste mit Peinigung und Marter rechnen und wurde unter keinen Umständen in Ruhe gelassen.

Ikrime schien mit seinem Vater darum zu wetteifern, wer der größere Feind des Islams ist.[335] Er schloss sich seinem Vater bei fast allen verräterischen Aktionen an; der Götzendienst hatte ihn blind gemacht. Obwohl Mekka bereits eingenommen war, leistete er immer noch Widerstand. Gar viele bekannten sich umgehend zum Islam, als Mekka eingenommen wurde, aber ʿIkrime verharrte in seiner Gegnerschaft. Schließlich kämpfte er während der Eroberung Mekkas gegen die Muslime und floh dann in den Jemen.[336]

Ummu Hakīm war sowohl die Frau ʿIkrimes als auch dessen Cousine, die Tochter seines Onkels väterlicherseits. Diese heldenhafte Frau nahm es auf sich, bis in den Jemen zu gehen, nur um sich als treu und ergeben zu erweisen, und überzeugte ihren Mann, zurückzukehren. Allerdings wagte er es nicht, vor den Gesandten Gottes zu treten, denn es gab keine Feindschaft, Grausamkeit oder Beleidigung, die er gegenüber dem Gesandten Gottes nicht gezeigt hätte. Ging es darum, Dornen auf den Weg zu streuen: Er rannte als Erster los. Ging es darum, Erde aufs Haupt des Propheten zu werfen: Er nahm sich der Sache sofort an. Allerdings war es der innigste Wunsch des Gesandten Gottes, dass auch ʿIkrime den wahren Weg finde, und so zeigte er ihm gegenüber das gleiche Feingefühl, das er auch Wahschī gegenüber an den Tag legte.

Als ʿIkrime vor das Haupt der zwei Welten trat, sagte der Gesandte Gottes in der ihm angemessenen Größe zu ihm: *„Sei gegrüßt, o du Reisender der Hidjra!“* Die eigentliche Hidjra im Sinne des Islams war bereits vollzogen, der Gesandte Gottes spielte mit dieser Äußerung jedoch darauf an, dass ʿIkrime von weit her an-

335 Ibn ʿAbdilberr, *Istīʿāb* 3/1082; Ibn Ḥadjar, *İsābe* 4/538.

336 Ṭaberī, *Tarihu'l-Umem we'l-Mulūk* 2/159–160.

gereist war. Dieser eine Satz reichte, um das Eis in 'Ikrimes Herz zum Schmelzen zu bringen. Er fasste die Hände des Gesandten Gottes und bat ihn: *„Bete für mich, o Gesandter Gottes! Und bitte in meinem Namen um Vergebung aller meiner Feindseligkeiten!"* Der Gesandte Gottes erhob daraufhin seine Hände und betete. 'Ikrime war außer sich vor Freude, denn eine solche Zuwendung hatte er nicht erwartet. Schließlich hatte er den Gesandten Gottes bis zu diesem Augenblick als gewöhnlichen Menschen betrachtet und daher eine Reaktion erwartet, wie sie Menschen gewöhnlich zeigen. Als er jedoch diese Zuwendung sah, verstand er, dass er sich getäuscht hatte, und sagte: *„O Gesandter Gottes! Ich gebe dir mein Wort, dass ich von nun an das Doppelte dessen aufwenden werde, was ich in meiner Feindschaft dir und dem Islam gegenüber an Besitztümern verbraucht habe."* Am Jarmuk hielt er Wort, allerdings zählte zu dem, was er gab, auch sein Leben …[337]

'Ikrime nahm zusammen mit seiner Frau und seinem Kind an der Schlacht am Jarmuk teil. Er wurde schwer verwundet und in ein Zelt gebracht. Als seine Frau an seinem Bett weinte, sagte er zu ihr: *„Weine nicht! Ich werde nicht eher sterben, als ich den Sieg sehe."* Das war auch eine Art der Voraussage. Kurz darauf kam sein Onkel Hāris bin Hischām in sein Zelt und sagte: *„Frohe Kunde! Gott hat uns den Sieg geschenkt!"* Daraufhin sagte 'Ikrime: *„Helft mir auf die Beine, denn der Gesandte Gottes tritt herein."* Zum Geist des Gesandten Gottes fuhr er fort zu sagen: *„O Gesandter Gottes! Habe ich nicht Wort gehalten? Habe ich nicht mein Versprechen erfüllt?"* Bevor er Gott seinen Geist übergab, rezitierte er mit letztem Atem den Vers: *„O mein Herr! Nimm meine Seele zu Dir als Muslim, und vereine mich mit den Rechtschaffenen."*[338]

---

337 Ḥakīm, *Mustedrak* 3/269–272.

338 Sure Yūsuf, 12:101.

Man kann klar und deutlich erkennen, mit welcher Leidenschaft der Gesandte Gottes darum bemüht war, Menschen zu helfen, auf den rechten Weg zu gelangen. Was die Übermittlung der Botschaft Gottes betrifft, stellte er eine unerreichbare Dimension dar. Tausenden, ja Hunderttausenden streckte er seine Hand aus und Tausende, ja Hunderttausende zog er ins Licht. Doch das reichte ihm nicht, denn es war sein Wunsch, dass jeder aus seiner unermesslichen Barmherzigkeit Nutzen ziehe. So streckte er auch jenen die Hand aus, die ihm feindselig nach der Seele trachteten, und demonstrierte auf diese Weise, welch unübertroffene Dimension das Attribut der Übermittlung der Botschaft Gottes im Leben der Propheten erreicht hat.

III. Die Sorge um die Übermittlung der Botschaft Gottes raubte ihm den Schlaf

Während seines ganzen Lebens fand der Gesandte Gottes kaum Schlaf, denn die Sorgen der ganzen Menschheit stimmten ihn traurig. *„Ein Leben lang konnte er im Schlaf keine Ruhe finden“* – das traf nur auf das Haupt der zwei Welten zu, denn sein ganzes Leben drehte sich ausschließlich um die Übermittlung der Botschaft Gottes.

Während seiner Jahre in Mekka zog der Gesandte Gottes von Markt zu Markt, von Straße zu Straße und lud die Menschen zur wahren Religion ein. Hierbei musste er unzählige Beleidigungen über sich ergehen lassen, er wurde missachtet und mit Erde und Steinen beworfen; unbeirrt von all diesem verfolgte er sein Ziel. Wo die Engel es nicht einmal wagten, ihn anzuschauen, spuckten ihm die Götzenanbeter von Mekka ins Gesicht. Wo die Sonne von Zeit zu Zeit eine Wolke wie einen Vorhang vor sein Angesicht zog, damit ihm ihre Hitze nichts anhaben möge, schleuderte man die hässlichsten Beschimpfungen in das erleuchtete Antlitz desjenigen, um dessentwillen wir erschaffen wurden.

Als der Vers „*Warne deinen nächsten Verwandten*"[339] offenbart wurde, versammelte er sofort alle seine ihm nahestehenden Stammesgruppen und Sippen und sagte zu ihnen: „*Gott der Erhabene hat mir geboten, meine nächsten Verwandten zu warnen. Ihr seid diejenigen, die mir am nächsten stehen. Aber solange ihr nicht ‚Lā ilāhe illallah' sagt, kann ich vor Gott nichts für euch tun. Wenn ihr jedoch dieses Wort aussprecht, kann ich am Jüngsten Tag für euch Zeugnis ablegen.*"

So sprach er, aber die dort Anwesenden blieben stumm wie eine Wand und antworteten dem Gesandten Gottes mit keinem Wort. Lediglich sein Onkel Ebū Leheb ergriff das Wort – hätte er das doch nur bleiben lassen – und sagte: „*Schämst du dich nicht, uns deswegen zu rufen?*" Daraufhin gingen sie auseinander und ein jeder kehrte in sein eigenes Haus zurück.[340]

Die Gastmähler, die die ehrwürdige Khadīdje für die prominenten Persönlichkeiten von Mekka ausrichtete, verzehrte ihren gesamten Besitz. Der Gesandte Gottes lud sie ein, bewirtete sie und dachte währenddessen unentwegt: „*Wird sich die Gelegenheit ergeben, ein paar Worte an sie zu richten?*" Aber es kam nie dazu.

Der ehrwürdige Ali – möge Gott an ihm Gefallen finden – berichtet uns über eines dieser Gastmähler: „Wieder einmal hatte der Gesandte Gottes die führenden Persönlichkeiten von Mekka zu sich eingeladen. Sie speisten gemeinsam, als der Gesandte Gottes zu reden begann. Er erklärte, dass er ein wahrer Prophet

---

339 Sure Asch-Schu'arā', 26:214.

340 El-Buḫārī, *Tefsīr* (111) 1; Muslim, *Īmān* 348–356; Ibn Sa'd, *Ṭabaqātu'l-Kubrā* 1/74.

sei und sie ihn als seine besonders Nahestehenden dabei unterstützen sollten. Am Ende seiner Rede fragte er: ‚*Gibt es jemanden unter euch, der mich unterstützen wird?*‘ Ich war damals noch ein blasses, hageres Kind von gerade einmal sieben Jahren. Ich goss mit einem Krug Wasser aus. Als niemand auf die Worte des Gesandten Gottes reagierte, konnte ich nicht mehr an mich halten. Ich stellte den Krug ab und sagte: ‚Ich bin dabei, o Gesandter Gottes!‘ Der Gesandte Gottes wiederholte seinen Aufruf drei Mal. Außer mir meldete sich niemand.“[341]

So setzte der Gesandte Gottes Jahr für Jahr unermüdlich und unverdrossen seinen Auftrag, die Botschaft Gottes zu übermitteln, fort. Seine Verwandten schenkten ihm überhaupt keine Aufmerksamkeit. So machte er sich auf, um weiter weg nach Menschen zu suchen, die ihm ihr Ohr leihen. Doch auch dort war es nicht so einfach wie gedacht, Menschen zu finden, die noch ein Herz hatten. In Taif wurde er gesteinigt und verspottet.[342] Aus den meisten Zelten, die er auf den Märkten aufsuchte, wurde er vertrieben.[343] Dennoch schien ihn sein ernstes Anliegen in eine Welt der Überraschungen zu ziehen und so kam es letztlich auch.

Das Schicksal führte ihn nach Aqabe[344] zu einigen Menschen reiner Seele. Er lernte dort eine Gruppe von sechs Personen kennen. Im folgenden Jahr kamen sie mit zwölf Personen nach Aqabe. Der Gesandte Gottes übermittelte ihnen einige Aspekte der Botschaft Gottes. Wenn sie an ihn glaubten, dann auf der Basis dieser Bedingungen. Sie nahmen alle Auflagen des Gesandten

---

341 Aḥmed ibn Ḥanbel, *Musned* 1/159.

342 Ibn Saʿd, *Ṭabaqātu'l-Kubrā* 1/211–212; Ibn Hischām, *Sīratu'n-Nebewiyye* 2/266–267.

343 Ibn Hischām, *Sīratu'n-Nebewiyye* 2/270 ff.

344 Aqabe ist ein Hügel in der Nähe von Mekka und bedeutet „steiler Abhang“. Der für die islamische Geschichte so bedeutsame Ort ist nicht zu verwechseln mit einer gleichnamigen Stadt in Jordanien (Anm. d. Hrsg.).

Gottes, ohne zu zögern, an. Das Haupt der zwei Welten sandte Mus'ab bin Umayr mit ihnen zusammen aus. Mus'ab würde sie ihre Religion lehren. Im Jahr darauf kamen mit Mus'ab siebzig Personen nach Aqabe, die den Gesandten Gottes als Propheten annahmen. Unterdessen legte der ehrwürdige Abbas ihnen nahe, eine wohlüberlegte Entscheidung zu treffen, und erklärte ihnen eingehend, dass solch eine Entscheidung bedeute, sich der gesamten Welt entgegenzustellen. Keiner von ihnen rückte von seiner Entscheidung ab. Sie nahmen ihn als Propheten an und gelobten, auch unter schwierigsten Bedingungen an seiner Seite zu stehen.[345]

IV. Die Liebe der Gefährten zur Übermittlung der Botschaft Gottes

Mus'ab war das einzige Kind einer reichen Mekkaner Familie. Er war siebzehn Jahre alt, als er den Islam annahm. Wenn er die Straße entlangging, drängten sich die jungen Mädchen am Fenster und winkten ihm mit ihren Tüchern zu. Er legte Wert auf gute Kleidung und gutes Essen. Allerdings verlor er sein Ansehen in der Familie, als er den Islam annahm. Als er nach Medina kam, besaß er nur die Kleidung, die er am Leib trug, und das sollte sich auch nicht mehr ändern. Als er am Uhud zum Märtyrer wurde, gab er sogar alle seine Gliedmaßen für Gott dahin. In der Tat, er wurde an jenem Tag auf einem Baumstumpf förmlich zerstückelt und es fand sich hernach nicht einmal ein Leichentuch, um ihn zu bedecken.[346]

Ebenjener ehrenhafte Gefährte und Schüler des Gesandten Gottes begann mit seiner Ankunft in Medina sofort damit, den Menschen den rechten Weg zu zeigen und ihnen die Botschaft Gottes zu übermitteln. Es gab in Medina keine Tür, an die er nicht

345 Ibn Hischām, *Sīratu'n-Nebewiyye* 2/276–292.

346 El-Buḫārī, *Djenāiz* 28; Muslim, *Djenāiz* 44.

klopfte. Er bekundete eine so willige, aufrichtige und redliche Einstellung, dass Menschen, nachdem sie ihn anhörten, innerhalb kürzester Zeit dem Götzendienst den Rücken kehrten und sich den Reihen der Muslime anschlossen. Seine Präsenz versetzte Medina in Bewegung. Er war wie eine Quelle des Lichts, das die finsteren Herzen erleuchtete. Es'ad bin Zurāre – möge Gott an ihm Gefallen finden – nahm ihn gastfreundlich auf. Noch bevor das Freitagsgebet eines der Hauptgebete *(fardh)* wurde, und noch bevor der Gesandte Gottes Medina beehrte, versammelte Es'ad bin Zurāre die Gläubigen um sich und lehrte sie das Freitagsgebet.[347]

Alle geachteten Persönlichkeiten von Medina kamen in sein Haus und lauschten den Reden Mus'abs. Manche kamen mit Wut im Bauch, aber hernach waren sie wie umgewandelt. Sa'd bin Mu'āz gehörte zu ihnen. Auch er kam eines Tages voller Wut und verkündete, er werde es nicht zulassen, dass man Zwietracht in Medina säe – man hatte ihm das Erscheinen Mus'abs so dargestellt, als ob er Zwietracht säen würde. Seine Aufgabe war es, jegliche Zwietracht im Keim zu ersticken. Er trat in das Haus Mus'abs ein, der gerade dabei war, den um ihn Versammelten mit seiner samtweichen Stimme etwas zu erzählen. Sa'd trat zunächst sehr zornig auf. Mus'ab gab ihm allerdings folgende Zusicherung: *„Jetzt setz dich erstmal und hör zu! Wenn dir das, was ich sage, nicht gefällt, werde ich damit aufhören und dich nie wieder belästigen."* Diese Worte reichten aus, um das Herz des Sa'd bin Mu'āz zum Schmelzen zu bringen. Wenig später trat er durch die Tür ein, die ihn zu einem Rang erhöhen würde, zu dem ihn Engel geleiten würden, und legte voller Inbrunst aus tiefstem Herzen das Glaubensbekenntnis *(kelime-i tewhid)* ab.[348]

---

347 Ebū Dāwūd, *Salāt* 209; Ibn Mādje, *Ikametu's-Salāt* 78.

348 Ibn Hischām, *Sīratu'n-Nebewiyye* 2/285.

So fiel Sa'd bin Mu'āz vor Mus'ab bin Umayr nieder und wurde Muslim. Dies löste in Medina eine solche Begeisterung aus, wie Mekka sie einst erlebte, als Umar sich zum Islam bekannte. Die Kunde dieses Ereignisses verbreitete sich innerhalb kürzester Zeit auch unter den benachbarten Stämmen und fand dort ein positives Echo.

Es ist klar zu erkennen, dass auch seine treuen Gehilfen und Schüler mit der gleichen Einstellung wie der Gesandte Gottes – unentwegt und unermüdlich – das Recht und die Wahrheit bis zu den vier Enden der Erde verbreiteten und ihrer Aufgabe auf äußerst kultivierte Art und Weise nachkamen. Die Welt hätte ob dieser leuchtenden, Fackeln entzündenden Herzen hell erleuchtet sein können. Waren es nicht ebenjene Gefühle und Gedanken, die Mus'ab nach Medina, Talha nach Dūmetu'l-Djendel und in späteren Jahren Berā ibn Ādhib und Khalid [als Verkünder und Apostel des Islams] in den Jemen aufbrechen ließen?

War einem Gefährten mal in einem Ort kein Erfolg beschieden, sandte der Gesandte Gottes ihn an einen anderen Ort, und dieser Wechsel wirkte sich ganz gewiss positiv aus. Khalid bin Welid beispielweise hatte im Jemen nicht viel Erfolg darin, die Menschen auf den rechten Weg zu führen. Der Gesandte Gottes sandte später den ehrwürdigen Ali dorthin.

Berā bin Ādhib berichtet über diese Begebenheit Folgendes:

„Wir hielten uns mit Khalid für mehrere Tage im Jemen auf. Bis Ali kam, glaubte uns niemand und keiner schloss sich unseren Reihen an. Mit dem Kommen des ehrwürdigen Ali änderte sich die Lage auf einmal völlig. Die Menschen kamen in Scharen und wurden Muslime.“[349]

---

349 Ibn Hischām, *Sīratu'n-Nebewiyye* 2/285.

Ja, der ehrwürdige Ali hatte im Jemen Erfolg. Schließlich konnte er auf viele gemeinsame Jahre mit dem Gesandten Gottes zurückblicken. Zudem gilt er als Vater der goldenen Kettenglieder, die von den ehrwürdigen Hassan und Huseyn ausgingen, als Vater aller Meister *(qutb)*, Gott Nahestehenden *(muqarrebun)*, Gottesfreunde *(awliyā)* und auserwählten Gläubigen *(asfiyū)*, die bis zum Jüngsten Tag in Erscheinung treten werden. Schon heute werden Recht und Wahrheit unter dem Schutz ihrer Flügel repräsentiert. Ebenjener ehrwürdige Ali nahm mit seinen herzerweichenden Worten den ganzen Jemen ein, sodass sie alle eines Tages auf dem Abschieds-Hadj kommen und den Islam annehmen würden.[350]

C. BRIEFE AN DIE STAATSOBERHÄUPTER

So wie der Gesandte Gottes befähigte Menschen aussandte, um anderen den rechten Weg zu weisen, sandte er auch Briefe an Staatsoberhäupter, um sie zur wahren Religion einzuladen. Das stellt eine weitere Dimension in der Übermittlung der Botschaft Gottes dar.

I. Nedjaschī

Nedjaschī (Negus Negest) war der Herrscher von Abessinien. Da er den Gesandten Gottes nie persönlich traf, gehörte er nicht zu den *sahabi* (Personen, die dem Propheten persönlich begegnet sind). Dennoch war er ein äußerst bedeutender Mensch. Der Prophet sandte ʻAmr bin Umeyye zu ihm. Das Haupt der zwei Welten schrieb Nedjaschī in seinem Brief Folgendes:

„Muhammed, der Gesandte Gottes, an Asham, Nedjaschī (Herrscher) von Abessinien.

---

350 Ibn Keṯīr, *El-Bidāye we'n-Nihāye* 5/120 ff.

Friede sei mit Dir! Deinetwegen danke ich Gott dem Herrscher, dem Heiligen, dem Erhabenen Ursprung von Sicherheit und Schutz und dem Wachsamen Wächter. Außerdem bezeuge ich, dass Jesus der Geist Gottes und das Wort Gottes ist, welches die tugendhafte, makellose und jungfräuliche Maria empfing. Ich lade Dich ein zum Glauben an den Einen Gott, der keine Teilhaber hat.“[351]

Die einleitenden Worte „Friede sei mit Dir!“ zeigen, dass das Haupt der zwei Welten in Nedjaschī etwas Besonderes sah. Der Gesandte Gottes sprach ihn an, als ob er mit seinen Augen, die mit dem Verborgenen vertraut sind, sah, dass er auf den rechten Weg gelangen würde. Des Weiteren ist der Stil und die Formulierung herausragend, denn der Gesandte Gottes eröffnet das Thema unter Bezugnahme auf die ehrwürdige Maria, die von Nedjaschī außerordentlich geschätzt und verehrt wurde. Auch in unseren Augen besitzt die ehrwürdige Maria einen solch hohen Wert, schließlich war sie die Frau, die einen großen Propheten gebar und sich göttlicher Inspiration erfreute.

Ein weiterer Punkt, dem Beachtung beigemessen werden sollte, ist der Umstand, dass Nedjaschī Christ war und der Gesandte Gottes in seinem Brief Verse des Korans gebrauchte, die sich auf diese Thematik beziehen. Dies war der sicherste und wirkungsvollste Weg, um Nedjaschīs Herz zu berühren. Und genauso kam es.

Nedjaschī stieg von seinem Thron herab, um den Brief in Empfang zu nehmen, führte ihn küssend an seine Stirn und sobald er mit dem Lesen des Briefes fertig war, folgte er der Einladung und verkündete, er sei von nun an Muslim. Ohne Zeit zu verlieren, diktierte er seinen Schreibern folgende Zeilen:[352]

---

351 Ṭaberī, *Tarihu'l-Umem we'l-Mulūk* 2/131–132; Ibn Keṯīr, *El-Bidāye we'n-Nihāye* 3/83.

352 Ibn Sa'd, *Ṭabaqātu'l-Kubrā* 1/258–259; Ḥalebī, *Insanu'l-Uyūn* 3/293.

„An den Gesandten Gottes, Muhammed, vom Herrscher Abessiniens, Nedjaschī Asham. […] Ich bezeuge, dass Du der Gesandte Gottes bist. […] Wenn Du es gebietest, komme ich umgehend zu Dir. Jedoch bin ich allein und habe im Augenblick keine Macht über meine Untertanen. Dennoch bezeuge ich, dass alle Deine Worte wahr sind.“[353]

Nedjaschī war ein Mann des Glaubens. Einmal sagte er zu seinen ihm Nahestehenden: *„Oh, könnte ich doch im Tausch gegen mein Reich ein Diener Muhammeds – möge Friede mit ihm sein – sein.“*[354]

Es vergeht eine Zeit. Eines Tages geht der Gesandte Gottes in die Moschee und sagt zu den dort Anwesenden: *„Erhebt euch! Wir verrichten das Totengebet für unseren Bruder Nedjaschī.“*[355]

Unter den islamischen Rechtsgelehrten gibt es unterschiedliche Ansichten zum Totengebet in Abwesenheit. Während Gelehrte der schafi'itischen und hanbalitischen Rechtschulen ein solches Totengebet erlauben, vertreten die Gelehrten der hanafitischen und malikitischen Rechtsschulen die gegenteilige Auffassung.[356] Da es sich hier um ein rechtliches Thema handelt, ist dies nicht der richtige Ort, um auf Details einzugehen.

II. Herakleios

Den zweiten Brief richtete der Gesandte Gottes an Herakleios, den Kaiser des Oströmischen Reichs. In dem Brief, den er durch Dihyetu'l-Kelbī übermitteln ließ, heißt es auszugsweise:

---

353 Ibn Saʿd, *et-Ṭabaqātu'l-Kubrā* 1/207; Ṭaberī, *Tārīhu'l-Umem we'l-Mulūk* 2/132; Ibn Ḥibbān, *Sikāt* 2/9.

354 Siehe: Ebū Dāwūd, *Djenāiz* 56; Aḥmed ibn Ḥanbel, *Musned* 1/461.

355 El-Buḫārī, *Djenāiz* 4, 65; Muslim, *Djenāiz* 62–67.

356 Ibn Qudāme, *Mughnī* 2/195; Djezirī, *Meḏāhibi'l-Erbaʿa* 1/522.

„Vom Diener Gottes und Seinem Gesandten, Muhammed, an den Herrscher von Rom, Herakleios. Der Friede Gottes sei mit denen, die den rechten Weg beschreiten! Daher lade ich Dich ein, den Weg des Islams anzunehmen, Muslim zu werden und Frieden zu finden. Gott wird Dir so zweifachen Nutzen bescheren. Weist Du die Einladung jedoch zurück, werden Dir neben Deiner eigenen Zurückweisung auch die Sünden aller anderen, die die Einladung ablehnen, angerechnet.

„,O ihr Besitzer des Buches, kommt herbei zu einem Wort, das uns und euch gemeinsam ist, dass wir niemandem dienen außer Gott und dass wir Ihm keine Teilhaber zur Seite stellen und dass nicht die einen von uns die anderen zu Herren nehmen anstelle von Gott." Doch wenn sie sich (immer noch) abwenden, dann sagt: „Bezeugt, dass wir Muslime sind (die nur Ihm allein ergeben sind)."'[357]"

Diese Worte verfehlten ihre Wirkung nicht. An jenem Tag befand sich auch Ebū Sufyan bei Herakleios. Folgende Unterhaltung entspannte sich zwischen ihnen, in der Herakleios fragte:

> „Was kannst du mir über seine Abstammung berichten?"
>
> „Er ist von vornehmer Geburt und stammt aus einer angesehenen Familie."
>
> „Gab es unter seinen Vorfahren schon jemanden, der eine ähnliche Behauptung aufstellte?"
>
> „Nein, niemanden."
>
> „Gab es unter seinen Vorfahren einmal einen Herrscher?"

---

357 Sure Āl ʿImrān, 3:64.

„Nein, gab es nicht."

„Kommen diejenigen, die sich ihm angeschlossen haben, aus dem einfachen Volk oder sind es führende Persönlichkeiten?"

„In der Regel ist es das einfache Volk."

„Nimmt seine Anhängerschaft zu oder werden es weniger?"

„Sie werden jeden Tag mehr."

„Hat man je beobachtet, dass er log?"

„Nein, wir haben nie gesehen, dass er log."

„Hat er je sein Wort gebrochen?"

„Bis zum heutigen Tag nie, was in Zukunft sein wird, weiß ich nicht."

Wir sehen ganz deutlich, dass Ebū Sufyan, obgleich er zu dem Zeitpunkt noch kein Muslim und stattdessen ein erbitterter Gegner des Gesandten Gottes war, lediglich in seinem letzten Satz so etwas wie einen Zweifel zu äußern schien.

Was Herakleios betrifft, er wiederholte alle Antworten Ebū Sufyans und erklärte, dass sie ein Beweis für die Gesandtschaft des Propheten waren, und befragte auch den Bischof dazu. Dieser äußerte die gleiche Überzeugung. Gemäß einer Überlieferung brachte er seinen Glauben wie folgt zum Ausdruck: *„Schon bald wird dieser Ort, auf dem ich stehe, ihm gehören."*[358] Und genauso kam es.

---

358 El-Buḫārī, *Bed'u'l-Waḥy* 6.

Herakleios zog sich jedoch die Missbilligung der Geistlichkeit zu und leugnete daraufhin seine Worte: *„Ich habe euch geprüft, um zu sehen, wie stark ihr eurer Religion verbunden seid.“* Der Bischof jedoch glaubte und erkannte den Gesandten Gottes in Abwesenheit als seinen Propheten an.[359]

III. Weitere Beispiele

Der Prophet sandte noch an viele weitere Personen Briefe. Einige bekannten sich daraufhin zum Islam, andere wurden zwar keine Muslime, brachten dem Gesandten Gottes gegenüber dennoch Respekt zum Ausdruck.

Muqauqis beispielsweise gehörte zu den Letztgenannten. Er war der Patriarch der Kopten. Der Prophet sandte Hātib bin Ebī Beltea zu ihm. Obwohl Muqauqis nicht Muslim wurde, zeigte er sich während der ganzen Zeit, in der er sich dort aufhielt, Hātib gegenüber großzügig und ließ auch dem Gesandten Gottes Geschenke zukommen. Die ehrenwürdige Māriye war eine dieser Gaben. Der Gesandte Gottes nahm sie zur Frau und sie gebar ihm den Ibrahim.[360] Unter den Geschenken befand sich auch ein weißes Maultier mit Namen „Duldul“ – das erste Maultier, das die arabische Welt sah.[361]

Der persische König Chosrau jedoch hatte den Brief des Gesandten Gottes zerrissen und auf den Boden geworfen. Dies war ein Zeichen, das sich erfüllte, als sein eigenes Territorium, der Iran, kurze Zeit später zerfiel.[362]

---

359 El-Buḫārī, *Bed'u'l-Waḥy* 6.

360 Ibn Sa'd, *Ṭabaqātu'l-Kubrā* 1/260; Ṭaberī, *Tarihu'l-Umem we'l-Mulūk* 2/128.

361 Ibn Sa'd, *Ṭabaqātu'l-Kubrā* 1/134, 260, 491; Ṭaberī, *Tarihu'l-Umem we'l-Mulūk* 2/128.

362 El-Buḫārī, *'Ilm* 7; Ibn Ḥadjar, *Fetḥu'l-Bārī* 13/242; Newewī, *Scherḥu Saḥīḥ Mus-*

Der Gesandte Gottes übermittelte die Botschaft Gottes in globalem Ausmaß, indem er Herrschern, Staatsoberhäuptern und verschiedenen Stammesführern Briefe schrieb und ihre Herzen Tag für Tag ein Stück mehr eroberte. Es war, als ob eine göttliche Anziehungskraft von ihm ausging und er die Menschen wie mit geheimnisvollen Seilen förmlich anzog. Jedes Individuum und jede Gesellschaft, die seiner Anziehungskraft erlag, wurden gleichzeitig mit der Welt des Lichts vereinigt. Nachdem er so ihre Herzen eroberte, glich der Widerstand gegen ihn nunmehr dem Bewerfen der Sonne mit Schlamm – ein zweckloses Um-sich-Schlagen.

So kam es letztlich auch. Diejenigen, die ihm bis zu jenem Tag Widerstand leisteten, erkannten, dass dies ein sinnloses Unterfangen war, und unterwarfen sich ihm.

D. HUDEYBIYYE AUS DEM BLICKWINKEL DER ÜBERMITTLUNG

Die Friedensverhandlungen von Hudeybiyye fügten der Übermittlung der Botschaft Gottes eine weitere Dimension hinzu. Der Gesandte Gottes akzeptierte eine Vereinbarung, die harte Auflagen beinhaltete, was hauptsächlich beim ehrwürdigen Umar wie auch bei anderen, dem Gesandten Gottes zweifelsfrei ergebenen Persönlichkeiten, auf Unverständnis stieß. Die Verhandlungen standen zu jenem Zeitpunkt auf der Kippe.[363] Damals stand man zwar kurz davor, zu verlieren, im Jahr darauf glich ihr Gang nach Mekka jedoch einem Spaziergang, was in der Stadt ein Jahr

---

lim 18/42.

363 El-Buḫārī, *Schurūt* 15; Muslim, *Djihad* 94.

lang das Gesprächsthema Nummer eins war.[364] Auf diese Weise wurden die Herzen der Menschen Stück für Stück vorbereitet, und so herausragende Persönlichkeiten Mekkas wie Khalid bin Welid und ʿAmr bin ʿĀs nahmen den Islam aus freien Stücken an.[365] Sie konnten den Islam annehmen und gleichzeitig ihr Gesicht wahren, was im Hinblick auf ihre späteren Dienste von enormer Wichtigkeit war.

Auch das Beispiel der Gefährten, in ihrer Ergebenheit dem Propheten gegenüber, entging den Delegierten aus Mekka nicht.[366] Diese Beobachtungen beschleunigten den Prozess der Erweichung der Mekkaner gegenüber dem Islam.

E. ÜBERMITTLUNG DER BOTSCHAFT GOTTES AUF PERSÖNLICHER EBENE

Der Gesandte Gottes legte großen Wert auf persönliche Beziehungen, auch in einer Phase, als er auf dem Zenit seiner Eroberungen stand. Er wusste zwar, dass ihn innerhalb von ein bis zwei Jahren alle Mekkaner als Propheten annehmen würden, reagierte aber mit großem Wohlwollen auf das Kommen von Khalid bin Welid und ʿAmr bin ʿĀs und überschüttete sie mit Aufmerksamkeiten. Der Gesandte Gottes beauftragte einige Gefährten, diese beiden großen Persönlichkeiten willkommen zu heißen, und als Khalid ihm als Zeichen der Zeichen des Gehorsams die Hand ausstreckte, sprach ihm der Gesandte Gottes seine Anerkennung aus: *„Ich wunderte mich schon, wie ein so scharfsinniger Mensch wie Khalid*

364 Die Muslime konnten aufgrund des Friedensabkommens die Wallfahrt ohne Hindernisse durchführen (Anm. d. Hrsg.).

365 Ibn Hischām, *Sīratu'n-Nebewiyye* 4/238–240.

366 El-Buḫārī, *Schurūt* 15; Aḥmed ibn Ḥanbel, *Musned* 4/329–330.

Götzenanbeter bleiben kann. Ich glaubte ganz fest daran, dass du eines Tages kommen und Muslim werden würdest.“[367]

Einem Menschen in diesem Zustand solche Worte zu sagen, bedeutet ein Höchstmaß an Respekt. Und wer weiß, in welch metaphysische Spannung Khalid diese anerkennenden Worte bezüglich seiner Zukunft versetzt haben.

Währenddessen nahm ‘Amr bin ‘Ās die Hand des Gesandten Gottes und konnte sie nicht wieder loslassen. Unablässig bat er: „*O Gesandter Gottes, lege für meine Sünden Fürbitte ein und flehe zu Gott dem Wahren um meinetwillen, er möge mir vergeben.*“ Auch ihm spricht der Gesandte Gottes seine Anerkennung aus und sagt: „*Weißt du nicht, dass der Islam alle deine früheren Sünden tilgt und wegwischt? Der Mensch wird beim Eintritt in den Islam so makellos wie bei seiner Geburt.*“[368]

Ja, der Gesandte Gottes hatte die Herzen der Menschen endgültig erobert, und die Anerkennung, die er für seine ehrenwerte Persönlichkeit bekam, nutzte er als Gelegenheit, die Botschaft Gottes zu übermitteln. Die Menschen strömten nur so zu ihm und unterwarfen sich seiner Religion. Diese Welle, die damals ihren Anfang nahm, trägt bis in unsere Tage, und wir sind davon überzeugt, dass die gesegnete Botschaft des Propheten bis zum Jüngsten Tag ihren besonderen Glanz bewahren wird.

F. GÖTTLICHE ANERKENNUNG ERLANGEN

Gott der Erhabene sagt in einem Vers des Korans Folgendes zu Seinem Propheten:

---

367 Ibn Saʿd, *Ṭabaqātu'l-Kubrā* 4/252, 7/395; Wāqidī, *Meġāzī* 1/748.

368 Aḥmed ibn Ḥanbel, *Musned* 4/205.

„O du Gesandter (der du die Botschaft auf beste Weise überbringst und vorlebst)! Verkünde in klarster Form alles, was dir von deinem Herrn herabgesandt worden ist, und mache es bekannt. Denn wenn du es nicht tust, dann wirst du Seine Sendung nicht erfüllt und die dir als Prophet auferlegte Aufgabe nicht ausgeführt haben. Und Gott wird dich gewiss vor den Menschen beschützen.“[369]

Keinen anderen Propheten sprach Gott so an. Die anderen Propheten sprach Gott stets lediglich mit ihrem Namen an. Den ehrwürdigen Muhammed – Friede sei mit ihm – hingegen sprach er unter Verwendung der ehrenvollen Formulierung *„O Gesandter!“* an.

Dieser Ausdruck bezeichnet eine Person, die göttliche Botschaften überbringt, Nachrichten ausrichtet und Kenntnisse aus dem Jenseits besitzt. Mit dieser Anrede schreibt Gott ihm ein sehr ehrenvolles Attribut zu und erinnert uns an das Ansehen und den Stellenwert des Propheten. Man könnte es auch als Verkündung seiner Würde bezeichnen. Im Schatten dieser Ehre übermittelt er uns die Botschaft Gottes. Mit anderen Worten: Die Person, die jetzt ihre Worte an uns richtet, ist eine Persönlichkeit, der sogar Gott gewissermaßen Respekt bekundet. Gott sagt nicht (man entschuldige meine Wortwahl) *„O Ahmet, o Muhammed, o Mustafa, o Mahmud!“*, nein, er sagt *„O ehrenvoller Gesandter!“*, der der Menschheit mit Botschaften zu Hilfe eilt, die ihre Gefühle, ihre Gedanken und ihre Herzen wieder zum Leben erwecken. Gott hat ihn auf den Zenit einer Spirale des Lichts emporgehoben, ihn mit der Gesandtschaft geehrt und zu einem Vertrauten gemacht, mit dem Er von Angesicht zu Angesicht reden kann.

Wie man aus diesen Äußerungen ableiten kann, sprach Gott mit ihm von Angesicht zu Angesicht. Einige gründliche Erfor-

369 Sure Al-Mā'ida, 5:67.

scher der Wahrheit *(muhaqqiqīn)* berichten, dass der Prophet bei seiner Himmelfahrt *(mi'radj)* mit Gott dem Wahren buchstäblich gesprochen habe.[370] Vorherige Offenbarungen wurden ihm zwar auch direkt von Gott übermittelt, aber doch wie durch einen Vorhang. Bei seiner Himmelfahrt hingegen geschah dies unmittelbar im persönlichen Kontakt.

Der ehrenwerte, auserwählte Muhammed ist diese bevorrechtigte Person. Gott der Erhabene hat ihn auf eine Stufe erhoben, die über allen anderen liegt, und zu ihm gesagt: *„Du bist beauftragt, die dir übertragenen Botschaften der Menschheit ohne Unterlass zu verkünden, und nichts soll dich daran hindern. In der Tat, nichts soll dich aufhalten. Weder Furcht noch Sorge, weder Hindernisse noch Hunger oder Durst und auch keine Macht der Welt soll dich daran hindern, die Botschaft Gottes zu verkünden."*

Genauso kam es: Der großmütige Gesandte – möge Friede mit ihm sein – ließ sich durch nichts aufhalten, und ohne auch nur einen Moment innezuhalten, erfüllte er die ihm übertragene Aufgabe. Das Tor der Gesandtschaft hatte sich ihm aufgetan, und er erzielte einen Rekord nach dem anderen, als ob er sogar die Torpfosten aushebeln wollte – so könnte man gewissermaßen die Worte des Korans auffassen: *„Sodass er (so nahe) war, (dass nur noch der Abstand zwischen) den Sehnen von zwei (nebeneinander gelegten) Bögen (übrig blieb), oder sogar noch näher (als dies)."*[371] Ja, es war eine Grenze des Aufstiegs für ihn vorgesehen; er jedoch ließ diese weit hinter sich – so weit, dass der ehrwürdige Gabriel zu ihm sagte: *„Schreite voran o Muhammed! Du hast den Ball und den Schläger in der Hand. Wenn ich auch nur einen Daumenbreit*

370 Qāḍī 'Iyāḍ, *Schifā'* 1/202.

371 Sure En-Nedjm, 53:9.

weiterginge, würde mich das Licht der Erhabenheit unseres Herrn verbrennen und vernichten!“[372]

Die Grenzen des Möglichen ausreizen, sie sogar überschreiten: Diese Begriffe erinnern mich stets an den französischen Philosophen Auguste Comte (1798–1857), den Begründer des Positivismus. Sein ganzes Leben stand im Zeichen des Widerstandes gegen die Religion. Seiner Meinung nach ist alles, was nicht im Bereich des wissenschaftlich zu Erfahrenden liegt, nur ein Trugschluss. In dem Geschichtswerk *Tarih-i Murad* wird folgende Begebenheit wiedergegeben:

Comte hielt sich einmal in Andalusien auf, wo er voll Erstaunen die islamischen Kunstwerke betrachtete und einige Leute befragte, um mehr über den Islam in Erfahrung zu bringen. Besonders verwunderten ihn die Aussagen, der Prophet sei des Lesens und Schreibens nicht mächtig gewesen. Er konnte dies nicht glauben und ging daher nach Rom, um mit Papst Pius IX. darüber zu sprechen, und befragte ihn unter Eid zu diesem Thema. Als auch der Papst die Richtigkeit dieser Aussagen bestätigte, konnte der Philosoph nicht anders als zu sagen: *„Muhammed ist kein Gott, aber auch kein Mensch.“*

Sagt unser Dichter el-Būsīrī nicht dasselbe?

„Die Wissenschaft kommt zu dem Schluss: Er [Muhammed] ist ein Mensch; allerdings das gesegnetste Geschöpf Gottes.“ Natürlich gebar ihn die Āmine, er war der Sohn des ʻAbdullah und der Enkel Abdulmuttalibs, er hatte also eine Mutter und einen Vater und somit eine physische Seite. Allerdings reicht es nicht aus, ihn nur

---

372 ʻAliyyul-Qārī', *Scherhu'sch-Schifā'* 1/431. Bezüglich ähnlicher Überlieferungen siehe: Ṭaberānī, *El-Muʻdjemu'l-Ewṣaṭ* 6/278; Esbahānī, *Azamet* 2/677; Ebū Nuʻaym, *Ḥilyetu'l-Ewliyā* 5/55; Deylemī, *Musned* 2/312.

physisch zu erklären und zu beschreiben. Er gleicht einem Pfau, der zu himmlischen Sphären des Prophetentums emporfliegt. Unsere Worte hingegen drehen sich stets nur um den noch nicht geschlüpften Pfau im Ei. Auf seiner Himmelfahrt erreichte er einen Punkt, an dem wir nicht einmal mehr wissen, wo er seinen Fuß hinsetzte, denn dies ist eine Angelegenheit, die den menschlichen Verstand und das menschliche Bewusstsein übersteigt.

Die Übermittlung der Botschaft Gottes ist derart bedeutend, dass Gott der Wahre seinen geliebten Diener, der ihm so nahesteht, mit dieser Aufgabe betraute und ihn persönlich ermahnte, dass er den Auftrag seiner Gesandtschaft vollständig verfehlen würde, sollte er seiner Mission der Übermittlung der Botschaft Gottes nicht nachkommen.

Somit ist die Übermittlung der Botschaft Gottes auch unsere vordringlichste Aufgabe als Umma des Propheten. Wir dürfen nicht vergessen, dass es nur durch den belebenden Odem des ehrwürdigen Muhammeds möglich sein wird, die gesamte Menschheit auf nahezu allen Gebieten des Lebens wieder zum Leben zu erwecken. Lasst uns im Lufthauch derer Zuflucht nehmen, die den Odem des Propheten in sich aufsaugen.

G. EINIGE WICHTIGE ASPEKTE BEI DER ÜBERMITTLUNG DER BOTSCHAFT GOTTES

Es gibt in Verbindung mit der Übermittlung der Botschaft Gottes einiges zu beachten. Auf manche Punkte sind wir bereits eingegangen. Hier eine kurze Zusammenfassung, um darauf aufbauend das Thema Übermittlung der Botschaft Gottes zu beenden.

Erstens: Die Übermittlung schließt prophetische Weisheit *(fetāne)* oder, wie wir auch sagen können, prophetische Intelligenz mit ein.

Zweitens: Derjenige, der die Botschaft Gottes übermittelt, muss ein herausragender Repräsentant dieser Botschaft sein. Das, was er lehrt, muss sich stets auch in seinem Lebenswandel widerspiegeln. Ja, er sollte nicht anderen erzählen, wie sie zu leben haben, sondern er sollte sein eigenes Leben exemplarisch darstellen und die Menschen zu einem ebensolchen Leben einladen.

Drittens: Der Übermittler der Botschaft Gottes erwartet am Ende nur das Wohlgefallen Gottes. Nicht einmal das Erlangen des Paradieses sollte die Motivation bei der Übermittlung sein. Es bedeutet vielmehr, auf Gefühle materieller und spiritueller Segnungen zu verzichten.

I. Die Personen gut kennenlernen

Erstens: Das ist prophetische Weisheit, die von innen kommt. Die prophetische Weisheit spielte eine wichtige Rolle bei der Übermittlung der Botschaft Gottes durch den Propheten. Allerdings ist die prophetische Weisheit nicht lediglich eine Frage des Intellekts. Sie bezeichnet eine Intelligenz, die sich vom Sichtbaren bis zum Verborgenen erstreckt, von dieser Welt bis ins Jenseits. Der Mensch hat sowohl eine verstandesmäßige als auch eine emotionale Seite. Lediglich seinen Intellekt anzusprechen, würde seinen Ruin bedeuten, wenn die Gefühle zuschlagen. Andererseits würden diejenigen, die lediglich auf Empfindungen abzielen, vom Intellekt in die Knie gezwungen werden. Ganz anders der ehrenwerte Muhammed – möge Friede mit ihm sein. Er spricht gleichermaßen die Beobachtungsgabe, den Intellekt und die innere Wahrnehmung an. Er bespricht die menschliche Natur anhand der Dinge, die das Auge sehen kann, führt diesbezüglich Beispiele an und durchdringt so die Seele. Auch den Verstand benutzt er und regt andere dazu an, dies ebenfalls zu tun. Argumente sind ihm wichtig und er spricht so das Gewissen an. Ein jeder, der seine Stimme in seinem Gewissen wahrnimmt, setzt sich mit einem Sprung vor diejenigen, die rein auf dem Weg des Gewissens die Wahrheit erreichen wollen und erreicht in einem Nu die Wahrheit. Personen, die wie Pascal und Bergson über die Intuition zu Gott zu gelangen suchen, bleiben sogar auf diesem ihrem Fachgebiet sehr weit hinter den Gläubigen zurück, denen der ehrwürdige Muhammed – möge Friede mit ihm sein – Leben einflößte und sie ausbildete. Ohnehin könnten sie auf dem Gebiet der kategorischen und allgemeinen Tugend nicht einmal dem Unbedeutendsten der Gläubigen das Wasser reichen.

Auf keinem Gebiet konnte man dem ehrwürdigen Muhammed – möge Friede mit ihm sein – ebenbürtig sein. Und dies lag an seiner prophetischen Weisheit. Er zwang schon mit seiner Beobachtungsgabe seine Widersacher in die Knie. Er zeigte auf die Götzen und fragte: *„Was erhofft ihr euch von diesem Stein, von diesem Holz und dieser Erde?“* Anschließend nahm er in seiner unvergleichlichen Art oder durch ein Wunder, das er wirkte, sein Gegenüber, dessen Verstand er zuvor ansprach, an die Hand und führte ihn zum Herzen. Schließlich eröffnete er ihm mit der reinigenden Kraft seines Friedens eine weitere Stufe und führte ihn förmlich zur ewigen Glückseligkeit.

Nehmen wir die spirituelle Entwicklung des ehrwürdigen Umar. Der Gesandte Gottes wandte sich mit den Worten an ihn: *„Wie kann es sein, dass so ein intelligenter Mensch wie du hier drau-*

ßen umherwandelt? Ich kann es nicht verstehen, wie ein Mensch wie du seine Hoffnung auf Dinge aus Stein, Holz und Erde setzen kann." Mit diesen Worten honoriert er Umar zunächst und erweist dem Verstand die Ehre. So hat er den ehrwürdigen Umar auf dem Weg des Verstandes für sich eingenommen. Anschließend eroberte er durch seine unübertreffliche Art, die seit jeher Sicherheit und Vertrauen einflößt, auch das Herz Umars. In der dritten Phase versetzte er ihn mit der Tiefe seiner Gottergebenheit in solch einen Zustand, dass Umar, der Kamele am Hals fassend zu Boden zwingen konnte, vor dem Gesandten Gottes wie ein gut erzogenes Kind respektvoll niederkniete.

Bevor wir uns den anderen Aspekten zuwenden, hier noch ein konkretes Beispiel zum eben Genannten:

Ein junger Mann tritt vor den Gesandten Gottes. Die *sahabe* erwähnen den Namen des jungen Mannes nicht explizit; wenn man jedoch die verschiedenen Überlieferungen miteinander verbindet, so ergibt sich, dass der junge Mann wohl Djuleybib – möge Gott an ihm Gefallen finden – hieß. Er sprach zum Propheten: „*O Gesandter Gottes, erlaube mir, unrechtmäßigen Geschlechtsverkehr zu haben, denn ich kann mich nicht mehr beherrschen.*" Es gab die unterschiedlichsten Reaktionen auf diese Worte. Die einen wollten ihm den Mund verbieten und sagten: „*Sprich nicht so unverschämt mit dem Gesandten Gottes!*" Andere versuchten, ihn an seinem Gewand von dort wegzuziehen. Wieder andere wollten ihm eine Ohrfeige verpassen. Allein der ruhmreiche Prophet schwieg in seiner Barmherzigkeit und Herzensgüte gegenüber all diesen unpassenden Verhaltensweisen, hörte dem jungen Mann zu, rief ihn schließlich zu sich und ließ ihn sich zu seinen Füßen respektvoll niedersetzen. Allein dies schon verzauberte den jungen Mann. Der Gesandte Gottes fragte ihn nun:

„Was wäre, wenn man das mit deiner Mutter tun würde?“

„O Gesandter Gottes, beim Leben meiner Eltern, das würde ich nicht wollen.“

„Kein Mensch wünschte, dass dies seiner Mutter widerfahre! Wenn du eine Tochter hättest – was wäre, wenn man das mit ihr tun würde?“

„O Gesandter Gottes, bei meinem Leben, das würde ich nicht wollen.“

„Kein Mensch wünschte, dass dies seiner Tochter widerfahre! Was wäre, wenn man das mit einer deiner Tanten tun würde?“

„Nein, o Gesandter Gottes, das würde ich nicht wollen!“

„Und wie wäre das mit deiner Schwester?“

„Nein, nein, das würde ich niemals wollen!“

Und zu guter Letzt:

„Kein Mensch will, dass jemand mit seiner Tante oder seiner Schwester unrechtmäßigen Geschlechtsverkehr hätte.“

Durch dieses Gespräch nahm der Gesandte Gottes mit Vernunft und Verstand den jungen Mann für sich ein, der nun sanft wie ein Lamm vor ihm saß. Jetzt fehlte nur noch eines: Der Gesandte Gottes legte seine Hand auf die Brust des jungen Mannes und betete wie folgt: *„Mein Gott, vergib ihm seine Sünden, reinige sein Herz und bewahre sein Ehrgefühl.“*[373]

Djuleybib wurde nach diesem Gebet zu einem Musterbeispiel an Keuschheit. Da man aber sein früheres Leben kannte, war

373 Aḥmed ibn Ḥanbel, *Musned* 5/256; Ṭaberānī, *El-Mu'djemu'l-Kebīr* 8/162, 183.

niemand bereit, ihm seine Tochter zu geben. So war es wieder am Gesandten Gottes, zu intervenieren und dafür zu sorgen, dass Djuleybib heiraten konnte.[374] Nach seiner Hochzeit fällt er jedoch bei der ersten Schlacht. Der Gesandte Gottes fragte die Dabeistehenden: *„Fehlt euch irgendetwas?"* Sie antworteten: *„Nein, o Gesandter Gottes, wir sind alle unversehrt."* Der Gesandte Gottes sagte jedoch: *„Mir fehlt etwas"*, und trat an das Lager Djuleybibs. Dieser hatte sieben Menschen getötet, bevor er selbst getötet wurde. Der Gesandte Gottes legte dessen Kopf auf seine Knie und verfügte: *„Dieser Djuleybib ist ein Teil von mir und ich bin ein Teil von ihm."* Djuleybib flog in diesen hohen Stand versetzt dem Jenseits entgegen.[375]

Der Gesandte Gottes hat in seiner überaus großen prophetischen Weisheit diesen jungen Mann innerhalb kürzester Zeit aus den Abgründen der Unsittlichkeit auf ein Niveau erhoben, das unser Verstand nicht zu erfassen vermag.

Nehmen wir an, alle Erzieher und Pädagogen der Welt würden auf die Arabische Halbinsel gehen: Könnten sie wohl nur ein oder zwei der ethischen Prinzipien des Gesandten Gottes konstituieren, abgesehen von der Schicklichkeit und der sittlichen Vollkommenheit, die er seinerzeit in kürzester Zeit etablierte?

Die Wirklichkeit zeigt uns in aller Deutlichkeit, dass dies nicht möglich wäre.

Er lebte in einer Zeit, in der Unmoral in all ihren Facetten förmlich zur menschlichen Natur gehörte. Der Gesandte Gottes begnügte sich jedoch nicht damit, nur die Unmoral auszurotten, sondern er stattete die Menschen zudem mit der schönsten al-

---

374 Aḥmed ibn Ḥanbel, *Musned* 4/422.

375 Muslim, *Faḍā'ilu's-Sahābe* 131; Aḥmed ibn Ḥanbel, *Musned* 4/420, 421, 425.

ler Moralvorstellungen aus. So sah die Welt weder vor ihm noch nach ihm je einen solch tugendhaften Menschen. Der Islam legt mit seinen Tausenden von Beispielen Zeugnis dafür ab, aber auch die erfolglosen Bemühungen heute, Menschen von gewissen Gewohnheiten abzubringen, zeigen dies in aller Deutlichkeit.

Ein Beispiel: Ein ganzer Staat sagt dem Rauchen den Kampf an. Minister nehmen sich der Thematik an und Hunderte von Wissenschaftlern halten bei verschiedenen Anlässen Konferenzen dazu ab. Bücher werden geschrieben, Kampagnen, die die Gefahren des Rauchens aufzeigen, werden gestartet, doch das Ergebnis ist gleich null, es wurde wieder nichts erreicht.

Sehen wir uns dagegen die Gemeinschaft an, die vom Gesandten Gottes angeleitet wurde, und beachten wir, wie umgehend man seinen Worten Folge leistete. Ein Beispiel:

Der ehrwürdige Enes berichtet: *„Ich war gerade dabei, im Haus des Ebū Talha Alkohol auszuschenken, als man draußen eine Stimme hörte: ‚Passt auf, Alkohol wurde verboten!' Sofort schüttete jeder, dessen Glas voll war, sein Glas aus und jeder, der gerade getrunken hatte, spuckte aus und alle Krüge wurden auf die Straße ausgegossen. In den Straßen von Medina floss noch tagelang der Alkohol."*[376]

All das bewirkte er und all jenen, die dies nicht wahrhaben wollen, rufen wir zu: „Schaut euch die Arabische Halbinsel an und versucht nur ein Bruchteil von dem zu erreichen, was er vollbrachte!" Man wird es nicht schaffen.

II. Selbst das leben, was man verkündet

Zweitens: Eine der Dynamiken, deren sich der ehrwürdige Muhammed beim Übermitteln der Botschaft Gottes bediente,

---

376 El-Buḫārī, *Mezālim* 21; Tefsīr (5) 10; Muslim, *Eschribe* 3–9.

war die Tatsache, dass sein Leben das, was er verkündete, eins zu eins widerspiegelte. Er repräsentierte das, was er sagte, derart, dass ein Mensch, der ihn ansah, keines weiteren Beweises bedurfte und davon überzeugt war, dass es Gott gibt. Oftmals reichte es aus, ihn nur zu erblicken, um seine Gesandtschaft zu akzeptieren.

ʻAbdullah bin Rewāha drückt dies sehr schön aus:

„Wäre er nicht mit offenkundigen Wundern gekommen, es hätte ausgereicht, ihn nur zu sehen, um an ihn zu glauben.“[377]

Diejenigen, die ihn von Herzen annahmen und ihn mit *„O Gesandter Gottes!“* ansprachen, waren es, die später die Welt anführten. Er wurde also nicht nur von einer Handvoll Menschen angenommen. Unter denen, die er heranbildete, waren Persönlichkeiten wie Ebū Bekr, Umar, Uthman und Ali – möge Gott an ihnen Gefallen finden –, Männer, die in der Lage waren, die Welt zu beherrschen. Keiner von ihnen würde sich so einfach ergeben. Wäre es nicht der Gesandte Gottes gewesen, keiner hätte sich ihm unterworfen. Wenn sogar der ehrwürdige Ali, ein Mensch, der mit unverhüllten Augen des Herzens sagte: *„Selbst wenn der Vorhang sich öffnete – meine Gewissheit könnte nicht stärker sein“*,[378] und dessen Glaube sich auf der höchsten Stufe der Erkenntnis befand *(haqqu'l-yaqīn)*, ihn als wahren Propheten annahm, dann ist dies allein schon Beweis genug.

Sein ganzes Wesen übte im Hinblick auf das Jenseits einen solchen Zauber aus, dass sogar Menschen wie ʻAbdullah bin Selām, ein jüdischer Geistlicher, nachdem sie den Propheten ein einziges Mal sahen, glaubten und sagten: *„Dieses Angesicht kennt*

377 Qāḍī ʿIyāḍ, *Schifā*ʾ 1/249.

378 Aliyyul-Qārīʾ, *Masnū*ʿ 149.

keine Lüge, dieses Angesicht kann nur dem Gesandten Gottes gehören.“[379]

Mit anderen Worten: Ihn nur zu sehen reichte schon aus, um ihn anzunehmen. Menschen, die sich der Aufgabe widmen, anderen etwas zu vermitteln, wissen nur zu gut, wie schwer es ist, auf diese Weise Akzeptanz zu finden. Viele von ihnen bemühen sich ein Leben lang und schaffen es dennoch kaum, auch nur zwei Handvoll Menschen etwas darzulegen, für Akzeptanz zu sorgen oder sie in ihrem Innern zu berühren. Ganz anders der Gesandte Gottes. Gibt es außer ihm noch jemanden, der die Herzen von momentan annähernd einer Milliarde Menschen zu erobern vermochte? Gibt es außer ihm noch jemanden, der mit der Erwähnung seines Namens von den Minaretten die Welt fünfmal am Tag vor Begeisterung zum Klingen bringt?

Dies zeigt, dass die Welt ihn liebt und mehrfach am Tag ihre Bindung an ihn verkündet. Und das trotz des Widerstandes und der Anfeindungen so vieler. Ja, dessen ungeachtet erobert er weiterhin die Herzen der Menschen. Der Grund dafür liegt in der Tatsache, dass er all das, was er andere lehrte, persönlich auslebte und so zum lebenden Vorbild wurde. Jedes seiner Worte bewegte die Massen, man richtete sich nach seinen Worten aus, die auf diese Weise wie der eigene Augapfel behütet wurden.

Während er die Menschen dazu aufrief, Diener Gottes zu werden, repräsentierte er auf vortreffliche Weise stets selbst bis ins kleinste Detail, was dies bedeutet.

Die ehrwürdige Āische berichtet Folgendes:

„Eines Tages kam er zu mir und sagte: ‚*Āische, gestattest du, dass ich diese Nacht mit meinem Herrn verbringe?*‘ Anschließend

379 Tirmiḏī, *Qiyāme* 42; Ibn Mādje, *Ikametu's-Salāt* 174.

verrichtete er das Gebet. In jener Nacht betete er bis zum Morgen, während er unentwegt den Vers ‚*Wahrlich, in der Erschaffung der Himmel und der Erde und in der Abwechslung von Tag und Nacht sind Zeichen für die Einsichtigen*'[380] rezitierte und dabei weinte. Er vergoss so viele Tränen, dass man seinen Gebetsteppich hätte auswringen können."[381]

Er verrichtete das Gebet solange, bis ihm die Beine anschwollen. Als man ihn daran erinnerte, dass alle seine Sünden aus der Vergangenheit bereits vergeben wurden und ihn fragte: „*Warum mühst du dich derart ab?*", antwortete er: „*Soll ich denn kein dankbarer Diener meines Herrn sein?*"[382] Das Tor zur Dankbarkeit hatte sich ihm geöffnet, und das war der Grund für seine besonderen Anstrengungen.

Es ist erneut die ehrwürdige Āische, die uns Folgendes berichtet: „*Es war um Mitternacht, als ich aufstand. Ich wurde eifersüchtig, als ich den Gesandten Gottes nicht neben mir sah, und dachte, ob er wohl zu einer seiner anderen Frauen gegangen sei. In dem Moment, als ich aus dem Bett aufstand, berührte meine Hand seinen Fuß. Beim näheren Hinsehen bemerkte ich, dass er gerade betete, und lauschte seinen Worten: ‚O Herr, Du bist erhaben und rein von allem Mangel. Dich preise ich. Es gibt keine Gottheit außer Dir.*'"[383]

Hätte er es gewollt, er hätte wie ein König speisen, trinken und leben können. Genau das hatte man ihm schon in Mekka angeboten – wenn er von seiner Sache abließe.[384] Er zog jedoch

---

380 Sure Āl ʻImrān, 3:190.

381 Ibn Ḥibbān, *Ṣaḥīḥ* 2/386.

382 El-Buḫārī, *Tehedjjud* 6; Muslim, *Sifātu'l-Munafikīn* 79–81.

383 Muslim, *Salāt* 222; Tirmiḏī, *Daʻawāt* 75; Ebū Dāwūd, *Salāt* 147.

384 Ibn Keṯīr, *El-Bidāye we'n-Nihāye* 3/62–63.

für seine Sache dem bequemen Leben ein beschwerliches vor. Er vertraute ohnehin loyal auf Gott den Wahren und zog das Prophetentum eines Dieners, der an einem Tag hungrig fleht, um an einem anderen Tag satt zu danken[385], dem Prophetentum eines Herrschers vor.[386] Ebendieses einfache Leben wirkte auf die Menschenmassen so anziehend.

Auch der ehrwürdige Umar lebte eigentlich ein solch einfaches Leben. Allerdings rührte selbst ihn das Leben des Gesandten Gottes zu Tränen. Der Gesandte Gottes fragte ihn einmal: *„Umar, warum weinst du?“* Dieser antwortete: *„O Gesandter Gottes, in diesem Augenblick schlafen Könige in Federbetten und du liegst auf einer Matte aus Stroh, obwohl du der Gesandte Gottes bist, und das Stroh hinterlässt Striemen auf deiner Haut. Mehr als jeder andere verdienst du es, behaglich und bequem zu leben!“* Der Gesandte Gottes erwiderte Umar: *„Wärst du nicht auch damit einverstanden, wenn das Leben im Diesseits das ihre wäre und das Leben im Jenseits das unsere?“*[387]

Das wünschte sich der Gesandte Gottes mehr als alle anderen. Er selbst jedoch lebte das einfachste nur denkbare Leben. Oder besser gesagt: Er lebte, sodass andere leben konnten; er belebte andere. Schließlich war diese Qualität der Repräsentanz das Geheimnis, das es ihm ermöglichte, die Herzen der Menschen zu erobern und sie tief im Innern zu bewegen.

Diejenigen, die sich heute um das Übermitteln der Botschaft Gottes kümmern, können viel von der Einstellung und der Handlungsweise des Gesandten Gottes lernen. Die Grundvoraussetzung, die es erst ermöglicht, Herzen zu erobern, wirksam zu sein

---

385 Tirmiḏī, *Zuhd* 35; Aḥmed ibn Ḥanbel, *Musned* 5/254.

386 Aḥmed ibn Ḥanbel, *Musned* 2/231; Ebū Yaʿlā, *Musned* 10/491.

387 El-Buḫārī, *Tefsīr* (66) 2; Muslim, *Talak* 31.

und Menschen zu berühren, ist, das, was man sagt, so wie der Gesandte Gottes auch selbst vorzuleben.

Möchten wir beispielweise jemandem erklären, dass es nötig ist, in der Ehrfurcht vor Gott Tränen zu vergießen, dann sollten wir zunächst selbst nachts aufstehen und so lange weinen, bis der Gebetsteppich feucht wird. Dann werden die Worte, die wir am nächsten Morgen sprechen werden, eine Wirkung entfalten, die uns selbst verwundern wird. Sonst wird uns der folgende Vers wie ein Schlag ins Gesicht treffen, und wir werden niemals mehr irgendeine Wirkung erzielen: *„O ihr, die ihr glaubt! Warum sagt ihr, was ihr nicht tut?"*[388]

III. Keine Gegenleistung erwarten

Drittens: Ein weiterer Beleg für das Prophetentum des Gesandten Gottes ist der Umstand, dass er für seinen Auftrag der Übermittlung der Botschaft Gottes keine Gegenleistung forderte, weder im Diesseits noch im Jenseits. Solches Verhalten entspricht der Ethik der Propheten. Jene, die sich dieses ethische Verhalten zum Vorbild nehmen, um nach ihm die Botschaft Gottes zu übermitteln, sind die eigentlichen Verkünder und Vertreter dieser Sache. Der Koran gebietet uns, diesen Menschen, die von niemandem einen Lohn einfordern, zu folgen, indem er sagt: *„Folgt denen, die keinen Lohn (für ihre Dienste) verlangen und die selbst rechtgeleitet sind."*[389]

Der ganze Besitz der ehrwürdigen Khadīdje wurde verbraucht, um das Recht zu verbreiten, und dennoch forderte der Gesandte Gottes von niemandem etwas für sich selbst.

Sein engster Gefährte, der ehrwürdige Ebū Bekr, sollte ihn

---

388 Sure As-Saff, 61:2.

389 Sure Yā. Sīn, 36:21.

auf der Hidjra begleiten. Der ehrwürdige Ebū Bekr hatte ein Reittier für den Gesandten Gottes vorbereitet und das unter solch erschwerten Bedingungen während einer Zeit, in der man an nichts anderes dachte, als an die mögliche Verfolgung durch den Feind – der Gesandte Gottes jedoch war nur unter einer Bedingung bereit, dieses Reittier anzunehmen: man würde ihn den Kaufpreis dafür zahlen lassen.[390]

Beweist das nicht, wie uneigennützig er in all seinem Wirken war? Wenn er schon in solch angespannten Momenten derart feinfühlig reagierte, wie viel mehr würde er dies in ruhigeren Zeiten tun? Diese eine Begebenheit genügt, um den Verkündern heute eine wichtige Lektion zu vermitteln.

Ebū Hurayra – möge Gott an ihm Gefallen finden – berichtet: „Eines Tages sah ich den Gesandten Gottes, wie er sein Gebet im Sitzen verrichtete. Ich fragte ihn: ‚*O Gesandter Gottes, bist du krank?*‘ Er antwortete: ‚*Nein Ebū Hurayra, ich bin hungrig. Ich kann mich vor Hunger nicht mehr erheben.*‘ Ich begann zu weinen. Der Gesandte Gottes tröstete mich: ‚*Weine nicht. Die Wucht der Rechenschaft [am Jüngsten Tag] wird nicht die Hungrigen treffen.*‘“[391]

Der Hunger war ohnehin sein ständiger Begleiter …

Eines nachts traf Ebū Hurayra unvermittelt in einer Ecke Medinas auf Ebū Bekr und Umar und sie fragten einander: „*Was habt ihr hier mitten in der Nacht zu suchen?*“ Sie alle drei antworteten übereinstimmend: „*Der Hunger.*“ Ja, sie hatten alles, was sie besaßen, für Gott verbraucht und konnten nun vor Hunger nicht schlafen, so dass sie draußen umherliefen.[392]

---

390 El-Buḫārī, *Menāqibu 'l-Ensār* 45; Aḥmed ibn Ḥanbel, *Musned* 6/198.

391 Ebū Nu'aym, *Ḥilyetu 'l-Ewliyā* 7/109.

392 Muslim, *Eschribe* 140; Muwaṭṭa', *Sifatu 'n-Nebī* 10.

Diese starken Hände stemmten seinerzeit die schwere Last der Übermittlung der Botschaft Gottes. Diejenigen, die sich heute auf den Weg machen, diese schwere Last zu stemmen, sollten daher die gleiche Stärke besitzen.

Es war seine eigene Tochter Fatima, über die der Gesandte Gottes sagte: *„Fatima ist ein Teil von mir. Wer sie erfreut, erfreut auch mich, und wer sie betrübt, betrübt auch mich.“*[393] Es gab niemanden, der ihr bei der Hausarbeit helfen konnte. Ihre Hände bekamen Schwielen vom Wassertragen und vom Drehen des Mühlsteins, und ihre Schultern waren voll offener Wunden. Der ehrwürdige Ali war darüber sehr traurig, aber auch er konnte nichts dagegen tun. Eine sehr lange Zeit der Mühsal hindurch lebte man auf diese Weise.

Fatima lebte die Ethik ihres Vaters, er hatte es ihr vererbt, die eigene Arbeit selbst zu erledigen. Ihr Sitzen und ihr Aufstehen – alles an ihr glich ihrem Vater.[394]

Nachdem man nach einem Feldzug mit Beute und Gefangenen nach Medina zurückkehrte, brachte ein jeder dem Gesandten Gottes seine Bedürfnisse vor und er verteilte die Beute je nach Situation unter den Menschen. Vom ehrwürdigen Ali ermuntert ging auch die ehrwürdige Fatima dorthin. Allerdings war ihr Vater nicht zu Hause. Sie sagte einer der Ehefrauen des Propheten, weshalb sie gekommen war, und kehrte in ihr Haus zurück.

Als der Prophet davon erfuhr, machte er sich sofort auf den Weg zu seiner Tochter. Die ehrwürdige Fatima schlief gerade und

---

393 El-Buḫārī, *Faḍāʿilu'l-Ashab* 12; Muslim, *Faḍāʿilu's-Sahabe* 93–94; Ḥakīm, *Mustedrak* 3/172. (Der vollständige Text des hier wiedergegebenen Hadith findet sich in Ḥakīms *Mustedrak.*)

394 Tirmiḏī, *Menāqib* 60; Ebū Dāwūd, *Edeb* 143.

wollte sich aufrichten, als der Gesandte Gottes eintrat. Er setzte sich ganz natürlich sofort an den Rand des Bettes, sodass sie die Kühle seiner Knie spürte. Er sagte: „*Meine Tochter, bevor ich nicht die Bedürfnisse der Notleidenden in der Stadt (ashab-i suffa) gestillt habe, kann ich dir nichts geben. Aber ich lehre dich etwas viel Segensreicheres: Wenn du dich schlafen legen willst, sage 33 Mal ‚Subhanallah', 33 Mal*[395] *‚Elhamdulillah' und 33 Mal ‚Allahu Ekber'. Mehr als alle deine Wünsche wird dir dies am Jüngsten Tag zugutekommen.*“[396]

Eine weitere Begebenheit: Eines Tages sah der Gesandte Gottes ein goldenes Armband an der Hand der ehrwürdigen Fatima: „*Meine Tochter, willst du, dass die Menschen sagen: ‚Die Tochter des Gesandten Gottes trägt ein Armband aus der Hölle'? Zieh es sofort aus!*“

Die ehrwürdige Fatima kaufte nun mit dem Geld dieses Armreifs einen Sklaven und schenkte ihm für Gott die Freiheit. Man kann sich kaum vorstellen, wie zufrieden der Gesandte Gottes war, als sie ihm kurz darauf davon berichtete![397]

Dies ist ein weiterer Aspekt dieses dritten Abschnitts: Der Gesandte Gottes erwartete nicht nur von seinen Mitmenschen keine Gegenleistung, er musste zudem noch unter der Pein leiden, die sie ihm zufügten. Wie oft ließ man ihn im Staub und der Erde zurück und nur seine Töchter Zeynep und Fatima kamen ihm zu Hilfe.[398] Wie oft streute man Dornen auf seinem Weg aus, die seine gesegneten Füße vor Blut überfließen ließen.

---

395 Gemäß einer anderen Überlieferung 34 Mal.

396 El-Buḫārī, *Farzu'l-Humus* 6; *Da'awāt* 11; Muslim, *Dhikr* 80; Tirmiḏī, *Da'awāt* 24; Aḥmed ibn Ḥanbel, *Musned* 1/106–107.

397 Nesā'ī, *Zīnet* 39; Aḥmed ibn Ḥanbel, *Musned* 5/278–279.

398 El-Buḫārī, *Salāt* 109; Muslim, *Djihad* 107; Ṭaberānī, *El-Mu'djemu'l-Kebīr* 3/268; Ibn 'Abdilberr, *Istī'āb* 3/1381; Ibn Hischām, *Sīratu'n-Nebewiyye* 2/264; Ṭaberī, *Tarihu'l-Umem we'l-Mulūk* 1/554.

Einmal hielt er an der Kaaba inne, um das Gebet zu verrichten. Die Götzendiener versammelten sich um ihn und fingen an, ihn zu drangsalieren. In diesem Moment kam ihm der ehrwürdige Ebū Bekr zu Hilfe und verteidigte den Gesandten Gottes mit den Worten: *„Nur weil er ‚Gott mein Herr' sagte, wollt ihr einen Menschen töten?"*[399] Alle diese Begebenheiten folgten dicht aufeinander, konnten ihn jedoch nicht von seinem Weg abbringen. Zu seiner Tochter sagte er: „Weine nicht, meine Tochter. Gott wird nicht zulassen, dass dein Vater verloren geht." Gott der Erhabene hat in der Tat dafür gesorgt, dass er nie verloren ging, denn Er machte Millionen von Herzen zu Seinem ewigwährenden Widerschein.

Wenden wir uns nun noch einmal abschließend dem Thema der Übermittlung der Botschaft Gottes zu.

Wir haben bis hierher aufgezeigt, dass die Übermittlung der Botschaft Gottes der Sinn und Zweck der Existenz der Propheten und des Gesandten Gottes war. Sie wurden erschaffen, um zu verkünden. Wir hingegen kommen lediglich einer Verantwortung nach, wenn wir diesen Auftrag ausführen.

Des Weiteren haben wir im Rahmen der Analyse dieser Thematik versucht zu zeigen, dass die Botschaft, die der Gesandte Gottes überbrachte, klar und deutlich den Schriftzug „Muhammed Rasūlullāh" erkennen lässt. Zudem haben wir uns bemüht, die Methoden und Vorgehensweisen beim Übermitteln der Botschaft Gottes zu beleuchten, insbesondere im Hinblick darauf, dass sie sowohl ein wichtiger Beleg für die Gesandtschaft des Propheten darstellten, als auch all jenen, die später mit der Verkündung betraut sein würden, den Weg weisen, der sie nicht in die Irre führt oder verwirrt.

---

399 El-Buḫārī, *Faḍā'ilu'l-Ashab* 5; Aḥmed ibn Ḥanbel, *Musned* 2/204, 218.

Wir sind völlig davon überzeugt, dass dauerhafter und anhaltender Erfolg ohne die Beachtung der Methoden des Gesandten Gottes beim Verkünden nicht möglich ist. Dies belegen Tausende von Beispielen. Daher erinnern wir noch einmal mit fester Überzeugung und tiefer Gewissheit des Glaubens daran, dass jeder, der anderen Menschen den Weg der Religion aufzeigen und sie anleiten möchte, dem ewigen Wegweiser, dem Beispiel des ehrwürdigen, auserwählten Muhammed – möge Friede mit ihm sein – zu folgen hat. Der wahre Wegleiter ist er und der Weg, den er bahnte, ist der Weg der wahren Rechtleitung. Schließlich sagt der Koran über ihn: „*Er spricht nicht aus eigenem Antrieb, entsprechend seinem eigenen Wunsch; das (was er euch überbringt) ist nichts anderes als eine Offenbarung, die ihm eingegeben wird.*“[400]

400 Sure En-Nedjm, 53:3–4

QUELLEN- UND LITERATURVERZEICHNIS

Ed-Debbaġ, ʻAbdulaziz bin Mesʻud bin Aḥmed (1997): Kitabu'l-Ibrīz. Türkische Übersetzung von Abdullah Arığ. Seha Neşriyat, Istanbul.

Ibn Hemmām, Ebū Bekr ʻAbdurrazzāq (1982): El-Muṣannef. I–XI. El-Mektebetu'l-Islāmiyye, Beirut.

El-Adjlūnī, Ismaʻīl ibn Muḥammed el-Djerrāhī (1984): Keš-fu'l-Ḥafā ve Muḍilu'l-Ilbās. I–II. Muessesetu'r-Risāle, Beirut.

Ibn Ḥanbel, Aḥmed Ebū ʿAbdillah eš-Šeybānī (1992): El-Musned. I–VI. Çağrı Yayınları, Istanbul.

el-Muttakî, ʿAlī ʿAlāʾuddīn (1989): Kenzu'l-ʿUmmāl fī Suneni'l-Aqwāl we'l-Efʿāl. I–XVIII. Muessesetu'r-Risâle, Beirut.

ʿAliyyul-Qārīʾ, Ebu'l-Ḥasan Nureddin ʿAli bin Sultan Muḥammed (1985): El-Esrāru'l-Marfūʿa fī'l-Aḥbāri'l-Mewḍūʿa. [Erforscht durch Muhammed bin Lutfi Sabbāġ.] El-Mektebu'l-Islāmī, Beirut.

ʿAliyyul-Qārīʾ, Ebu'l-Hasan Nureddin Ali bin Sultan Muhammed (o. J.): Šerhu'sch-Šifa li'l-Qāḍī ʿIyāḍ. I–II. Dāru'l-Kutubi'l-ʿIlmiyye, Beirut.

ʿAliyyul-Qārīʾ, Ebu'l-Hasan Nureddin Ali bin Sultan Muhammed (1983): El-Masnūʿ. Mektebetu'r-Ruschd, Riad.

Ālūsī, Ebu's-Senâ, Šehābeddīn Maḥmūd ibn ʿAbdillah (o. J.): Rūḥu'l-Maʿānī fī Tefsīri'l Qurʾāni'l-ʿAẓīm we's-Sebʿi'l-Meṯānī. I–XXX. Dāru Iḥyāu't-Turāṯi'l-ʿArabī, Beirut.

Āmidī, Seyfuddīn, Āmidî, (1983): El-Iḥkām fī Uṣūlu'l-Aḥkām. Dāru'l-Hadiṯ, Kairo.

ʿAṭṭār, Ferīduddīn (1991): Teṯkiratu'l-Ewliyā. Türkische Übersetzung von Süleyman Uludağ. Erdem Yayınları, Istanbul.

Bediuzzaman, Said Nursî (1996): Risale-i Nur Kulliyatı. I–II. Nesil Yayınları, Istanbul.

Bediuzzaman, Said Nursî (2005): Sözler. Şahdamar Yayınları, Istanbul.

Bediuzzaman, Said Nursî (2004): Lem'alar. Şahdamar Yayınları, Istanbul.

Bediuzzaman, Said Nursî (2006): Mektubat. Şahdamar Yayınları, Istanbul.

Belâzurî, Ahmet bin Yahya bin Cabir (1982): Futûhu'l-Buldân. Dâru'l-Kutubi'l-Ilmiyye, Beirut.

El-Beyhaqī, Aḥmed bin Ḥuseyn (1980): El-ʿItiqād. Dāru'l-āfāqi'l-Djedīde, Beirut.

El-Beyhaqī, Aḥmed bin Ḥuseyn (1989): Schuʿabu'l-Īmān. I–VIII. Dāru'l-Kutubi'l-ʿIlmiyye, Beirut.

El-Beyhaqī, Aḥmed bin Ḥuseyn (1984/1985): Delāʾilu'n-Nubuwwe we Maʿrifet-i Aḥwāl-i Ṣāḥibi'sch-Scheria. I–VII.

Dāru'l-Kutubi'l-ʿIlmiyye, Beirut.

El-Beyhaqī, Aḥmed bin Ḥuseyn (1993/1994): Es-Sunenu'l-Kubrā. I–X. Mektebetu Dāri'l-Bāz, Mekka.

El-Beyhaqī, Aḥmed bin Ḥuseyn (1996): Ez-Zuhdu'l-Kebīr. Muessesetu'l-Kutubi's-Ṯeqāfiyye, Beirut.

El-Bezzār, Ebū Bekr Aḥmed bin ʿAmr bin Abdulḫāliq (1988): El-Musned. I–IX. Muessesetu ʿUlūmi'l-Qur'ān / Muessesetu'l-ʿUlûmi we'l-Ḥikem, Beirut/Medina.

El-Buḫārī, Ebū ʿAbdillāh Muḥammed bin Ismāʾīl (1992): El-Djāmiʿu's-Ṣaḥīḥ. I–VIII. Çağrı Yayınları, Istanbul.

El-Buḫārī, Ebū ʿAbdillāh Muḥammed bin Ismāʾīl (1988–1989): El-Edebu'l-Mufred. [Erforscht durch Muhammed Fuad Abdulbaki.] Dāru'l-Bešāʾiri'l-Islāmiyye, Beirut.

Ed-Dārimī, ʿAbdullah b. ʿAbdirraḥmān (1992): Es-Sunen. I–II. Çağrı Yayınları, Istanbul.

Ed-Deylemī, Ebuū Schudjāʿ Schīreweyh bin Schehridār bin Schīreweyh el-Hemedānī (1986): Musnedu'l-Firdews bi Meʾṯūri'l-Ḫiṭāb. I–V. [Erforscht durch Said bin Bisyûnî Zaglûl.] Dāru'l-Kutubi'l-ʿIlmiyye, Beirut.

El-Djezirī, ʿAbdurraḥmān (1941): El-Fiqh ʿale'l-Meḏāhibi'l-Erbaʿa. I–V. El-Mektebetu't-Tidjāriyyeti'l-Kubrâ, Ägypten.

Ebū Dāwūd, Suleyman bin Eschʿas es-Sidjistānī (1992): Es-Sunen. I–V. Çağrı Yayınları, Istanbul.

Ebū Nuʿaym, Aḥmed ibn ʿAbdillāh el-Isbehānī (1984): Ḥilyetu'l-Ewliyā we Ṭabaqātu'l-Aṣfiyā. I–X. Dāru'l-Kitaābi'l-ʿArabī, Beirut.

Ebu's-Suʿūd Efendi, Muḥammed ibn Muḥammed el-ʿImādī (o. J.): Irschādu'l-Aqli's-Selīm ilā Mezāye'l-Qur'āni'l-Kerīm. I–IX. Dāru Iḥyai't-Turāṯi'l-ʿArabī, Beirut.

Ebū Yaʿlā, Aḥmed bin ʿAliī bin el-Musennā (1983/1984): El-Musned. I–XIII. Dāru'l-Me'mūn li't-Turaṯ, Damaskus.

El-Esbahānī, ʿAbdullah ibn Muḥammed ibn Djaʿfar ibn Ḥayyān (1987): El-Azamet. I–V. [Erforscht durch Rizaullah ibn Muḥammed Idrīs el-Mubarekfūrī.] Dāru'l-ʿĀṣime, Riad.

El-Ghazalī, Ebū Ḥāmid Muḥammed bin Muḥammed (o. J.): Iḥyāʾu ʿUlūmi'd-Dīn. I–IV. Dāru'l –Mʿarife, Beirut.

El-Ghazalī, Ebū Ḥāmid Muḥammed bin Muḥammed (1986/1987): El-Maqṣadu'l-Esnā fī Scherḥi Meʿānī Es-māʾillāhi'l-Ḥusnā. [Erforscht durch Bessam Abdulwahhab el-Djabī.] El-Djifan we'l-Djābī, Zypern.

El-Ḥakīm et-Tirmiḏī, Ebū ʿAbdillāh Muḥammed bin ʿAli bin Ḥasan (1992): Newādiru'l-Uṣūl fī Eḥādīṯi'r-Rasūl. I–IV. [Erforscht durch D. Abdurrahman Umeyre.] Dāru'l –Djīl, Beirut.

El-Ḥakīm, Ebū ʿAbdillāh Muḥammed bin Abdillah en-Neysābūrī (1990): El-Mustedrak ʿale's-Saḥīḥayn. I–V. Dāru'l -Kutubi'l-ʿIlmiyye, Beirut.

El-Ḥalebī, ʿAlī bin Burhāneddīn (1964): Insānu'l-ʿUyūn (Sīrat-i Ḥalebiyye). I–IV. Mustafa el-Bābī el-Ḥalebiī, Ägypten.

Hennād, Ebus-Seriyy Hennād bin es-Seriyy el-Kūfī (1985): Ez-Zuhd. I–II. Dāru'l -Ḫulefā li'l-Kitābi'l-Islamī, Kuwait.

El-Heyṯemī, Nūreddin ʿAli bin Ebī Bekr (1986): Medj-meʿuz-Zewāʾid we Menbaʿu'l-Fewāid. I–X. Dāru' r-Reyyân li't-Turāṯ, Kairo.

Ibn ʿAbdilberr, Ebū ʿUmar Yūsuf ibn ʿAbdillāh en-Nemirī (1991): El-Istīʿāb fī Maʿrifeti'l-Aṣḥāb. I–IV. Dāru'l-Djīl, Beirut.

Ibn ʿĀbidīn, Muḥammed Emīn (1966): Hāschiyetu Reddi'l-Muḫtār ʿala'd-Durri'l-Muḫtār. I–VI. Dāru'l -Fikr, Beirut.

Ibn ʿAsākīr, Ebu'l-Qāsim Ṯiqatuddin ʿAlī bin Ḥasan bin Hibetillāh (2000–2001): Tāʾrīḫu Medineti Dimaschq. I–LXXX. Dāru'l-Fikr, Beirut.

Ibn Djaʿd, Ebu'l-Ḥasen, ʿAli bin el-Djaʿd bin ʿUbeyd (1990): Musned. Muessesetu Nadir, Beirut.

Ibn Ebī ʿĀsim, Ebū Bekr Aḥmed bin ʿAmr (1987): Kitābu'z-Zuhd. Dāru'r-Reyyān li't-Turāṯ, Kairo.

Ibn Ebī ʿĀsim, Ebū Bekr Aḥmed bin ʿAmr (1979): Es-Sunne. I–II. El-Mektebetu'l-Islāmī, Beirut.

Ibn Ebi'd-Dunyā, Ebū Bekr ʿAbdullāh bin Muḥammed bin ʿUbeyd (1999): Eṣ-Ṣamt. Dāru'l -Kitābi'l-ʿArabī, Beirut.

Ibn Ebi'd-Dunyā, Ebū Bekr ʿAbdullāh bin Muḥammed bin ʿUbeyd (1995/1996): El-Uqūbāt. [Erforscht durch Muhammed Hayr Ramazan Yusuf.] Dāru ibn Ḥazm, Beirut.

Ibn Ebī Scheybe, ʿAbdullah ibn Muḥammed (1988): El-Musannef fi'l-Eḥādīṯ we'l-Āṯār. I–VII. [Erforscht durch Kemal Yusuf el-Ḥut.] Mektebetu'r-Ruschd, Riad.

Ibnu'l-Eṯīr, Ebu's-Saādāt Medjduddīn el-Mubārak bin Muḥammed el-Djezerī (1978/1979): En-Nihāye fī Garībi'l-Ḥadīṯ. I–V. El-Mektebetu'l-ʿIlmiyye, Beirut.

Ibnu'l-Eṯīr, Ebu'l-Ḥasan ʿIzzuddīn ʿAli bin Muḥammed ʿAbdulkerīm (1995): El-Kāmil fi't-Tāʾrīḫ. I–X. Dāru'l-Kutubi'l-ʿIlmiyye, Beirut.

Ibnu'l-Eṯīr, Ebu'l-Ḥasan ʿIzzuddīn ʿAli bin Muḥammed ʿAbdulkerīm (1989): Usdu'l-Ghābe fī Maʿrifeti'ṣ-Ṣaḥābe. I–VI. Dāru'l-Fikr, Beirut.

Ibn Ḥadjar, Aḥmed ibn ʿAlī ibn Djaʿfar el-ʿAsqalānī (1959): Fetḥu'l-Bārī bi Scherḥi Ṣaḥīḥi'l-Buḫārī. I–XIII. [Erforscht durch Muhammed Fuad Abdulbakî-Muhibbuddin el-Hatîb.] Dāru'l-Maʿrife, Beirut.

Ibn Ḥadjar, Aḥmed ibn ʿAlī ibn Djaʿfar el-ʿAsqalānī (1991/1992): El-Iṣābe fī Temyīzi'ṣ-Ṣaḥābe. [Erforscht durch Ali Muhammed el-Bedjawī.] Dāru'l-Djīl, Beirut.

Ibn Ḥadjar, Aḥmed ibn ʿAlī ibn Djaʿfar el-ʿAsqalānī (1984): Tehzību't-Tehzīb. I–XIV. Dāru'l-Fikr, Beirut.

Ibn Ḥadjar, Aḥmed ibn ʿAlī ibn Djaʿfar el-ʿAsqalānī (1964): Telḫīṣu'l-Ḫabīr. I–IV. Medinet-el-Munewwara.

Ibn Ḥadjar, Aḥmed ibn ʿAlī ibn Djaʿfar el-ʿAsqalānī (o. J.): El-Maṭālib'l-ʿĀliye bi Zewâidi'l-Esānidi ṯ-Ṯemāniye. I–IV. Dāru'l-Maʿrife, Beirut.

Ibn Ḥibbān, Ebū Ḥātim Muḥammed bin Ḥibbān bin Aḥmed et-Temīmī (1993): Eṣ-Ṣaḥīḥ. I–XVIII. [Erforscht durch Schuʿayb Arnawut.] Muessesetu'r-Risāle, Beirut.

Ibn Hischām, ʿAbdulmelik ibn Hischām ibn Eyyūb el-Ḥimyerī (1990): Es-Sīratu'n-Nebewiyye. I–VI. [Erforscht durch Tāhā ʿAbdurrauf Saʿd.] Dāru'l-Djīl, Beirut.

Ibnu'l-Humām, Kemāluddin Muḥammed bin Abdulwāḥid ibn ʿAbdulḥāmid ibn Mesʿūd (o. J.): Scherḥu Fetḥi'l-Qadīr. I–VII. Dāru'l-Fikr, Beirut.

Ibn Keṯīr, Ebu'l-Fidā Ismaʿīl ibn ʿUmar ed-Dimaschqī

(1980): Tefsīru'l-Qur'āni'l-ʿAẓīm. I–IV. Dāru'l-Fikr, Beirut.

Ibn Keṯīr, Ebu'l-Fidā Ismaʿīl ibn ʿUmar ed-Dimaschqī (o. J.): El-Bidāye we'n-Nihāye. I–XIV. Mektebetu'l-Maʿārif, Beirut.

Ibn Keṯīr, Ebu'l-Fidā Ismaʿīl ibn ʿUmar ed-Dimaschqī (1985): Tuḥfetu't-Ṭālib bi Maʿrifeti Eḥādīṯ-i Muḫtaṣar-i Ibni Ḥādjib. Dāru Ḥirā. Mekketu'l-Mukerrame.

Ibn Qudāme, Ebū Muḥammed Muwaffaquddīn ʿAbdullāh bin ʿAhmed ibn Qudāme (1984): El-Mughnī. I–X. Dāru'l-Fikr, Beirut.

Ibn Mādje, Muḥammed bin Yezīd el-Qazwīnī (1992): Es-Sunen. I–II. Çağrı Yayınları, Istanbul.

Ibnu'l-Mubārak, ʿAbdullāh Ibnu'l-Mubārak el-Merwezī (o. J.): Ez-Zuhd. [Erforscht durch Ḥabībburraḥmān el-Aʿzamī.] Dāru'l -Kutubi'l-ʿIlmiyye, Beirut.

Ibn Saʿd, Ebū ʿAbdillāh Muḥammed bin Saʿd ez-Zuhrī (o. J.): Eṭ-Ṭabaqātu'l-Kubrā. I–VIII. Dāru' Ṣādir, Beirut.

Qāḍī ʿIyāḍ, Ebu'l-Faḍl (o. J.): Esch-Schifāʾ bi Ṭaʿrīfi Ḥuquūqi'l-Muṣṭafa. I–II Dāru'l -Kutubi'l-ʿIlmiyye, Beirut.

Qalqaschandī, Aḥmed bin ʿAlī (1987): Subḥu'l-Aʿschā fī Ṣināʿati'l-Inschāʾ. I–VIII. Dāru'l-Fikr, Damaskus.

Kitab-ı Mukaddes [Türkische Übersetzung des Alten und Neuen Testaments] (1991). Kitab-ı Mukaddes Şirketi, Istanbul.

El-Qurṭubī, Muḥammed bin Aḥmed bin Ebū Bekr bin Feraḥ (1952): El-Djāmiʿ li Aḥkāmi'l-Qurʾān. I–XX. Dāru'sch-Schaʿb, Kairo.

Quscheyrī, Ebu'l-Qāsim ʿAbdulkerim bin Hewāzin (1991):

Er-Risāletu'l-Quscheyriyye fī ʿUlūmi't-Taṣawwuf. Dāruʾl Ḫayr, Beirut.

Mālik ibn Enes, Ebū ʿAbdillāh el-Esbaḥī (1992): El-Muwaṭṭaʾ. Çağrı Yayınları, Istanbul.

Maʿmar bin Rāschid (1982): El-Djāmiʿ. I–II. [Am Ende des Muṣannef von Abdurrezzak.] El-Mektebu'l-Islâmī, Beirut.

El-Merdāwī, Ebu'l-Ḥasen ʿAlī bin Suleyman (o. J.): El-Inṣāf fī Maʿrifeti'r-Radjiḥ mine'l-Ḫilāf ʿalā Meḏhebi'l-Imām Aḥmed ibn Ḥanbel. I–X. Dāru Iḥyāʾi't-Turāṯi'l-ʿArabī, Beirut.

El-Merghīnānī, Ebu'l-Ḥuseyin ʿAlī bin Ebī Bekr bin ʿAbdildjelīl (o. J.): El-Hidāye Scherḥu'l-Bidāye. I–IV. El-Mektebetu'l-Islāmiyye, Beirut.

El-Munāwī, Muḥammed el-Medʿuww bi ʿAbdirraʾūf (1937): Feyḍu'l-Qadīr Scherḥu Djāmiʿṣʾ-Ṣagīr. I–VI. El-Mektebetu't-Tidjāriyyeti'l-Kubrâ, Ägypten.

Muslim, Ebu'l-Ḥuseyin el-Ḥadjjādj en-Neysābūrī (1992): El-Djāmiʿuʾṣ-Ṣaḥīḥ. I–III, Çağrı Yayınları, Istanbul.

En-Nebḥānī, Yūsuf bin Ismāʿīl bin Yūsuf (1988/1989): Djāmiʿu Kerāmāti'l-Ewliyā. I–II. Dāru'l-Fikr, Beirut.

En-Nebḥānī, Yūsuf bin Ismāʿīl bin Yūsuf (1932): El-Fetḥu'l-Kebīr fī ḍammi'z-Ziyāde ile'l-Djāmiʿi ṣ-Ṣaghīr. I–III, Muṣṭafā el-Bābi el-Ḥalebī, Kairo.

En-Nesāʾī, Ebū ʿAbdirraḥmān Aḥmed bin Schuʿayb (1992): Es-Sunen. I–VIII. Çağrı Yayınları, Istanbul.

En-Nesāʾī, Ebū ʿAbdirraḥmān Aḥmed bin Schuʿayb (1991): Es-Sunenu'l-Kubrā. I–VI. Dāru'l Kutubi'l-ʿIlmiyye, Beirut.

En-Newewī, Ebū Zekeriyyā Yaḥyā ibn Scheraf (1972): Scherḥu Saḥīḥ Muslim. I–XVIII. Dāru Iḥyāi't-Turāṯi'l-ʿArabī, Beirut.

Er-Rāzī, Ebū ʿAbdillāh Faḫruddīn Muḥammed bin ʿUmar bin Ḥuseyn (o. J.): Mefātīḥu'l-Ghayb. I–XXXII. Dāru Iḥyāi't-Turāṯi'l-ʿArabī, Beirut.

Saʿīd bin Manṣūr, Ebū Uṯmān el-Ḫorasānī (1982): Kitabu's-Sunen. Dāru's-Selefiyye, Indien.

Es-Semʿānī, Ebū Saʿd ʿAbdulkerīm bin Muḥammed bin Manṣūr (1981): Edebu'l-Imlāʿ we'l-Istimlāʿ. Dāru'l Kutubi'l-ʿIlmiyye, Beirut.

Es-Seraḫsī, Ebū Bekr Muḥammed bin Sehl (1985): El-Mebsūṭ. I–XXX. Dāru'l-Maʿrife, Beirut.

Seyyid Qutb (1987/1988): Fī Ẓilāli'l-Qur'aān. I–VI. Dāru'sch-Schurūq, Beirut/Kairo.

Es-Suyūṭī, ʿAbdurraḥmān bin el-Kemāl Djelāluddīn (1989/1990): El-Djāmiʿu ṣ-Ṣaghīr. I–II. Dāru'l Kutubi'l-ʿIlmiyye, Beirut.

Es-Suyūṭī, ʿAbdurraḥmān bin el-Kemāl Djelāluddīn (1993): Ed-Durru'l-Menṯūr. I–VIII. Dāru'l-Fikr, Beirut.

Es-Suyūṭī, ʿAbdurraḥmān bin el-Kemāl Djelāluddīn (1967): El–Haṣā'iṣ u'l-Kubrā. I–III. Dāru'l-Kutubi'l-Hadīṯe, Kairo.

Eṭ-Ṭaberānī, Ebu'l-Qāsim Muḥammed bin Aḥmed (1994): El-Muʿdjemu'l-Ewṣaṭ. I–X. [Erforscht durch Hamdi bin Abdulmedjīd es-Selefī.] Dāru'l-Ḥarameyn, Kairo.

Eṭ-Ṭaberānī, Ebu'l-Qāsim Muḥammed bin Aḥmed (1983): El-Muʿdjemu'l -Kebīr, I–XX. [Erforscht durch Hamdi bin Abdulmedjīd es-Selefī.] Mektebetu'l-ʿUlūmi we'l-Ḥikem, Mossul.

Eṭ-Ṭaberānī, Ebu'l-Qāsim Muḥammed bin Aḥmed (1984/1985): El-Muʿdjemu' ṣ-Ṣaghīr (er-Rawḍu'd-Dānī). I–II. El-Mektebetu'l-Islāmī / Dāru ʿAmmār, Beirut/Amman.

Eṭ-Ṭaberānī, Ebu'l-Qāsim Muḥammed bin Aḥmed (1984): Musnedu'sch-Schāmiyyīn. I–II. Muessesetu'r-Risâle, 1984.

Eṭ-Ṭaberī, Muḥammed bin Djerīr bin Yezīd bin Hālid (1984): Djāmiuʿl-Beyān an Teʾvīl-i Āyi-l-Kur'ân. I–XXX. Dāruʾl-Fikr, Beirut.

Eṭ-Ṭaberī, Muḥammed bin Djerīr bin Yezīd bin Hālid (1986): Târîhu'l-Umem we'l-Mulûk (Tarîhu't-Taberî). I–V. Dâru'l-Kutubi'l-Ilmiyye, Beirut.

Eṭ-Ṭaberī, Muḥammed bin Djerīr bin Yezīd bin Hālid (1984): Tehzībʾul-Āṯār. I–II. Matabiu's-Safa, Mekka.

Et-Ṭaḥāwī, Ebū Djaʿfar, Aḥmed bin Muḥammed (1978): Scherhu Meʿāniʾl Āṯār. I–IV. Dāru'l-Kutubi'l-ʿIlmiyye.

Et-Ṭayālisī, Ebū Dāwūd Suleymān b. Dāwūd (o. J.): El-Musned. Dāru'l-Maʿrife, Beirut.

Tirmiḏī, Ebū ʿĪsā Muḥammed bin ʿĪsā bin Sewra (1992): El-Djāmiʿu'ṣ-Ṣaḥīḥ I–V. Çağrı Yayınları, Istanbul.

Tirmiḏī, Ebū ʿĪsā Muḥammed bin ʿĪsā bin Sewra (1991/1992): Esch-Schemāʾiluʾl-Muḥammediyye we'l-Ḫaṣāʾiṣu'l-Muṣṭafawiyye Muessesetu'l-Kutubiʾṯ-Ṯeqāfiyye, Beirut.

El-Wāqidī, Muḥammed bin ʿUmar (1984): El-Meġāzī. I–III. ʿĀlemu'l-Kutub, Beirut.

Eḏ-Ḏehebī, Schemsuddīn Muḥammed Aḥmed (1992): Siyaru A'lāmi'n-Nubelā. I–XXIII. Muessesetu'r-Risāle, Beirut.

Zemaḫscherī, Mahmud bin 'Umar (1972): El-Keschschāf an Ḥaqā'iq Ġawāmizi't-Tenzīl we 'Uyūni'l-Eqāwīl fī Wudjūhi't-Te'wīl. I–IV. Scheriketu Mektebeti we Matba'ati Muṣtafa el-Bābi el-Ḥalebī we Ewlādihi, Ägypten.

Ḍiyāuddin el-Mewṣilī, Ebu'l-Feth Ḍiyāuddin Naṣrullah bin Muḥammed bin Muḥammed bin 'Abdulkerim (1995): El-Mese-lu's-Sā'ir. I–II. El-Mektebetu'l-'Aṣriyye, Beirut.

INDEX

Abbas 205, 207, 240

Abdal 69

abdest / wudū 177

ʿAbdullah 274, 275, 276, 278

ʿAbdullah bin Busr 142

ʿAbdullah bin Djahsch 111

ʿAbdullah bin Hudhāfetu's-Sehmī 131

ʿAbdullah bin Mesʿud 74

ʿAbdullah bin Rewāha 262

ʿAbdullah bin Selām 43, 44, 45, 46, 57, 262

ʿAbdulmuttalib 21, 37, 38, 205, 228, 254

Abdurrahman bin Awf 176

Abraha 37

Abraham 21, 25, 42, 47, 52, 53, 55, 107, 202, 203

Abschieds-Hadj 190, 191, 243

Adam 125, 202

Addas 79

Adiy bin Hātim 139, 145

Ägypten 151, 274, 275, 279, 282

Ahmed 17, 32, 42, 272

Ahmed Shawqi 32

Āische 72, 96, 139, 183, 191, 192, 199, 263, 264

Aleppo 174

Ali 38, 102, 103, 136, 141, 146, 147, 149, 203, 238, 242, 243, 262, 268

ʿAliyyul'l-murtaḍā 38

Allahu Ekber 269

Almosen 48, 75, 136, 143, 145

Āmine 35, 254

Āmir bin Rabīʿa 41, 42

Ammār 114, 146, 147, 167

ʿAmr bin Ahtab 124

ʿAmr bin Umeyye 243

Amwas 175

Anatolien 151

Andalusien 151, 254

Antiochia 174

Aqabe 109, 117, 121, 239, 240

Asr-i Saadet 69, 174
Auguste Comte 254
awliyā 69, 243
Bahīra (Mönch) 39, 40
Banu Quraiza 47
Bediuzzaman 65, 227, 273
Bedr 109, 119, 132, 134, 193
Beduine 59, 81
Benū Kantūrā 151
Berā bin Ādhib 242
Berā bin Mālik 114
Berā ibn Ādhib 242
Bernard Shaw 206
Būsīrī 70, 90
Chandaq 143
Charidjiten 149
Chidr Tschelebi 153
Chosrau 145, 248
Damaskus 39, 40, 174, 197, 198, 275, 278
Dienerschaft 73, 85, 98, 100
Dihyetu'l-Kelbī 245
Djāhilīye 26, 112, 123, 138
Djerīr bin ʿAbdullah el-Bedjelī 133
Djinnen 25, 74, 75
Djizye 197
Djuleybib 258, 259, 260
Dūmetu'l-Djendel 242
dürr-i yektā 37
ebrār 69
Ebū Bekr 88, 193, 204, 228, 262, 266, 267, 270, 272
Ebū Djehil 49, 51, 77, 132, 234
Ebū Eyyub el-Ensarī 153, 154
Ebū Hurayra 95, 96, 181, 267
Ebū Qatāde 120
Ebū Kuhāfe 228
Ebū Leheb 34, 77, 238
Ebū Sufyan 113, 114, 133, 246, 247
Ebū Talha 261
Ebū Talib 37, 38, 39, 40, 227, 228, 229
Ebū Temmām 65
Ebū Ubeyde bin Djerrāh 175, 197
el-ʿascharat el-mubeschschara 41
Elhamdulillah 269
el-Kutub es-Sitte 178
El-Mu'min 188
emr-i bi'l-māruf nehy-i ani'l-munker 136
Enes bin Mālik 108, 109
Enes bin Nadr 109, 110, 111
Erbsünde 22, 23
er-Rafīq el-ʿalā 72
etbaʿ-i tābiʿīn 85
Euphrat 156
Evangelium 54, 60, 61, 62, 63, 126
ezwādj et-tāhirāt 192
Faraklit 61
fardh 178, 179, 241
Fasten 25, 62, 75, 136
Fatima 139, 140, 183, 268, 269
Fatima binti Ebī Hubeysch 183
fe yetehannathu fīh 31
Fiskus 86
Gabriel 42, 78, 96, 109, 188, 189, 190, 191, 208, 253

gayya 234
Gebetswaschung 177, 179
Ghawrath 205, 206
ghayb 127
Gottesfreunde 38, 69, 102, 103, 124, 126
Gottesfreundschaft 38
Göttlichkeit 92
Gottnächste 69
Götzendienst 26, 41, 73, 202, 234, 235, 241
Habbāb bin Eret 138
hadīth qudsī 160
Hadj-i Ekbar 82
Hadramaut 139
Hamza 111, 229, 231, 232, 233, 234
haqqu'l-yaqīn 262
Hāris bin Hischām 236
Hasbiyallah 203
Hasbunallah 35
Hassan 103, 135, 140, 141, 243
Hassan ibn Thābit 64
Hassan von Ulubat 153
Hātem-i Tāi 145
Hātib bin Ebī Beltea 248
Hauptgebet 75, 81, 84, 95, 178, 184, 241
haydar-i kerrār 38
Henna 181, 275
Herakleios 113, 114, 197, 246, 247, 248
Hidjra 32, 203, 235, 267
Hilāl bin Umeyye 119
Himmelfahrt 115, 253, 255
Hira 31, 55, 145
Hūd 187, 222
Hudeybiyye 249
Hudhāfe 131
Hudheyfe 136, 137
Hügel Safā 34
Hügel von El-Wedā' 32
Huneyn 205
Huseyn 54, 103, 135, 243
Ibrahim Hakki 23
Idris 107
'Ikrime 234, 235, 236
Imam Rabbānī 129
Indjil 54
Ismael 21, 41, 55, 56, 107
istichāda 183
Jarmuk 236
Jemen 133, 144, 235, 242, 243
Jerusalem 86, 113
Jesus 42, 53, 54, 55, 57, 244
Josef 43, 98, 108
Kaaba 25, 26, 100, 112, 133, 138, 145, 207, 270
Kā'b bin Mālik 117
Ka'bu'l-Ahbār 57
kelime-i tayyibe 241
Khadīdje 40, 42, 238, 266
Khalid bin Welid 144, 242, 250
König der Ghassaniden 120
Konstantinopel 152, 153, 154
Küken 196
Kurbanfest 24
kurbiyyet 122
Lepra 176

lewh mahfūz 107

Lot 187

Lu'ey 37

mābihi'l-iftihar 141

Māiz 199

Maria 53, 244

Māriye 248

Medina 32, 42, 43, 45, 47, 48, 81, 99, 108, 117, 118, 120, 134, 136, 154, 174, 240, 241, 242, 261, 268, 274

Mehmet Ākif Ersoy 211

Mehmet II. 153

Mekka 20, 31, 40, 42, 48, 51, 55, 59, 67, 78, 81, 99, 100, 138, 204, 227, 235, 237, 238, 242, 249, 250, 264, 274, 281

mev'iza hasene 100, 104

Mewlānā 62, 129

Miswak 178, 179, 180

Moses 42, 43, 54, 55, 56, 57, 85, 98

Mughīra bin Schu'be 49

muhaqqiqīn 253

muhbir-i sadik 169

Muhyiddin bin Arabī 129

muqarrabīn 69

muqarrebun 243

Murāre bin Rebī 119

Mus'ab bin Umayr 111, 240, 242

Müschtaq Efendi 129

Museylime 233

Mustafa 252

Mutekellim-i Ezelī 125

Mutewekkil 57, 58, 59

Nedjaschī 243, 244, 245

Nedjraner 175

Noah 186, 187, 201, 202, 222, 225

Papst Pius IX. 254

Paraklet 60, 61

Paran 54, 55

Pharao 57

Präventionsmedizin 174, 180

Psalmen 54, 63

Quarantäne 176

Quba 48

Quidditas 24

Quraisch 50, 138

qutb 243

Raif Karadağ 155

Raison d'Être 31

Ramadan 25

rifāde 49

Sa'd bin Ebī Waqqās 144

Safwan bin Umeyye 134

sahabe 231, 258

sahabe-i kiram 41

sahabi 243

Sa'īd bin Zeyd 41

Salih 187

Sanaa 139, 144

Sāriye 129

schahs-i mā'newī 144

Scheybe 132

Segensreiche 13, 69, 75, 269

Selmān-i Fārisī 46

Sinai 54

siqāye 50

Sira-Literatur 12, 15, 16, 39, 117, 143
sirāt mustaqīm 81
sirr-i ahadiyet 55
Subhanallah 269
Sure Fussilat 50
Syrien 151, 174
tābiʿîn 85
Tabuk 117
tahdīth niʿma 102
Tahiyyāt-Gebet 58
Taif 78, 79, 239
Tāleqan 167
Talha 242
Tarih-i Murad 254
Tāriq bin Suwayd 184
tawaf 133
tewekkul 35
Tewhid 25, 35
Tewrat 54
Ubāde bin Sāmit 150
Uhud 109, 110, 111, 220, 240
ulūhiye 124
Umar 41, 44, 45, 85, 86, 124, 129, 131, 132, 136, 137, 145, 148, 175, 176, 193, 197, 242, 249, 257, 258, 262, 265, 267
Umar bin Abdulaziz 145–146
Umayr bin Wehb 134
Umma 137, 141, 142, 150, 152, 165, 175, 178, 180, 189, 191, 197, 199, 200, 207, 208, 227, 255
Ummu Hakīm 235
Ummu Harām binti Milhan 150
Umre 82
Usame 135
ʿUtbe bin Rabīʿa 50, 104
Uthman 262
Wādi'l-Qurā 47
Wahschi 229, 230, 231, 232, 233, 234, 235
Wallfahrt 67, 75, 82
Waraka bin Newfel 42
wāridāt 131
Washeit 24
wehen 154
welī 102
Welīd bin Mughīra 104
wilādet-i Ahmediye 25
wilāyet 38
Wird-Bittgebete 112
wudū 177
wuqūf 25
yaqīn 180
Yāsir 114
Yemāme 233
Yethrib 42
Yunus Emre 42
Zebur 54, 62
Zeit der Unwissenheit 27, 28, 29, 33, 58, 123, 134
Zeyd bin Hārise 78, 135, 192
Zeynep binti Djahsch 192
Ziya Pascha 217